JULES SIMON

De l'Académie française

Derniers Mémoires

DES AUTRES

ILLUSTRATIONS
de
LŒWITZ

PARIS

ERNEST FLAMMARION, ÉDITEUR

26, rue Racine, près l'Odéon.

LES DERNIERS

Mémoires des Autres

A LA MÊME LIBRAIRIE

OUVRAGES DU MÊME AUTEUR

MÉMOIRES DES AUTRES

Illustrations de Noël SAUNIER

Gravées sur bois par

CHARPENTIER, MÉAULLE et QUESNEL

(Cinquième mille)

Un beau volume in-18. Prix. . . . . . 3 fr. 50

NOUVEAUX
MÉMOIRES DES AUTRES

Illustrations de LÉANDRE

Gravées sur bois par PRUNAIRE

(Cinquième mille)

Un beau volume in-18. Prix. . . . . . 3 fr. 50

IMPRIMERIE E. FLAMMARION, 26, RUE RACINE, PARIS

JULES SIMON

DE L'ACADÉMIE FRANÇAISE

LES

Derniers Mémoires

DES AUTRES

Illustrations de LŒWITZ

PARIS

ERNEST FLAMMARION, ÉDITEUR

26, RUE RACINE, PRÈS L'ODÉON

UN SOLDAT

M. Bracier était venu s'établir à Saint-
Étienne en qualité de dessinateur pour étoffes ;
et il avait si bien réussi dans sa profession,
que la principale fabrique de rubans voulut se
l'attacher. Il y fit merveille, et ses affaires
personnelles s'en ressentirent, car il devint en
très peu d'années, associé de la maison et ne
tarda pas à épouser la fille du patron. Il était

en train de devenir millionnaire (un millionnaire
de 1836!), quand il fut emporté par la maladie
en vingt-quatre heures. Sa veuve, après la
liquidation, se trouva dans une situation très
modeste. Ce n'était pas tout à fait l'aisance;
ce n'était pas la gêne non plus. On exprime-
rait bien la situation où elle était, en disant
qu'elle pouvait vivre convenablement à la condition d'être très économe.

Elle avait trois enfants ; deux beaux garçons,
qui étaient à elle, et une fille charmante, qui
était la fille d'une sœur de M. Bracier. Cette
enfant était restée orpheline sans fortune.
M. et M⁽ᵐᵉ⁾ Bracier l'avaient en quelque sorte
adoptée, et l'élevaient chez eux comme si elle
eût été leur fille. M⁽ᵐᵉ⁾ Bracier ne songea pas
un instant à s'en séparer, et elle partageait
son cœur, comme tout ce qu'elle avait, entre
ses trois enfants.

Ils lui donnaient de leur côté toute la satisfaction qu'une mère peut souhaiter. À l'époque
où commence mon récit, Lucien le fils aîné,
âgé de vingt ans, était occupé dans la maison
dont son père avait été le chef. Auguste venait
de finir, à Lyon, sa première année de droit.

M⁽ᵐᵉ⁾ Bracier les avait envoyés tous les deux
à Lyon pour faire leurs études. Elle avait
toujours compté qu'ils reviendraient tous deux

après avoir subi leur baccalauréat. Fille et femme d'industriels, elle ne rêvait pas pour ses enfants d'autre carrière que l'industrie. Mais Auguste, qui avait toujours obéi aveuglément à ses volontés, opta pour la carrière du barreau, et se montra sur ce point d'une opiniâtreté invincible. Elle le plaça, à Lyon dans une bonne famille à laquelle elle était quelque peu apparentée. Son ancien professeur de philosophie, l'abbé Noirot, qui était comme un père pour ses élèves, et surtout pour les jeunes gens d'élite comme l'était Auguste Bracier, avait promis de veiller sur lui, et tenait exactement sa parole. Il avait des principes religieux, qui étaient une grande source de consolation pour sa mère. Malgré tout cela, cette séparation jetait sur cette heureuse famille une ombre de tristesse. Lucien avait un caractère franc, ouvert, exubérant; il remplissait la maison de sa gaîté. Auguste, quoique d'une douceur inaltérable, paraissait mélancolique. Il aimait la solitude. Il n'avait pas d'autre ami que son père, qu'il aimait passionnément. A l'école, on l'appelait le beau ténébreux. Il se promenait rarement, ne voyant que l'abbé Noirot et Frédéric Morin, quand il était à Lyon. Il mêlait la philosophie à la jurisprudence, et montrait déjà dans ces deux ordres d'idées un esprit supérieur.

Il aurait pu passer six semaines dans sa famille, après son examen; mais il ne voulut
prendre qu'un congé de quelques jours, malgré
le chagrin que cette résolution faisait à sa
mère. Il ne donna que d'assez pauvres raisons.
Tous les hommes, à l'âge heureux de vingt ans,
sont d'accord pour penser qu'on n'en travaille
que mieux, en septembre, quand on n'a rien fait
en août. Mais Auguste ne fut pas de cet avis. Il
venait de passer huit jours à Saint-Étienne au
milieu des siens, et il retournait à Lyon pour
reprendre le collier, le jour où nous le présen-
tons à nos lecteurs avec toute la petite famille.

Il avait retenu une place dans la rotonde de
la diligence. Mais il avait pris les devants
et fait le commencement de la route à pied,
pour donner à sa mère, et à sa cousine le
plaisir, alors très recherché, de lui faire la conduite. Enfin l'heure de la séparation était venue. On voyait la diligence, on entendait les
grelots de l'attelage, le conducteur sonnait une
fanfare pour avertir le voyageur. Mme Bracier
embrassa Auguste à plusieurs reprises, comme
si elle avait été menacée de le perdre. Elle lui
prit la tête à deux mains la dernière fois, et
mettant sa bouche sur l'oreille de son fils:
« Qu'as-tu, Auguste, lui dit-elle, si bas qu'il

avait peine à l'entendre? Souffres-tu? As-tu
quelque chagrin que tu me caches? » Il répondit par de chaleureux embrassements, et se
jeta dans le coin de la diligence, d'où il leur
envoya des baisers tant qu'il put les voir.

La réponse qu'il ne fit pas à sa mère, je vais
vous la faire pour lui. Cette cousine, qui était
là, n'était qu'une cousine, Mme Bracier l'ou-
bliait, mais ses deux fils le savaient l'un et
l'autre. Elle pensait dans le fond de son cœur
qu'Henriette ne tarderait pas à devenir véritablement sa fille. Mais pour elle, pour Lucien et
pour Henriette elle-même, l'heureux mortel qui
devait profiter de cette métamorphose était nécessairement Lucien. Auguste n'était qu'un
enfant. Il venait de sortir du collège l'année
précédente. S'il avait ressenti quelque amour
pour sa cousine, il l'oublierait, avec tous les
rêves de l'enfance, qui amusent sans embraser,
et ne laissent après eux que des souvenirs
riants. Les trois conjurés ne faisaient pas mystère de leur joie. Ils la rappelaient sans cesse,
peut-être même par amitié pour Auguste, et pour
couper court à ses illusions qui auraient pu
avec le temps devenir une passion réelle. Mais
le pauvre Auguste était une nature précoce. Il
était homme et enfant tout à la fois. Son amour
pour Henriette s'était emparé de tout son être.

1.

Il la voyait perdue; il y consentait; il aurait
regardé comme un crime de s'opposer à son
bonheur et à celui de son frère; il ne pouvait
cacher sa tristesse, mais il en cachait la cause
pour ne pas affliger ceux qu'il aimait. Il bénis-
sait Dieu qui lui avait laissé le goût du travail;
il cherchait dans l'excès du travail un apaise-
ment qu'il ne pouvait plus trouver que là. Il
se disait qu'il ne perdait pas seulement l'idole
de son cœur; qu'il perdait toutes ses tendresses
à la fois, et qu'il serait obligé de vivre loin de
sa famille, lui qui ne comprenait pas le bonheur
en dehors du foyer. « Auguste est excellent,
écrivait l'abbé Noirot, mais c'est un songe-
creux. » Il n'aimait pas les méditatifs. Un de
ses amis m'a dit un jour qu'il s'était fait prêtre
pour échapper aux rêveries métaphysiques. Un
credo sérieusement accepté est pour l'esprit un
joug, et pour la volonté une force. Mais il se
trompait, l'excellent homme, sur l'état moral
de son élève. Auguste n'était pas un méditatif;
il ne rêvait pas; c'était un malade ayant la
pleine intuition de son mal.

Il y a un proverbe qui dit : « A chaque jour
suffit sa peine. » Il y en a un autre moins
consolant, ou plutôt moins résigné, qui dit :
« Chaque jour apporte sa peine. » Nous avons
fait connaissance avec les Bracier en septem-

bre 1837. L'année 1838 leur apportait un gros
souci. Lucien allait tirer au sort. Il fallait lui
acheter un remplaçant. C'était 1.000 francs,
si on s'assurait, 1.500 ou 2.000 si on attendait
le tirage. Mille francs, en 1838, était une très
grosse somme pour une famille qui avait besoin
de toute son habileté pour joindre les deux
bouts. Il faudrait emprunter, ou vendre. Ce
que l'on ferait cette année-là pour Lucien, il
faudrait le faire, deux ans après, pour Auguste.
La veuve déclarait qu'elle pourrait se passer
de domestique. Lucien et Auguste assuraient
que cinq ans de service, réduits à quatre en
réalité, ne leur faisaient pas peur. On aurait
fait pourtant la dépense d'un homme ou plutôt
des deux hommes ; mais le malheur voulut
qu'une maison où la veuve avait des intérêts fît
faillite à ce moment-là. On tombait dans un
état très voisin de la gêne. « Que je suis donc
malheureux ! disait Lucien. C'est moi qui en-
lève leur force morale à tous ceux que j'aime.
S'il ne s'agissait que de faire, pendant cinq ans,
le dur métier de soldat, et, pour nos deux
chères créatures, de mener dans la maison
une vie moins pénible après tout que celle de
la plupart des ouvrières, on trouverait du
courage. Ma mère et Henriette ont du caractère et de la fermeté. Elles se résigneraient ;

elles donneraient l'exemple. C'est ce mariage retardé qui nous donne à tous le coup de grâce. Ma mère n'essaie même plus de cacher son chagrin, et moi, lâche que je suis, je le laisse paraître à chaque instant, malgré tous mes efforts. » Henriette était héroïque. Elle soutenait les autres ; elle les encourageait ; elle se disait trop heureuse de vivre pendant cette longue épreuve, à côté de sa mère, de la mère de Lucien. Et puis pourquoi désespérer ? Lucien pouvait avoir une chance heureuse. Pendant qu'on raisonnait ainsi pour s'étourdir plutôt que pour se consoler, on avait fait dès le premier jour, et sans hésiter, tous les retranchements nécessaires. On n'avait plus de domestique. Mme Bracier affirmait que le travail lui faisait du bien ; qu'il lui était nécessaire, qu'il l'arrachait à ses tristes pensées.

Il fallut même qu'Auguste cherchât quelques leçons de latin, qu'il trouva avec l'aide de M. Noirot.

Tout ce monde, qui ne parlait plus que d'argent, depuis qu'il en manquait, ne pensait qu'à une chose dont il ne parlait jamais. Il pensait à ce bel amour, à ce mariage retardé pour cinq ans. Henriette se cachait pour pleurer, et faisait la brave quand sa mère elle-même ne pouvait retenir ses larmes en la regardant. Elle voyait le chagrin de Lucien malgré les efforts qu'il faisait pour le cacher. Le chagrin qu'elle voyait, l'éclairait sur les peines secrètes d'Auguste.

Les lettres de celui-ci devinrent tout autres que ce qu'elles étaient depuis un an. Il ne parla plus que de vie active. Il regrettait de n'avoir pas pris un état qui l'aurait occupé sur-le-champ, et d'avoir été s'enterrer dans des livres. Il alla jusqu'à parler d'une profession manuelle. Cette transformation inespérée fut une consolation pour ces affligés, qui se dirent que celui-là au moins ne souffrirait pas.

Peu de temps avant le moment fatal, une lettre arriva de Lyon à Saint-Étienne, qui mit Mme Bracier en révolution. Lucien était à la fabrique, où il serait retenu jusqu'à cinq heures. Il n'était que trois heures. Elle courut d'abord à l'église. Elle y pleura beaucoup. Elle a dit depuis qu'elle ne savait pas si c'était de joie ou de chagrin. Elle rentra chez elle tout courant, comme si elle ne comprenait plus qu'elle n'eût pas encore vu Henriette. Henriette, qui avait vu

l'agitation de sa mère après la réception du
courrier, était dans les appréhensions les plus
noires. Était-il malade ? Elle irait à Lyon ! Elle
ne laisserait pas son frère souffrir loin d'elle.
« Maman ne peut manquer d'aller, je l'accom-
pagnerai. » C'est tout au plus si, dans l'excès
de ses terreurs, elle ne préparait pas déjà leur
malle, quand elle aperçut dans la rue Mme Bracier
qui revenait à pas précipités. « Qu'y a-t-il ? je
vous en supplie. Que lui est-il arrivé ? Est-il
malade ? Allons-nous partir ? — Calme-toi, répondit Mme Bracier, qui était tout aussi troublée
qu'elle. Il se porte bien. La lettre est parfaite.
C'est un noble cœur. Tu sauras tout. Oui, il est
juste que tu sois instruite, et même la première.
Je ne veux pas attendre Lucien, surtout dans
l'état où je te vois. Viens dans ma chambre. »
Elle l'entraînait en disant ces phrases entre-
coupées. Henriette ne comprenait qu'une chose,
c'est qu'Auguste n'était pas malade et que sa
mère avait perdu l'esprit. On avait vu Mme Bracier
sortir de l'église d'un air égaré, et courir plutôt
que marcher pour rentrer chez elle. Lucien avait
été prévenu. Il arriva presque en même temps
qu'elle. Elle se jeta à son cou. « O mon Lucien !
tu ne partiras pas. Ton frère est un ange. » Puis
aussitôt, passant à d'autres idées : « Mais lui !
lui ! est-il sûr de se bien connaître ! de se bien

comprendre ? » Lucien en venait, comme
Henriette, à croire qu'elle avait l'esprit égaré.
Il se jeta avec avidité sur la lettre qu'elle lui
tendit. Elle était ainsi conçue :

« Ma bonne mère, mon bien-aimé Lucien, j'ai
fait une découverte qui nous tirera tous du chagrin où nous sommes plongés, et je ne m'étonne
que d'une chose, c'est de l'avoir faite si tard. J'ai
découvert qu'il dépend de moi, de moi seul,
d'exonérer Lucien du service et de le marier
sur-le-champ avec Henriette. J'obtiens le grand
résultat pour rien; c'est-à-dire en m'engageant
à la place de mon frère. Je dis que c'est pour
rien, car je n'ai aucune répugnance à me faire
soldat, au contraire. Je ne sais pas si je
ne prendrais pas ce parti quand même il ne
s'agirait pas d'assurer ton bonheur, mon cher
Lucien. Je ne suis dégoûté ni de l'étude,
ni de la jurisprudence; mais je m'aperçois
que mon travail n'a pas le but pratique que
je lui assignais jusqu'ici. Il me conduit à la
philosophie et non au barreau; ce sont deux
mondes différents. Le premier serait le paradis.
Je n'ai pas le droit d'aller m'y promener. Je
philosopherai à mon aise dans les loisirs de
la garnison, et j'espère même que ces loisirs
ne seront pas trop longs, car je suis envahi
par le besoin de faire quelque chose, de servir

à quelque chose. J'ai donc pris ma résolution, et fait d'avance tous mes arrangements qui n'ont pas été longs. Fais les tiens, mon ami, car j'entends te voir marié avant mon départ. Je veux être à ton mariage. Je ne comprends pas du tout qu'on puisse faire la noce sans moi. Commence par donner de ma part un bon baiser à ta fiancée, et dis-lui que son petit frère lui fait un beau cadeau, en lui donnant le plus tendre des maris.

« A présent que cette grosse affaire est réglée, il faut que je vous parle de mes intérêts. Le colonel Léveillé, qui est chef de bureau à la guerre, était un ancien ami de mon père. Il nous en a souvent parlé. Ma mère le connaît. Il faut qu'il obtienne pour moi d'être envoyé en Afrique. Je ne veux pas être un soldat pour rire, ni rester pioupiou indéfiniment. Je compte sur les Arabes pour décrocher mon épaulette de sous-lieutenant. Tant pis pour toi, mon ami; tu ne seras jamais qu'un garde national. Il n'est pas donné à tout le monde d'arriver aux grandeurs. Je me suis assuré ici à l'état-major qu'il n'y avait aucun obstacle à mes projets, et j'ai fait l'économie de mon inscription. Je ne suis plus étudiant en droit; je compte arriver à la maison dans quinze jours, et trouver les deux premiers bans déjà publiés. A bientôt, chère mère et chère sœur; à bientôt, mon frère. Je vous embrasse, etc. »

Lucien était tout pâle après cette lecture. Il voulut la recommencer deux fois pour s'assurer qu'elle était sincère et de joyeuse humeur, et qu'Auguste n'avait pas fait effort pour dissimuler un sacrifice. Il eut beau chercher; rien ne sentait le parti pris de tromper les lecteurs sur ses sentiments. Il avait réfléchi comme il le disait, il s'était étudié, il s'était tâté : ce n'était pas un coup de tête. Une fois il se dit qu'Auguste voulant se sacrifier, se faisait plus gai qu'il ne l'était pour aller au-devant des objections. Cette pensée lui traversa le cœur comme la lame d'un poignard. Mais non, c'était bien là le ton simple et décidé d'un homme qui sait ce qu'il fait et qui a pris une résolution définitive. « Il est bien jeune pour disposer ainsi de lui-même, ma chère maman. Nous devons le protéger contre sa propre générosité. Il a vu mon chagrin, le vôtre, celui d'Henriette. Vous connaissez son cœur. Il se croit heureux parce qu'il nous rend heureux. C'est à nous de prévoir le lendemain. Je vais lui écrire, d'abord pour le remercier; je ne le remercierai jamais à mon gré; et ensuite pour l'avertir. Je suis le frère aîné, ajouta-t-il avec un sourire, qui parut sur sa figure comme un rayon de soleil après de longs jours d'orage, car il y avait longtemps qu'on ne souriait plus dans cette maison.—Bien, Lucien, dit Henriette, qui était la plus clairvoyante. Mais ne fais pas les choses à demi. Refuse, mon ami; refuse. Il ment, j'en suis certaine. Il ne faut pas que nous nous laissions aveugler par notre intérêt. — Il ment? dis-tu, s'écrièrent à la fois le fils et la mère. Écoute donc ceci; et puis ceci encore. Si c'est là le mensonge, comment parlera la vérité? Je vais refuser parce que je le dois, mais il insistera, et alors, dit-il en riant de nouveau, nous nous laisserons tous fléchir. »

Il le fit comme il l'avait dit, le brave garçon. Il refusa carrément, et accumula toutes les raisons qu'il put trouver à l'appui de son refus. Il écrivit même à l'abbé Noirot et le pria d'éclairer Auguste sur le véritable état de son esprit. Mais Auguste, comme on l'avait prévu, persista. L'abbé Noirot déclara qu'il le voyait heureux et content, plus gai et plus satisfait qu'il ne l'avait été depuis une année entière. Il conseilla d'accepter son sacrifice qui n'en était peut-être pas un. En un mot, tout conspira en faveur du mariage. Henriette finit par se laisser convaincre; et une fois rassurée sur le sort de son frère elle se sentit enivrée de bonheur. Le colonel Léveillé fit merveille. Auguste fut placé dans un régiment d'avant-garde et fut certain d'entendre le feu, dès sa première année, ailleurs qu'au polygone. Il écrivit qu'il avait quinze jours devant lui avant d'être mis en route, et qu'il allait les passer dans sa famille jusqu'à la dernière heure. « C'est dommage que vous ne vouliez pas danser, ajoutait-il, car j'étais résolu à jouir de mon reste. » On avait décidé, vu le malheur des temps, d'éviter toute solennité; car faire une noce de bourgeois, on ne le pouvait plus; et une noce d'ouvriers on ne le voulait pas.

Malgré toutes ces correspondances, tout le monde était un peu angoissé quand on se retrouva sur la route de Lyon, à peu près à l'endroit où l'on s'était quitté six mois auparavant. « Je verrai du premier coup d'œil s'il joue la comédie, » disait à part soi chacune des deux femmes. Le premier coup d'œil fut tout ce qu'elles pouvaient souhaiter de mieux. Le visage d'Auguste respirait la joie et le contentement de soi-même. A voir marcher les deux frères en se donnant le bras, on n'aurait pu deviner quel était celui des deux qui allait se marier.

A table, il reprit, non pas ses allures de l'année précédente, mais toutes ses manières des anciens temps, quand la mélancolie ne l'avait pas encore touché de son aile. Il ne

parla de Lyon que pour s'étendre en remerciements à l'abbé Noirot, « qui a été pour moi,
disait-il, le plus tendre des pères ». De l'armée
pas un mot; du Code pas une syllabe. Il ne
pensait qu'au bonheur des deux fiancés, qui
oubliaient de penser à eux pour l'accabler de
leur tendresse. La veuve se prit à penser qu'il
était heureux pour elle d'avoir été ruinée, car
sans la perte de toute sa fortune, elle n'aurait
connu tout ce qu'il y avait de dévouement et
de tendresse dans le cœur de son second fils.

Il ne se démentit pas un instant pendant ces
quinze jours. L'esprit le plus soupçonneux, et
c'était celui d'Henriette, n'aurait pu découvrir
dans ses gestes et dans ses paroles la moindre
trace de supercherie. Il ne tombait pas dans
les excès, comme ceux qui jouent un rôle. Il
avait la note juste. Lucien le remarquait avec
un grand soulagement. Il y eut bien quelques
larmes quand on se quitta; mais il y avait tant
de bonheur dans la maison, et celui qui aurait
pu être à plaindre était si content de ce qu'il
venait de faire et si rassuré sur l'avenir, qu'il
n'y avait pas moyen de s'apitoyer. « Tu nous
écriras, disaient-ils tous ensemble. — A moi!
A moi! disait Henriette. Songe que je ne suis
pas seulement ta sœur. Je te dois tout! Je ne
l'oublierai jamais. »

Vous vous abusez étrangement si vous croyez que je vais vous raconter maintenant l'histoire de Lucien. D'abord ce n'est pas de lui qu'il s'agit; c'est de son frère le héros, Auguste Bracier; ensuite, son histoire est l'histoire de tous les honnêtes gens, laborieux et économes, quand ils sont intelligents. Il devint avec le temps chef de maison, grand industriel, millionnaire et député. Pour Auguste, dont j'ai deux ou trois mots à vous dire, vous pensez bien que je ne m'amuserai pas à vous décrire la vie de caserne. Tout le monde la connaît, la vie de caserne, depuis que tout le monde est soldat. Le mari la raconte à sa femme dans tous les détails, de sorte qu'il n'y a d'exception à faire pour personne. Je veux pourtant copier pour vous, avant de reprendre le fil de mon discours, une lettre d'Auguste à son frère. Elle n'a rien de bien nouveau, mais elle montre notre jeune soldat sous son vrai jour. Pas plus dans ses lettres que dans ses discours à sa famille, il ne joue le rôle d'un traîneur de sabre. Il disait en commençant qu'il aimait son métier. Il l'aime encore, mais sans enthousiasme, et avec des instants de dégoût. « Ce qui m'ennuie surtout, écrit-il, c'est la promiscuité. Nous sommes ici sous la tente, que je préfère hautement à la caserne, parce que nous avons plus d'air et d'espace. Les tentes sont vastes, bien construites, et nous protègent suffisamment contre le vent et la pluie. On y échappe aux miasmes accumulés de la caserne. J'aime aussi les exercices qu'on nous fait faire. Il ne s'agit pas de tête droite, tête gauche, comme dans les parades du théâtre des Variétés. On nous fait marcher, courir, sauter, franchir des obstacles, porter des fardeaux, et même franchir des rivières quand on a la chance de s'en procurer. Nous nous exerçons au tir de toutes les façons, tandis que vous autres, vous ne connaissez que le tir au blanc, selon la méthode antique et solennelle. Mais ce qui me déplaît et m'assomme au dernier point, c'est la promiscuité. Je veux bien être le camarade du rustre le plus malappris ; mais camarade de marche ou de travail ; camarade de gamelle et de chambrée, c'est plus ennuyeux... » Il faut songer que cette lettre est écrite aux environs de 1840, et que l'armée n'était pas comme à présent remplie de fils de famille. La plupart des héros qu'on y élevait à la brochette ne savaient pas lire. Il se plaint aussi des souliers qui lui écorchent les pieds, et de certaines corvées répugnantes, dont les riches s'exemptaient pour de l'argent, et qu'il était obligé de subir, ayant toujours refusé les cadeaux de Lucien.

Il arriva très vite au grade de sergent-major ; mais parvenu là, il désespérait presque d'aller plus loin. Cela se comprend. Il n'avait pour concurrents pour les grades subalternes que des illettrés ; les écoles militaires fournissaient tous les officiers, ce qui partageait en quelque sorte l'armée en deux nations bien tranchées. Il fallut la guerre de Crimée pour lui apporter l'épaulette.

Quand il vit que son régiment était commandé pour faire partie du corps de Mac-Mahon, il se dit qu'il mourrait sous les murs de Sébastopol, ou qu'il reviendrait avec son épaulette. Il chercha toutes les occasions de se distinguer ; mais comme il était entouré de braves, ces occasions ne se présentaient pas souvent. Il en vint une pour lui. Dans une attaque où sa compagnie prenait part, tous les officiers furent tués l'un après l'autre. Le commandement lui revint. Il l'exerça avec une telle habileté et une bravoure si téméraire, qu'il excita l'admiration de ses camarades et celle de ses chefs. Il eut tous les bonheurs à la fois : il fut porté à l'ordre de la compagnie, nommé sous-lieutenant et blessé grièvement.

La blessure était si grave qu'elle parut d'abord mortelle. Il fut transporté à l'hôpital français de Constantinople, et son frère, averti qu'il allait

mourir, fit aussitôt ce long trajet, sans savoir
s'il le trouverait vivant. Ce fut peut-être le
bonheur de revoir ce frère bien-aimé qui le
sauva; car il se guérit, et put reprendre son
service avant la fin de la campagne.

C'est dans un entretien qu'il eut avec son

frère à une époque où on croyait sa guérison
impossible, que son secret lui échappa.

« Lucien, lui dit-il, je t'ai trompé quand je
t'ai dit que je partais pour toi. J'aimais ta
femme, je l'ai toujours aimée, et je l'aime
encore. Je te le dis aujourd'hui qu'il n'en peut
résulter aucun embarras pour toi ni pour elle.
Je désire qu'elle le sache après ma mort, car
il doit être doux d'être aimée comme elle l'a
été par nous deux. » Lucien ouvrit de grands

yeux à ce discours, et il baisa la main de son frère avec un redoublement de reconnaissance.

Après la guérison inespérée, les deux frères étaient sur le point de se quitter pour long-temps. Lucien en fit la remarque. « Je pense, frère, que c'est pour toujours, dit Auguste; car après la confidence que je t'ai faite, il me serait pénible de me trouver en tiers avec ta femme et toi. » Lucien essaya de le rassurer; mais il avait affaire à une de ces consciences d'une délicatesse presque maladive qui s'effarouchent aisément et ne peuvent plus se rassurer. Ces pensées attristèrent la séparation des deux frères. En toute autre chose, le ciel était pour eux. L'aîné devenait rapidement un homme important dans son pays; l'autre était capitaine après la prise de Malakoff. Il resta constamment en Afrique, et fut nommé général de brigade après un action d'éclat au moment où il atteignait l'âge de la retraite.

Il s'était tellement fait au climat africain qu'il ne sentait plus le besoin de revenir en France. Il n'aurait pu le faire sans aller à Saint-Étienne. Sa vieille mère n'était plus. Il n'aurait trouvé là que celle dont il évitait la présence précisément parce qu'il la désirait. Son frère pouvait aller le voir, et ne manquerait pas de le faire. C'était véritablement, par ses sentiments autant que

par son courage, un homme des temps anti-
ques.

Il choisit un petit cottage à Saint-Eugène,
d'où il avait sur la mer une vue magnifique. Il
plaça dans son cabinet, sur deux planches, les
douze volumes de droit et de philosophie qu'il
avait emporté de Lyon en 1838. Il se replongea
aussitôt dans ses anciennes études, comme s'il
les avait quittées la veille. Il écrivit à Frédéric
Morin et Paul Glaize. En un mot, il reprit
toutes ses habitudes au point où il les avait
laissées quarante ans auparavant.

C'est là que vinrent le trouver les terribles
nouvelles de la guerre avec l'Allemagne. Il
n'hésita pas un moment. Il demanda du service,
et fut envoyé, comme autrefois, dans le corps
de Mac-Mahon. Il courut à son poste, sans se
détourner pour voir son frère, à qui il écrivit
qu'une minute pouvait valoir un siècle.

Le général Bracier passa son temps en chemin de fer, le nez sur ses cartes topographiques.
Il connaissait à fond son terrain quand il arriva
sur ce qui avait été le camp de Châlons, où il
devait rejoindre sa division. Malheureusement
il arrivait trop tard : la division avait été culbu-
tée ; elle était en fuite de toutes parts. Il eut
toutes les peines du monde à en réunir les
débris, et quand il eut réussi à les rassembler

et à leur donner un peu de cohésion, il ne
songea plus qu'à les replier sur Reims, où l'on
se défendait encore.

Ce n'était pas une tâche facile. L'ennemi
avait lancé un corps de troupes assez nombreux
pour arrêter les fuyards qui de tous
côtés se dirigeaient sur Reims. Entre
Bracier et l'armée française il n'y
avait qu'un seul passage difficile. C'était un ravin profondément encaissé, qu'il fallait
franchir de toute nécessité pour
se déployer ensuite à l'aise dans
une plaine découverte. Le tout
était d'arriver à ce ravin avant
les Prussiens et de les y retenir
près d'une heure, pour donner le
temps au reste de la division de
gagner une avance qui la mettrait en sûreté.

Mais c'était un succès inespérable. D'abord
on n'était pas sûr d'arriver les premiers à ce
défilé redoutable. Cela dépendait de l'état des
routes défoncées par la bataille et par l'orage,
des moyens de transport dont on disposait de
part et d'autre pour les bagages ou des mille
accidents qui pouvaient surgir à l'improviste et
dérouter les calculs. Si, par fortune, le général
Bracier arrivait le premier, il fallait s'enfourner

dans le boyau, où la petite colonne pourrait être anéantie par un feu de file. Si l'ennemi avait du canon, ce qui à la vérité n'était pas probable, aucun des hommes qui s'engageraient dans le passage ne pouvait espérer d'en sortir. En mettant tout au mieux, la résistance opposée à des forces dix fois supérieures ne pouvait durer que quelques minutes. Les officiers tenaient ce langage au général, qui, au fond de sa conscience, en reconnaissait la justesse. Il se disait, comme beaucoup d'autres à la même heure, qu'il n'était plus temps de suivre les règles ordinaires, et que, tout étant perdu, il ne s'agissait que de bien mourir. Il marchait taciturne devant ses troupes, donnant ses ordres avec tant de jugement et de précision que les hommes prenaient confiance en lui, et se disaient qu'avec un tel chef ils se tireraient d'affaire. En débouchant sur le haut du plateau, il eut la satisfaction de ne voir qu'un désert au bout de sa lorgnette. On s'était battu là, les cadavres commençaient à empester l'air ; mais ceux qui le poursuivaient avaient fait moins de diligence que lui, et il était sûr maintenant d'arriver à la gorge fatale où le sort de ses compagnons se déciderait. Il examina l'horizon de tous côtés quand il fut au pied du passage périlleux. Rien n'apparaissait. Les officiers hésitaient visiblement. Il donna l'ordre d'entrer d'une voix brève et claire, qui ne trahissait aucune émotion. Ils le suivirent. On était déjà à moitié du ravin quand on vit au loin les pointes des casques.

Sa troupe fut aussitôt aperçue. Il vit de loin les estafettes porter des ordres de tous les côtés, et les cavaliers ennemis s'élancèrent au galop pour border les hauteurs qui couronnaient le ravin. Il savait qu'ils n'y parviendraient pas ; il le dit à ceux qui l'entouraient. Seul il connaissait à fond tous les obstacles, et savait qu'il n'y avait d'autre moyen d'arriver de l'autre côté que de lui passer sur le corps.

Il avait deux pièces de canon ; c'était sa grosse espérance. Chacune d'elles avait douze coups à tirer, après quoi il faudrait s'asseoir à côté des pièces inutiles et attendre la captivité et la mort. Il ne découvrait point d'artillerie du côté des Prussiens ; et de fait, ils n'en avaient pas. Il leur ferait d'abord beaucoup de mal, mais il ne tarderait pas à être démonté, et alors la résistance serait impossible. Son plan fut d'ordonner au gros de ses hommes de continuer leur marche et de rester avec ses artilleurs en haut du ravin, pour faire durer la lutte et augmenter l'avance de ceux qui partaient. Ceux qui restaient devaient mourir.

Il déclara qu'il serait de ceux-là. L'officier qui devait commander après lui lui fit des remontrances et alla jusqu'à lui dire qu'il abandonnerait son poste. Il répondit sans se fâcher que le corps d'armée n'avait plus qu'à marcher droit devant lui; qu'il n'y avait pas d'autre ordre à donner; qu'au contraire, la présence du chef était indispensable là où ils étaient maintenant; que des complications imprévues pouvaient y surgir; qu'il s'agissait d'y retenir les combattants, ce qui même pour lui serait difficile et serait impossible à tout autre. Il dit tout cela du ton le plus simple et le plus résolu. « Je ne vous consulte pas, ajouta-t-il, je ne vous réunis pas en conseil de guerre. Je prends toute la responsabilité sur moi. Vous avez donné jusqu'ici l'exemple de la bravoure; je vous demande de donner à présent celui de l'obéissance. »

Les Allemands virent l'exécution de ces ordres avec une admiration dont on retrouve la trace dans les fascicules de leur état-major. Ils croyaient que le général Bracier divisait sa troupe en deux portions à peu près égales. Il leur avait donné le change sur le petit nombre de ceux qui restaient. La gorge faisait un coude vers son extrémité, et lui permettait de dissimuler sa faiblesse, en même temps qu'elle mettait son monde à l'abri.

Il vit sur la figure d'un de ses hommes des signes non équivoques de frayeur. Il l'appela : « Savez-vous lire ? — Non, général. — Voici un ordre que le colonel devait garder. Portez-le lui. Ne courez pas, parce qu'on tirerait sur vous. Quand vous aurez rempli votre commission, vous resterez avec les autres. » Il se sentit rassuré quand il fut certain de n'avoir plus que des braves autour de lui.

L'ennemi montait lentement parce que la montée était escarpée, et le sol ravagé et encombré, mais il était à portée de fusil. Le général reconnut avec chagrin qu'il avait des armes à longue portée, tandis que les Français étaient mal armés, avec des fusils à tabatière ; mais il ne comptait que sur ses canons. Il laissa les Prussiens s'approcher si près que ses hommes le crurent pris d'un moment de folie. Ils étaient là comme des cibles qu'on allait foudroyer à bout portant. Bracier savait que l'ennemi ne tirerait pas tant qu'il ne verrait pas les artilleurs s'approcher des pièces, parce qu'ils voulaient être sûrs de les abattre. On se voyait presque dans les yeux, quand il donna, sans parler, le signe convenu. Quatre hommes s'élancèrent à la fois, la mèche allumée. Il

en tomba deux, mais heureusement un de
chaque pièce, de sorte que les deux coups
partirent à la fois. Bracier, qui était un tireur
excellent, avait lui-même pointé les canons
quand on pouvait encore se montrer. Le résultat fut terrible. Les morts et les blessés encom-
brèrent la voie, et ceux des Prussiens qui
avaient vu tomber leurs camarades, et que la
fumée et la poussière aveuglaient, crurent le
désastre encore plus grand qu'il n'était. Il y eut
un mouvement de recul très prononcé, suivi
presque aussitôt d'une marche en avant, car,
il ne faut pas l'oublier, on avait affaire à des
braves.

Bracier avait eu le temps de recharger ses
deux pièces, qui étaient des canons du dernier
modèle, se chargeant par la culasse. Il ne tira
pas les deux coups à la fois, afin d'avoir l'intervalle nécessaire pour charger de nouveau. Le
résultat ne fut pas moins terrible que celui de
la première décharge. Les Prussiens conti-
nuaient à se reformer en bataille après chaque
coup, mais plus lentement, et Bracier, qui
comptait les minutes, se disait que s'il avait eu
vingt-quatre coups à tirer au lieu de douze, le
succès était infaillible.

Il se produisit, après le huitième coup, un
incident grave. Le général prussien arbora un

drapeau parlementaire. Le feu cessa aussitôt, et, les formalités d'usage ayant été accomplies, le parlementaire ennemi, après avoir félicité les Français de leur dévouement et de leur courage, leur offrit la vie sauve s'ils voulaient livrer le passage. Bracier, qui était résolu à tout refuser, consentit à des pourparlers, que le Prussien refusa aussitôt, en disant que son général voulait éviter des meurtres inutiles, mais qu'il ne voulait pas donner aux Français les moyens de gagner du temps.

La fusillade et la canonnade recommencèrent aussitôt, mais notre artillerie était si bien conduite que les pertes de l'ennemi dépassèrent tout ce que Bracier avait pu espérer de sa propre habileté et de celle de ses auxiliaires. Le général ennemi envoya un second parlementaire, qui cette fois proposa aux Français la liberté, sous l'unique condition de ne pas servir pendant le reste de la guerre. Bracier refusa encore, mais il gagnait du temps, et il sentait l'espérance se glisser dans son cœur. Au onzième coup, il fut obligé de faire lui-même l'office de servant. Il ne lui restait que deux hommes, dont un officier. L'ennemi, heureusement, ne s'en doutait pas. On se battait désormais dans une obscurité presque complète. Un grand mouvement se fit dans les rangs de l'en-

nemi. Qu'était-il arrivé? Il fallut à Bracier quelques moments pour le comprendre. Enfin il entendit distinctement les trompettes françaises.
On venait à son secours. Sauvé! Ses camarades
étaient sauvés pourvu qu'il pût tenir encore
quelques minutes.

Une idée qui lui semblait insensée à lui-
même, mais qui devint par l'événement une
inspiration heureuse, lui traversa l'esprit. Il
saisit un drapeau et se mit à l'agiter du côté
opposé au champ de bataille, comme s'il avait
espéré d'être vu par les arrivants. Les soldats
prussiens, effarés, aveuglés, crurent que la
jonction des nôtres allait s'opérer. En vain
leurs officiers essayèrent-ils de les ramener à
coups de sabre; le désordre se mit parmi eux,
et ils ne se reformèrent qu'au pied du plateau.
Mais ils n'étaient pas en état de lutter contre
des troupes fraîches, trop heureuses de prendre
cette revanche au milieu de tous nos malheurs.
Le général qui avait amené le secours put rentrer à Reims une heure après, avec le général
Bracier, ses deux canons, son drapeau, et les
deux hommes qui restaient de tous ceux qui
s'étaient dévoués avec lui. Bracier et ses deux
compagnons étaient portés sur une civière, car
ils étaient blessés tous les trois. Bracier très
gravement. Il fallut lui couper la jambe.

La blessure du général avait eu lieu tout à la fin du combat, et aurait pu, quelques minutes plus tôt, en changer le résultat. En face du poste où nos deux pièces étaient placées se trouvait un petit mamelon d'où l'on pouvait aisément canarder nos artilleurs au moment où ils étaient forcés de quitter leurs abris pour servir leurs pièces. Un sous-officier allemand, tireur du premier mérite, s'était embusqué derrière un arbre sur le haut de ce mamelon, et, de là, il avait dirigé contre nous des coups presque toujours mortels. A la fin, quand Bracier donnait l'ordre de remplacer un homme qui venait de mourir, il sentait une sorte d'hésitation de mauvais augure. Ils se dévouaient à une mort presque assurée en faisant seulement un pas en avant. Le moment vint où le commandement, répété deux fois, ne fut pas obéi. Le général n'hésita pas. Il prit un fusil qui lui appartenait et qu'il avait toujours sous la main, et s'avança lui-même pour servir la pièce. Le Prussien se découvrit au même moment; il n'eut pas le temps d'épauler; la balle de Bracier l'atteignit en pleine poitrine. Les servants, excités par l'exemple du général, et rassurés par la mort de ce terrible Prussien, s'élancèrent à la bouche du canon; mais comme Bracier se baissait pour ajuster lui-même le tir, une balle l'atteignit à la jambe. Ses soldats voulurent l'emporter. « Mettez le feu d'abord, s'écria-t-il; vous m'emporterez ensuite. » Le coup fit un ravage épouvantable. Ce fut le dernier, mais les Français arrivaient, et Bracier, avant de perdre entièrement connaissance, put voir les couleurs de notre drapeau.

Il disait plus tard au docteur Rochard, inspecteur général des services de santé de la marine : « Dieu n'a pas eu pitié de moi quand j'étais à Reims. Il aurait pu m'épargner la douleur de voir la guerre civile succéder à la guerre étrangère, et d'assister à la perte de nos deux provinces. »

Oui, il tint ce langage, dans l'amère tristesse de son cœur. Il s'en est repenti plus tard, non pas plus tard, presque aussitôt. Il disait à ses parents et à ses amis : « Il faut se soumettre! » Il faut se soumettre! C'est le mot d'un sage; et on peut dire, en parlant du général Auguste Bracier, que c'est le mot d'un saint.

Vous pensez bien que Lucien, qui avait été le visiter et le guérir à l'hôpital de Constantinople, accourut à Reims aussitôt qu'il sut où il avait été transporté. Il le conduisit à Paris dès que l'état de sa blessure le permit. C'était après la Commune. « Ôte-moi d'ici, disait-il à son

frère Lucien. Ces ruines me font mal quand je
songe aux mains qui les ont faites. »

On voulut le combler d'honneurs, il refusa
tout. Je ne sais par quel secret sentiment. Les
insignes qu'il aurait portés sur lui auraient
trop rappelé nos malheurs. Il dit à Lucien :
« Je crois que je puis la revoir. Fais-la venir.
— Elle est là depuis le premier jour, » lui répondit Lucien.

Ils sont à présent établis à Saint-Eugène.
Auguste n'a pas voulu s'établir à Saint-Étienne.
Il a, dit-il, besoin d'air et de lumière. Il lui faut
autour de lui de vastes horizons. Quoique la
famille soit devenue riche, et que le vétéran
lui-même ait amassé une grande aisance, la
maison est petite, mais commodément aména-
gée, et surtout admirablement située. Il y a un
jardin ravissant qui fait les délices des grands et
des petits. Les enfants y croissent en plein air et
en pleine liberté. Entre leur père et leur oncle,
le général, ils ne sauraient dire quel est le plus
aimé. Le fait est qu'ils adorent ces deux vieillards
vraiment adorables. Je ne serai que juste envers
deux membres plus humbles de la famille réu-
nie à Saint-Eugène en mentionnant deux beaux
chiens doux et forts, exclusifs et caressants.

La chambre du général occupe l'étage le plus
élevé. Il n'a voulu ni salon ni cabinet. Il lit et

écrit à côté de son lit. Des chaises un peu
dures, une grande table de bois noir; sur les
murs quelques gravures, des paysages du Pous-
sin, qu'il affectionne particulièrement, quelques moulages d'après
Michel-Ange. Rien dans
ce qui l'entoure ne rap-
pelle le soldat. Pas
une épée, pas une
arme, pas même le
fusil du chasseur.
Auguste ne chasse
jamais. Rien non plus
dans son costume qui
ait une apparence mi-
litaire. Il a contracté,
lorsqu'il servait dans
le rang, une certaine
roideur dans la mar-
che; mais l'aspect
général est si
doux et si bon
qu'on croirait
plutôt voir un

des bons personnages de Berquin. Sa bibliothèque, car il en a une, dont il lit et relit
incessamment les volumes, n'est pas, comme
celle de son frère, riche en ouvrages scientifi-

ques. Nous la connaissons. Elle se compose des
quinze ou vingt volumes soigneusement choisis
par l'abbé Noirot, et qu'il avait emportés dans
sa malle en partant pour le régiment. —

On se réunit le soir après dîner dans le salon
de Mme Bracier. Un des deux frères fait la lecture. Ils ont conservé tous les deux une voix
fraîche et pure. Ils lisent bien, avec simplicité
et sentiment. Auguste, qui est plein d'histoires,
en raconte une quelquefois, et ces veillées-là
sont une fête. Ce ne sont jamais des anecdotes
militaires, car il les évite avec soin : on a appris avec le temps qu'il ne faut parler devant
lui ni de la guerre ni de rien qui s'y rapporte.

Mme Lucien Bracier, entre ses deux amis,
ayant devant elle tous ses enfants et les trois
petits-enfants qu'ils lui ont donné, voyant l'a-
venir des siens assuré et, ce qui vaut mieux,
tous les cœurs unis par les meilleurs sentiments, laisse quelquefois éclater sa joie et sa
reconnaissance envers Dieu. « Remercions-le
du bonheur qu'il nous a fait! dit-elle. — Oui,
répondit un soir son mari, nous n'avons qu'à
être reconnaissants. Mais il y a l'Alsace! —
C'est la vérité, dit-elle ; nous souffrons des souffrances de nos frères. — Ce sont nos propres
souffrances, dit Lucien. Tous les Français sont
Alsaciens depuis 1871. »

Auguste se leva doucement, et fut s'adosser à la cheminée, comme il le faisait quand il avait envie de pérorer. Lucien disait alors que son frère montait à la tribune.

« Ne provoquez pas la guerre, mes enfants; ne la demandez pas à Dieu. Nul ne sait au commencement d'une guerre quel en sera l'événement. La France est bien épuisée, moralement et matériellement. Ne songez aujourd'hui qu'à la refaire.

« Il faut être prêts à mourir, il ne faut pas avoir sur la conscience la mort de cent mille hommes.

« L'art de tuer marche à si grands pas, que la prochaine guerre ne peut manquer de dépeupler la terre. La civilisation reculera de plusieurs siècles. Le génie humain déploiera toute sa puissance pour arriver comme fin dernière à anéantir la civilisation et nous ramener à la barbarie.

« La paix, fécondée par le travail, est toute-puissante. On peut tout attendre d'elle. Les hommes ont le choix entre deux avenirs : ou s'entre-tuer comme des loups, ou s'aimer et s'entr'aider comme des frères. »

LE SOUPER DE NOËL

Mᵐᵉ de Kerhalo était propriétaire du château
de Larmor, où elle était née et qu'elle avait
continué d'habiter après son mariage. Elle est
morte de la poitrine à quarante-neuf ans,
laissant deux enfants : un fils, âgé de trente
ans, et une fille qui n'avait que vingt-cinq ans,
tous deux mariés et déjà à la tête d'une petite
famille. Le frère habitait avec sa mère au

château de Larmor, et la sœur, tout à côté,
au château de Lanceron. C'étaient des Bretons
de vieille roche, catholiques et légitimistes
jusque dans les moelles, mais généreux, chaleureux, prêts à tous les beaux dévouements.
Ces trois êtres vivaient ensemble au fond d'une
campagne, cultivant les arts pour leur plaisir,
et répandant le bien autour d'eux. On disait
dans le pays : « A Larmor, il ne peut y avoir
de pauvres. »

Mme de Kerhalo me consulta pour faire son
testament, comme ami, non pas comme homme
d'affaires. Tout était chez elle dans un si bel
ordre qu'elle n'avait à faire qu'un testament
mystique. Je le lui dis, mais elle insista. « Je
n'ai, me dit-elle, ni procès ni litige quelconque.
Mes enfants sont très riches et très charitables.
Ils ont de la santé et de la piété. Je dirais
presque qu'ils sont parfaits, sans leur extrême
susceptibilité et leur entêtement. Je ne sais
pourquoi je m'imagine toujours qu'ils finiront par
se brouiller pour quelque raison futile; et alors
que deviendront-ils? Que deviendra Larmor? »

Quand on lut son testament, on y trouva une
clause que je m'expliquai facilement.

Il y avait, à Larmor, entre autres coutumes
patriarcales, le souper de Noël, qui tenait les
imaginations en éveil pendant tout le mois de

décembre. Tous les parents de la famille, riches
et pauvres, soupaient au château ce jour-là.
Le marquis de Lanceron arrivait dans son plus
beau carrosse; les petits hobereaux sur leurs
haridelles, où leurs épouses montaient bravement
derrière eux. Chaque convive trouvait son couvert chargé de lettres ou de paquets soigneusement enveloppés, que leurs meilleurs amis leur
destinaient. Il était bien rare qu'une assiette
restât vide. Le premier quart d'heure se passait
à lire cette correspondance avec un doux atten-
drissement. Puis les hommes se levaient et
allaient remercier leurs aimables correspon-
dantes, qui, de leur côté, exprimaient leur
reconnaissance. On soupait ensuite, à l'ancienne
mode, et le rôti était apporté sur table au son
du biniou et de la bombarde. Vers onze heures,
le recteur arrivait, et disait un mot d'amitié
aux convives qui ne tardaient pas à le suivre
à l'église pour entendre la messe de minuit.

Mme de Kerhalo prescrivit à ses enfants de
continuer à donner ce souper tous les ans, sans
jamais manquer d'y assister l'un et l'autre,
sans y rien changer. Or, ce qu'elle avait craint
était arrivé. Le frère et la sœur, qui au fond
s'adoraient, étaient tombés en dissentiment
dans le règlement de la succession à propos
d'une petite propriété située au bord de la mer.

Ce petit coin avait fait partie autrefois de la mouvance de Larmor, de sorte que le baron ne voulait pas l'abandonner. D'autre part, les lois modernes le condamnaient tout au moins à être exproprié moyennant finance, et la marquise, après avoir essayé de la douceur, lui fit des propositions formelles qui étaient le commencement des poursuites légales.

Ce fut aussitôt un branle-bas de combat dans les deux maisons. Les portes qui donnaient passage d'une propriété à l'autre furent cadenassées des deux côtés; les gardes-chasse reçurent des injonctions sévères; le banc de l'église fut séparé en deux parties : l'une à droite et l'autre à gauche de la nef. On s'évita tant qu'on put ; et quand on se rencontrait, on s'abstenait de se saluer. Cette mésintelligence des deux familles régnantes jeta un voile de tristesse sur le commencement du souper de Noël en 18.., Les pessimistes s'étaient même demandé si le souper aurait lieu; et quand les invitations eurent été faites, ils se demandèrent encore si le marquis de Lanceron et sa femme y assisteraient, mais le grand carrosse arriva à l'heure dite. Il le fallait puisque le testament en faisait la prescription formelle. Les deux beaux-frères se saluèrent froidement; la sœur tendit la main que M. de Larmor baisa sans

prononcer une syllabe. On juge si l'assistance
était attentive. Les places mêmes, dans ce
souper, étaient fixées par une règle infranchissable, non par ordre d'ancienneté ou de dignité,
mais par ordre de parenté. M. et Mme de Larmor
se faisaient naturellement vis-à-vis. Puis venaient la marquise de Lanceron à la droite de
son frère, et le marquis à la droite de sa belle-
sœur.

Quand on fut à table, tous les yeux se por-
tèrent sur l'assiette du frère et sur l'assiette
de la sœur. Celle de la sœur était encombrée
de lettres et de petits paquets; mais on dis-
cerna bien vite, à ses armoiries et à toutes ses
allures seigneuriales, la lettre de Larmor. Il
avait écrit! L'usage était que le chef de la
famille fût le seul à qui l'on n'offrit pas de
cadeau. Cependant il y avait une lettre sur
son assiette; et les parents les mieux placés
pour la regarder reconnurent sur-le-champ
l'écriture de la marquise. Ces incidents pas-
sionnaient à tel point les convives que le
dépaquetage des cadeaux se serait passé dans
un silence mélancolique, si cette année-là,
par exception, n'avait été pour toute la famille
une année de fête.

Le baron de Kerhalo de Larmor, marquis
de Quévin, comte de Lesneven et de Lamberne,

n'était pas seulement un des plus grands
seigneurs de Bretagne, c'était un grand homme
de bien, qui passait sa vie à faire de bonnes
œuvres. A l'occasion de la fête du roi (qui
avait lieu le 25 août) on lui avait donné la
croix de Saint-Louis. C'était un très grand
honneur; cette décoration avait été prodiguée
pendant la première année de la Restauration,
parce que tous les émigrés voulurent l'avoir;
mais on avait vite compris la nécessité d'en
être avare. On avait créé la décoration du Lys,
qui consistait en une fleur de lys d'argent
suspendue à un ruban blanc; et pour celle-là,
on la prodigua tellement que les préfets pouvaient la donner sans remonter jusqu'au
ministre. Mais la croix de Saint-Louis ne fut
plus donnée que pour des services éclatants
rehaussés par une grande naissance. La décoration de Kerhalo réjouit le cœur de toute la
noblesse, et comme il était aussi aimé que
populaire, on s'en réjouit dans toutes les
paroisses.

Le clan de Larmor résolut de faire un
cadeau par souscription au nouveau chevalier;
les douairières et les vétérans de l'armée de
Condé tinrent des conciliabules, et finalement
(ne riez pas, gens de la fin du siècle, et songez
que nous sommes en basse Bretagne et qu'il

y a soixante-quinze ans de cela), on décida
d'offrir à Kerhalo, pendant le souper de Noël,
un magnifique verre de Bohême, qui porterait
d'un côté la représentation polychrome de la
croix de Saint-Louis, et de l'autre son nom.
Cet usage était encore répandu dans le grand
monde. Après la révolution de Juillet, il descendit de plusieurs crans, et les épiciers,
nommés chevaliers de la Légion d'honneur
comme capitaines de la garde nationale ou
maires de leur arrondissement, reçurent le
même cadeau de leurs parents et de leurs
apprentis. Le même cadeau, ai-je dit? Il s'en
faut bien. Le verre que vous avez vu n'était
qu'un objet de la bimbeloterie, acheté pour
quelques écus chez le marchand de nouveautés
voisin. Celui de Kerhalo fut commandé en
Bohême, dessiné par un artiste, exécuté en
verre de Bohême. Il ressemblait plutôt à un
calice qu'à un simple verre à boire. Il fut
donné dans un écrin de velours bleu, orné
des armes de Kerhalo, et capitonné dans
l'intérieur en satin blanc. Des quatre faces
de ce monument, deux représentaient, ou
étaient censées représenter Larmor et Kerhalo;
la troisième était réservée à la croix de
Saint-Louis, et la quatrième portait le nom
de l'heureux propriétaire, Kerhalo, tout court,

comme on l'appelait dans le pays depuis
Quimper jusqu'à Vannes, où jamais on n'ajoutait ni son autre nom de Larmor, ni son titre,
ni la particule, alors si précieuse, ni même le
mot de monsieur.

Le cérémonial prescrit était que le verre
serait porté à Kerhalo, dès qu'on aurait pris
place à table, par une députation composée
des quatre parents les plus proches ; que le
premier d'entre eux prononcerait un discours,
auquel Kerhalo répondrait, qu'on remplirait
immédiatement son verre, et tous les verres,
d'un vin de Bordeaux caché derrière les fagots
avant les troubles, c'est-à-dire à trente ans de
là, et qui devait avoir été excellent vingt ans
auparavant. C'était l'opinion générale en Bretagne que plus le vin était vieux, plus il était
délicieux, et celui-ci avait par surcroît le mérite
d'avoir été récolté au bon temps, quand le roi
martyr était encore l'idole de la Nation.

Le marquis de Lanceron avait souscrit ; son
nom figurait en tête de la liste, mais quand on
se leva pour porter à Kerhalo le cadeau de la
famille, il resta immobile à sa place. « Il n'y a
donc pas de trève, même pour aujourd'hui,
Geneviève ? » dit Kerhalo d'une voix étouffée
par l'émotion. Elle tenait son mouchoir serré
sur sa bouche, parce qu'elle sentait les sanglots

qui la gagnaient. Les sentiments les plus con-
traires l'agitaient tour à tour. « C'est mon
frère, disait-elle, l'ami et le compagnon de
toute ma vie. C'est le meilleur et le plus généreux des amis. » Puis aussitôt : « Il m'a quittée
pour une question d'intérêt ridicule, moi qui

l'aime tant ! » Par un sentiment tout féminin,
elle lui faisait un reproche de la tendresse
qu'elle avait pour lui. En voyant les hommages
dont il était l'objet, elle sentait combien il lui
était cher, combien elle l'admirait. « C'est bien
le fils de la sainte que nous avons perdue,
disait-elle. Oh ! pourquoi n'est-il plus mon
frère ? » Lui, pendant ce temps-là, obligé de

répondre au petit discours de Kersabiec, balbutiait, cherchant ses mots. On voyait bien qu'il avait l'esprit ailleurs. Sa main droite, qu'il appuyait sur la table, rencontra celle de sa sœur. Il la pressa avec force. Elle n'y put tenir davantage. Ses sanglots se firent place à travers ses larmes, et dans un transport de joie et de tristesse tout ensemble, elle se jeta en pleurant et criant au cou de son frère, qui la couvrit aussitôt de ses caresses.

A ce spectacle, la salle entière retentit d'applaudissements et d'acclamations. Kersabiec prit Lanceron par le bras et l'entraîna vers Kerhalo, qui fit précipitamment la moitié du chemin.

Quand on fut un peu remis de tant d'émotion, on vit que Kerhalo tenait dans sa main la lettre de sa sœur, restée sur la table entre eux deux depuis le commencement du souper. « Lisez ! lisez ! » dit-elle. Il n'y avait que ceci : « Fais ce que tu voudras. Je ne veux plus même penser à cette malheureuse querelle. Lanceron te charge de disposer de tout, de tout régler. Nous signerons tout ce que tu voudras. — O Robert, si tu veux, nous irons tous les deux prier ensemble sur la tombe de notre mère après la messe de l'aurore ! » — « Lisez aussi ce que je vous écrivais, » dit Robert dont la figure

était rayonnante. Ce qu'il avait écrit, le voici :
« Ma chère Geneviève, je ne puis vivre ainsi,
et je sais que toi-même tu ne le peux pas. Nous
nous sommes partagé, Lanceron et moi, la dépense de l'hôpital que notre mère voulait créer
et qu'elle n'a pas eu le temps de construire. La
presqu'île que nous nous disputons serait un
emplacement admirablement choisi pour un
hôpital maritime. Donnons-le d'un commun
accord ; finissons ainsi cette sotte querelle. Je
n'y mets que deux conditions. Il y aura un supplément de dépense, car dans ces conditions
nouvelles, nous ne pouvons pas nous borner à
vingt lits comme le projet primitif. C'est moi,
en ma qualité d'aîné, qui serai chargé de par-
faire la différence. Je veux aussi que notre
hôpital porte le nom de Sainte-Geneviève.
Telles sont mes volontés ; et pour cette fois je
serai inflexible. » Puis il avait écrit au-dessous,
au dernier moment ; « Laisse-toi fléchir, ma
bonne Geneviève ! Au nom de notre sainte
mère ! » Ils avaient pensé à leur mère l'un et
l'autre. Leur réconciliation était l'œuvre de
leur mère.

« Regarde ce que Robert m'écrivait, » dit
Geneviève en passant la lettre à son mari à
travers la table. Kersabiec lut la lettre par-
dessus l'épaule de Lanceron : « Lisez tout

haut! lisez tout haut! » cria-t-on de toutes
parts. Kersabiec pris de force la lettre dans les
mains de son cousin, et la lut à haute voix.
Les applaudissements durèrent longtemps après
cette lecture; et quand on commença à se
reconnaître, on aperçut le recteur, qui était
entré au milieu du bruit, et qui applaudissait
comme les autres. Il leva les mains, et le bruit
cessa aussitôt comme par enchantement. « Ce
n'est pas seulement Kerhalo et Mme Lanceron
qui se rendront, après la messe de l'aurore, à
la tombe de la bienfaitrice. La paroisse entière
y viendra avec moi. C'est là que je prêcherai
aujourd'hui; et voici quel sera le texte de mon
sermon : « Mes petits enfants, aimez-vous les
« uns les autres. »

FRANÇOISE

C'est une étrange chose que la différence établie entre les hommes par des circonstances indépendantes de leur volonté.

Celui-ci vient au monde avec une infirmité incurable; en outre, il appartient à une famille indigente. Il sera souffreteux et loqueteux toute sa vie. Cet autre a une santé robuste, une figure agréable, des membres agiles; il porte un grand nom, il a de beaux revenus. Tout lui sourit. Il arrive à la fin de sa vie sans avoir fait ni une bonne action ni une belle œuvre. Tous les biens lui ont été prodigués gratis. On ne peut penser au premier sans une profonde douleur, et au second sans quelque mépris. On se demande comment ce malheur persévérant et cette prospérité imméritée peuvent être conciliés avec la justice de Dieu.

Quand un homme souffre par sa faute, le spectacle de sa peine nous afflige sans nous révolter. Le chagrin que la pitié nous inspire est compensé, dans une certaine mesure, par la satisfaction qu'on éprouve toujours en présence de la justice rendue. De même, loin d'envier le bonheur quand il est le prix de la vertu, nous en prenons en quelque sorte notre part. Nous y ajoutons par nos louanges. Nous aimons à y reposer notre pensée.

Les moralistes nous répètent que nous pouvons beaucoup sur notre destinée, et cela est vrai pour l'immense majorité des hommes. Le malheur est bien rarement invincible. On peut l'adoucir quand on ne peut pas le guérir. On peut surtout apprendre à le supporter avec courage.

Le courage dont je parle est celui qui réagit. Ce n'est pas le courage négatif de la résignation. Il faut non seulement résister, mais lutter.

Dans ma jeunesse, c'est-à-dire quand j'avais cinquante ans, je m'étais imaginé qu'on pouvait supprimer les armées permanentes et les remplacer par une armée territoriale où prendraient place tous les citoyens en état de porter les armes. Nous étions un certain nombre d'amis de la paix imbus de cette idée. « De quoi s'agit-il, disions-nous? Nous ne voulons pas faire de

conquêtes; nous avons promis solennellement
de ne pas nous mêler des affaires des autres;
il nous suffit donc de protéger le territoire
contre l'agression étrangère. » On nous montra
qu'une nation se condamne à l'infériorité en
se condamnant à la défensive, si les nations
voisines n'en font pas autant. Attaquer est le
plus sûr moyen de se défendre. Cela est vrai
pour les hommes comme pour les peuples. Il
faut agir. Outre que l'action est par elle-même
une jouissance, elle est à la fois productrice et
conservatrice. Nous en voyons la preuve dans
la pratique ordinaire de la vie. On a fixé presque
partout à soixante ans l'âge de la retraite pour
les serviteurs du pays. Presque toujours, à
soixante ans, on est encore en possession de
sa force physique et de sa force intellectuelle.
Il n'importe; on dit à cet homme vivant et
agissant : « Arrêtez-vous; reposez-vous. » Il
s'arrête et il se repose; mais, en même temps,
il s'effondre. Hier, il n'avait que quarante ans,
en dépit de son état civil; aujourd'hui, il en a
soixante-dix. C'est qu'il a cessé d'agir. Le feu
intérieur s'est éteint, et le corps qui le contenait
ne se défend plus. Les forces cosmiques qu'il a
si longtemps domptées luttent à présent contre
lui et l'écrasent.

Indépendamment des miracles que fait direc-

tement la volonté, je vous signale aussi ceux
qu'elle fait indirectement, en dirigeant et en
stimulant l'imagination. C'est ce qu'on appelle
vulgairement prendre les choses du bon côté.
Je voudrais vous en suggérer le goût, vous en
faire prendre l'habitude. Vous vous figurez difficilement l'étendue du service que je vous
rendrais si je pouvais y parvenir.

La volonté n'est pas toujours nécessaire pour
en venir là. Il y a des optimistes qui se contrai-
gnent à l'être. Il y en a qui se laissent persuader
par le raisonnement. Et il y a aussi des optimistes
qui le sont tout simplement par le bénéfice de
leur nature.

O l'heureux privilège! Il est tout semblable à
ce qu'on nous dit des talismans dans les contes
de fées. Quand on est né avec cette disposition
d'esprit, on ne voit dans l'ensemble d'une
situation que ce qui la rend supportable; on
voit toujours, à côté du mal souffert, le mal
plus grand dont on est dispensé; on découvre
des raisons d'espérer, même quand il n'y en a
pas; on les fait naître, on s'y attache, on les
développe; on y puise sa force, et une force
presque surhumaine. C'est ce qu'on appelle,
pour les hommes placés dans une situation
éminente : croire à son étoile.

Y croire, c'est déjà en avoir une. Presque

tous les hommes arrivés ont cru à leur étoile. C'est en la regardant qu'ils ont échappé à la défaillance et au découragement; c'est en la suivant qu'ils ont évité les erreurs et les écueils. Ils n'ont pas eu besoin, pour être heureux, d'avoir atteint le but; leur bonheur a commencé avec le chemin.

L'Académie française distribue chaque année des prix de vertu. On l'en raille quelquefois; on reproche à Montyon d'avoir pris les poëtes pour des moralistes. Pour moi, je trouve qu'il a eu raison, et que les amants de la beauté sont aussi ceux de la vertu. Chaque année, un membre de l'Académie fait le récit des belles actions qui doivent être couronnées. J'ai fait ce récit à mon tour, et cela m'a donné l'idée, à moi, ancien professeur de morale, d'étudier la morale dans l'histoire de ces âmes simples à qui la philosophie a toujours été inconnue. Vous pouvez faire comme moi, et vous y trouverez, comme moi, plaisir et profit.

L'Académie est le pays des traditions et des usages. Elle fait aujourd'hui ce qu'elle faisait il y a trois siècles. Elle publie, depuis trois siècles, tous ses discours en format in-4°. Ce n'est pas commode à mettre dans une bibliothèque; mais c'est l'usage, elle n'a garde d'y déroger. Elle y déroge pourtant pour les prix de vertu. C'est

5.

à-dire, elle n'y déroge pas; elle publie d'abord le discours du rapporteur dans le format vénérable et consacré, mais elle en fait une petite édition, en tout petit format, qu'elle répand à profusion de tous côtés, pour la plus grande gloire et la plus active propagande de la vertu. J'ai eu le plus grand plaisir à entendre ces discours-là, parce qu'ils sont pour la plupart très bien écrits; je ne vous dirai pas que j'ai eu le même plaisir à les relire. Il y en a de pompeux, il y en a d'émus, il y en a — qui le croirait? — d'ironiques. Deux ou trois académiciens ont l'air de se moquer de la fonction qu'ils remplissent, car je ne dirai pas qu'ils se moquent de la vertu, ils ne poussent pas jusque-là leur scepticisme de dilettantes. Ces académiciens dédaigneux ont recueilli à la séance beaucoup d'applaudissements : ils ont été payés en approbations et en sourires. Je ne me mêle pas à leurs approbateurs. Je trouve que ces misères sont sacrées, et que ces vertus sont adorables; j'aime qu'on m'en parle avec simplicité et recueillement.

Par malheur, il faut aller vite; il y a, chaque fois, tant de couronnes à donner! On ne peut pas même donner une ligne à tous les lauréats. Quand on ne peut pas les raconter, on les énumère. On les passe rapidement en revue,

comme un général qui fait défiler les régiments
au pas de course. Si le rapporteur insiste quelquefois sur un détail, il ne choisit pas le plus
méritant, mais le plus pittoresque. C'est un
académicien, pardonnez-lui; il a besoin d'être
admiré. Il fait cette injustice aux grandes vertus,
de les laisser un peu dans l'ombre, quand elles
ont le malheur d'être ennuyeuses.

Mais on nous fait un rapport plus détaillé
dans les séances secrètes de l'Académie. On
n'y a pas de chance d'être applaudi; on n'y
défend pas sa réputation; on se préoccupe
seulement d'être juste, et s'il y a quelque
agrément dans le discours qui nous est fait, il
vient des belles actions, et non de la belle façon
de les dire. Les auditeurs, qui ont peut-être
leur candidat, exigent des preuves. Il arrive
même que l'émotion les gagne, et que la curiosité
s'emparant de leurs esprits, ils demandent de
plus amples détails. On n'est pas limité par le
temps, comme sous la coupole. On n'a pas
revêtu l'habit à palmes vertes. On n'a pas de
journaux aux aguets. On parle et on discute
simplement, familièrement, sans même se souvenir qu'on est, et qu'on croit être un grand
homme.

Il est bien fâcheux qu'on ne puisse pas, en
séance publique, substituer quelques-uns de ces

récits complets aux arides nomenclatures qu'on est obligé d'y faire. Je m'imagine un orateur, ayant le don des larmes, et assez grand pour ne pas viser à l'effet, qui raconterait, pendant une heure, quelqu'une de ces douces biographies : quel succès, mes amis ! et quel contraste avec les harangues étudiées, les vertus outrées, et les histoires invraisemblables dont nous sommes rassasiés sur tous les tréteaux ! J'ai donc cherché, et trouvé, parmi nos lauréates, un modèle, et, parmi nos histoires, une histoire à la fois simple et très touchante, et je vais vous la raconter sans aucun apprêt, en comptant sur vous et sur elle.

Mais, pour l'amour de Dieu, n'allez pas me chicaner sur les documents. J'en ai. Vous pensez bien que l'Académie ne donne pas ses prix au hasard. Quand on veut obtenir pour quelqu'un un prix de vertu (il va sans dire qu'on ne le demande jamais pour soi-même), on commence par écrire le récit de l'acte ou des actes vertueux qui peuvent être récompensés, en y joignant autant que possible une appréciation générale de la vie et du caractère du candidat. Il ne faut pas s'en tenir à ses belles actions ; il faut le raconter tout entier. Nous avons une fois récompensé un sauveteur qui, depuis ses sauvetages, avait été condamné à la prison pour de fort

vilains motifs. Il nous écrivit, de la maison
centrale, pour réclamer les deux mille francs
que nous lui avions alloués. On en rit à nos
dépens. Il n'y avait pas de notre faute. C'était
un héros et un polisson. On ne nous avait
montré que le héros. Tous les juges de paix et
tous les curés de l'arrondissement nous avaient
chanté ses louanges. Nous n'avions pas même
pensé à consulter la police.

Quand on a écrit l'apologie complète de son
candidat, on recueille ensuite le plus grand
nombre possible de témoignages. Le maire lé-
galise les signatures, et, s'il y a lieu, il donne
son avis. La pétition est ensuite envoyée au
préfet, qui donne son avis comme le maire, et
transmet directement le dossier au secrétaire
perpétuel de l'Académie française, M. Camille
Doucet, le plus impartial et le plus bienveillant
des hommes, bon juge de la vertu, et juge
incomparable du mérite littéraire. Le dossier
passe des mains de M. Camille Doucet dans
celles des commissaires de l'Académie, qui
l'étudient, le discutent, le comparent et n'ar-
rivent à le classer qu'après des discussions
longues et approfondies. Si un supplément
d'instruction leur paraît nécessaire, ils le
demandent. Quand enfin, ils se sont mis
d'accord, ils lisent leur rapport à l'Académie,

qui discute de nouveau, et avec beaucoup de
zèle et de discernement. Une fois l'arrêt rendu,
les pièces sont emmagasinées avec soin, et
voilà comment j'ai le droit de dire que les
documents ne me manquent pas.

Je ne vous promets pas de les suivre pied
à pied et de ne pas m'en écarter. Je ne me
propose pas pour but de faire connaître une
de nos modestes héroïnes. Il faut être de la
dernière exactitude quand on donne les raisons
de l'arrêt rendu par l'Académie; ici, je raconte
moins l'histoire d'une personne qu'un certain
état d'esprit que je tiens à vous faire connaître.
C'est un chapitre de psychologie auquel je
donne la forme d'un récit, pour que la lecture
en soit moins ennuyeuse. Il m'est arrivé quelquefois, en racontant des anecdotes, de les
modifier pour les rendre plus agréables ou
même plus vraisemblables. Un moraliste n'est
pas un greffier; il suffit qu'il soit fidèle à la
nature humaine. C'est par amour de la vérité
que je vous dis où j'ai pris l'histoire de Françoise. C'est une histoire; prenez-là, si vous
voulez, pour une simple nouvelle; elle n'en
ira pas moins à mon but si elle vous conseille
de voir la vie en rose, et vous en fournit les
moyens.

Françoise. Je ne veux pas dire son autre

nom. C'est un nom très honorablement connu
dans la marine; je ne pourrais la désigner plus
clairement sans l'embarrasser, car elle est
là, s'il plaît à Dieu, et il est même possible
qu'elle me lise.

Son père avait dû son avancement à sa
bravoure et à son mérite. Ce n'était pas un
officier de fortune, en ce sens qu'il avait reçu
une bonne éducation et qu'il était sorti dans
un bon rang de l'École navale; mais ses parents étaient connus par leur opposition au
gouvernement, ce qui avait rendu sa carrière
difficile. Elle n'en était que plus honorable.
Depuis sa retraite, il s'était établi définitivement
à Brest, son pays natal; et sa maison était
une des plus recherchées de la ville. Il était
riche; il aimait le luxe; il était fort instruit,
il avait de jolies filles, et une femme encore
belle, qui pouvait aisément être prise pour
leur sœur aînée.

C'était une de ces femmes dont la beauté
dure longtemps, parce qu'elle tient surtout à
la physionomie et aux grâces de la personne.
Elle était aussi bonne que belle. C'était la
providence des pauvres, et l'auxiliaire dévouée
de M. le curé pour toutes ses œuvres de
charité. Elle passait une partie de son temps
au chevet des pauvres malades, ce qui ne

l'empêchait pas d'être attentive à remplir tous les devoirs du monde. Ce qui frappait surtout en elle, c'était une parfaite égalité d'humeur. On se disait en la voyant qu'elle devait faire le bonheur de tous ceux qui l'entouraient.

Elle avait un fils et deux filles. Le fils ne pouvait manquer d'être amiral. Il était, à vingt-deux ans, enseigne de vaisseau et décoré pour action d'éclat. L'aînée des filles était la grâce en personne. Elle passait pour avoir beaucoup d'esprit, et elle en avait nécessairement, étant si belle. On admirait ce qu'elle allait dire avant qu'elle eût parlé. La cadette (c'était Françoise) n'était pas d'une beauté si parfaite, elle n'était pas si spirituelle, elle n'était pas si adorée. Elle allait dans le monde avec sa mère et sa sœur et semblait être là pour les accompagner. Elle les suivait rarement à la promenade. On disait d'elle qu'elle avait les goûts sédentaires. On parlait de Cendrillon, mais en souriant, et de bonne amitié, car tout le monde l'aimait, cette chère fille. Tout le monde disait, en parlant d'elle : « Ma petite Cendrillon. » Elle était très agréable, sans être très belle. Elle était surtout très avenante. Ce qui transperçait en elle, c'était la bonté. On voyait aussi le bonheur sur son visage, et

dans toutes ses paroles. « En voilà une,
disait-on, qui est heureuse de vivre! »

Elle était surtout heureuse par le bonheur
qu'elle donnait. Elle idolâtrait sa famille. Elle
regardait sa mère et sa sœur comme l'idéal
de la beauté, de l'esprit et de la bonté. Elle
ne souffrait pas qu'elles prissent la moindre
peine. Elle leur apportait un coussin, une
chaufferette, une tisane quand elles se plai-
gnaient de quelque mal, leurs gants et leurs
chapeaux quand elles sortaient, elle ajustait
leur mantille sur leurs épaules. C'était bien
un peu remplir l'office d'une femme de
chambre. Sa sœur lui disait en riant :
« Tu prends trop à cœur de justifier ton
titre de Cendrillon. » Elle se laissait faire
cependant; il était si doux d'être ainsi servie
et cajolée par cette tendre et aimable
créature! Il semblait à tous les gens de Brest
que cette maison-là était la maison du bon
Dieu. Il n'y avait pas un nuage dans leur
ciel.

Les gens prévoyants disaient : « La pauvre
Cendrillon sera bien seule quand sa sœur se
mariera. » Il ne venait à l'esprit de personne
qu'elle pût se marier elle-même. Je ne saurais
dire pourquoi. Sans le voisinage de sa sœur,
qui l'effaçait, elle aurait passé pour jolie; et

pour être aimable, elle n'avait pas sa pareille.
Elle avait du sens et de la raison; active avec
cela, toujours utilement occupée. Elle excellait
à toutes sortes de jolis ouvrages. Elle savait
du piano tout juste ce qu'on on apprend dans
un pensionnat; c'est-à-dire qu'elle en jouait
mal, et qu'elle n'en jouait jamais. En revanche,
elle dessinait à ravir. Avec quelques mois
passés à bonne école, elle serait devenue une
artiste. Je ne saurais trop le redire, puisque
je tiens à faire son portrait : ce qui charmait
surtout en elle, c'était sa gaieté. Elle répan-
dait la joie autour d'elle. On avait beau être
agité ou mélancolique en l'abordant : son
visage, ses yeux si doux, sa bouche souriante,
ses gestes caressants et réservés à la fois,
tout en elle vous rendait la paix, et vous inspirait une joie ineffable. Cette influence exercée
par elle était si manifeste, que les moins
portées à l'analyse, parmi ces compagnes, s'en
rendaient compte. Elles disaient : « Je suis
toute triste, ce matin; je m'en vais causer
avec Cendrillon. »

Une fille bâtie comme cela était prédestinée
au mariage. Les jeunes garçons ne pensent
pas seulement au plaisir; ils ont des pensées
d'avenir; ils apprécient les qualités durables.
Mais elle avait une habitude si invétérée de

se considérer comme un satellite, qu'on ne
rêvait pas d'autre condition pour elle. Dieu
sait tous les caquetages auxquels donnait lieu
le futur mariage de la sœur aînée. Dès qu'un
jeune officier devenait le favori de la haute
société brestoise, on déclarait qu'il ferait
l'affaire de cette heureuse aînée. Ce fut
cependant, contre toute attente, la cadette
qui fut recherchée la première; mais les deux
sœurs se marièrent la même année. L'aînée
fit un mariage tout à fait convenable; elle
épousa un brillant officier de marine. La
cadette, qui était la raison même, fit une
sorte de coup de tête. Elle épousa un artiste.
Brest en fut tout stupéfait. Cendrillon, je dois
l'avouer, fut un peu diminuée par ce mariage.
Ce n'était plus Cendrillon, la sage, la raison-
nable Cendrillon. Le fiancé était un excellent
jeune homme, bien élevé dans une bonne
famille, plein de cœur et de droiture; mais
enfin c'était un artiste. Était-ce un artiste ?
Il voulait l'être. Il avait pris les allures et les
habitudes d'un être inspiré, qui plane au-
dessus des réalités vulgaires. Quelques intimes
l'admiraient; il avait dans le peuple de nombreux partisans. On l'appelait : « Notre
peintre ». Il avait fait un tableau qui représentait Notre-Dame de l'Armor et qui était

en belle place dans l'église. On venait de loin pour le voir. Il en avait fait cadeau à la paroisse, car le désintéressement faisait partie de son caractère de grand peintre. Il était orphelin, on ne savait de quoi il vivait. Les officiers, qui avaient visité les musées dans les capitales, souriaient un peu quand on parlait de son génie. Ils avouaient cependant que ce n'était pas un

simple barbouilleur. On était partout préoccupé
de savoir le chiffre de la dot, un peu par curiosité, beaucoup par amitié pour Cendrillon.
Mais le secret fut bien gardé pour les deux
mariages. L'aînée, dont le mari était aide de
camp de l'amiral, fut logée dans une aile de
la préfecture. Cendrillon resta dans la maison
de ses parents, pour en être comme toujours
la fée bienfaisante.

Il n'y eut, pour ainsi dire, rien de changé
dans ses habitudes. Son mari était en extase
devant elle. Quand il n'était pas dans son
atelier, il restait silencieux à la contempler.
Il se montrait plein de déférence pour les
parents de sa femme; mais on le voyait rarement, et on ne l'entendait jamais. On put
dire de lui qu'il avait disparu en se mariant.
Cendrillon était rayonnante de bonheur. Elle
se multipliait pour consoler sa mère et son
père de l'absence de la sœur aînée. Sa mère
passait tout son temps à la préfecture et s'en
excusait quelquefois. « Mais combien vous
avez raison, disait la pauvre fille ! Je ne puis
tenir compagnie à ma chérie, parce que j'ai
ici mon grand enfant et mon ouvrage. Je suis
très heureuse que vous ne la quittiez pas ! »
Et elle l'était. Jamais elle ne connut la jalousie.

6.

C'était un cœur d'or. Avec cela très réservée; une fille charmante.

Le malheur vint tout à coup fondre sur elle; le malheur redoublé, impitoyable. On eût dit qu'une destinée cruelle lui faisait expier en une heure les vingt premières années de sa vie, qui avaient été si douces et si belles. Son frère et son beau-frère furent tués au Tonkin dans la même bataille; son frère coupé en deux par un boulet. Le mari de sa sœur ne fut que blessé, mais il expira à l'hôpital au bout de huit jours. Le vieux père tomba malade en apprenant ces terribles nouvelles. Il prit le lit, et ne se releva plus. Sa maladie fut assez longue. Sa femme et ses deux filles (l'aînée était revenue à la maison paternelle) l'entourèrent de leurs soins. Il mourut entre leurs bras, regretté de tous ses concitoyens. L'heureuse famille était devenue pour tout le monde un sujet de pitié. Elle était aussi un sujet d'orgueil. On eût dit que cette famille-là appartenait à toutes les familles de Brest. Les mères pensaient à Cendrillon comme à leur enfant, et les filles comme à leur sœur.

Avec la perspicacité des villes de province, on ne tarda pas à savoir que les ressources du père avaient disparu avec lui. Il avait sa retraite, et du viager, ce qui surprit un peu.

Le gendre ne laissait rien. Les deux jeunes femmes étaient enceintes. « Que vont-ils devenir ? » Ce fut le cri universel. Le mari de Françoise se trouvait chef de famille ; mais on comprenait qu'il ne comptait pas. La mère, la sœur aînée étaient abîmées dans leur chagrin. Tout roulait évidemment sur Françoise. Personne n'en douta dans toute la ville, ni dans la pauvre maison déshéritée. Le peintre se mit à ses tableaux avec acharnement, soutenu par ses illusions que personne ne partageait. Mais lui, comme les autres, ne comptait que sur Françoise. Ces trois personnes ne songèrent même pas à se rendre compte de leur situation. C'était l'affaire de Françoise. Elles ignorèrent absolument qu'elles étaient menacées de manquer de pain.

Françoise au contraire, au milieu de sa douleur qui était immense, eut la claire vision de la responsabilité qui pesait sur elle. Elle essuya ses pleurs, compta les quelques revenus qui restaient, examina le mobilier pour savoir ce qui pouvait être vendu et ce qui devait être conservé, et chercha dans son esprit ce qu'elle devait faire pour subvenir aux besoins de toute la famille. Ce fut une grande préoccupation, qui absorba son esprit pendant plusieurs semaines. Tout l'accablait à la fois.

Il lui avait semblé dans des temps plus heureux, il semblait encore à sa mère et à sa sœur que la perte d'un père ou d'un mari était une si affreuse douleur qu'il ne pouvait rester place, à côté d'elle, aux vulgaires soucis de l'existence; mais le pauvre ne peut se donner tout entier à sa souffrance. Même dans l'horreur du désespoir, il est comme assiégé par des besoins auxquels il faut satisfaire sous peine de la vie. « Il ne s'agit pas de pleurer, disait cette enfant. Il faut sauver la famille, réduire le mal dont nous souffrons à son minimum. » Elle eut bien vite calculé ce qu'il fallait ajouter chaque année à leur misérable revenu pour ne pas tomber dans la misère noire. À qui ou à quoi demander ce supplément nécessaire? Elle pensa d'abord à l'État. « Il faut d'abord chercher de ce côté. » Puis à son mari, sur lequel elle fondait peu d'espoir. Elle ne doutait pas de son talent; elle l'exagérait même un peu, malgré son goût naturel et la lucidité ordinaire de son esprit; mais elle se disait avec raison que les belles œuvres n'étaient pas celles qui se vendent le mieux, et que les œuvres de son mari ne se vendraient peut-être pas du tout.

Elle fit immédiatement une démarche auprès du préfet maritime. Elle fut accueillie avec la

plus touchante sympathie ; mais les renseignements furent déplorables. Son père avait une
pension de retraite de 6.000 livres, réversible
pour un tiers sur la tête de la veuve. Sa sœur,
veuve d'un jeune officier, n'aurait droit qu'à
ce qu'on voudrait bien lui donner parce que
son mari avait été tué à l'ennemi ; un secours,
une misère, qu'il fallait compter pour rien. La
retraite seule était une ressource, 2.000 francs !
Elle le savait d'avance. Elle demanda si on
pouvait espérer un bureau de tabac. Assu-
rément on le pouvait. On avait tous les droits
possibles ; il s'agissait d'avoir aussi des pro-
tections. L'amiral offrait la sienne ; il y mettrait
tout son cœur ; mais il y avait bien des
demandes pour chaque place, et bien des efforts
tentés de tous côtés. C'était une lutte difficile,
pour un résultat douteux. Le succès d'ailleurs,
si on avait la bonne chance de réussir, ne la
rendrait pas bien riche. Il l'avertit qu'on ne
pouvait espérer un rendement supérieur à
6 ou 700 francs. En comptant tout, elle se
trouvait à la tête de 4.000 francs de revenu,
qui pouvaient être portés à 4.700 si l'on obtenait
un bureau de tabac. Il fallait avec cela subvenir aux besoins de quatre personnes, et à
ceux des deux petits êtres qui allaient venir.
La moitié de cette richesse reposait sur la tête

de sa mère, qui, en disparaissant, laisserait
toute la nichée sans ressources.

Elle voulut alors avoir le cœur net sur ce
qu'on pouvait attendre du talent de son mari.
Il avait évidemment de grandes espérances
qu'elle était loin de partager; mais pourtant
elle avait des instants de doute ou d'espérances passionnées. Elle voulait savoir une bonne
fois à quoi s'en tenir. C'était un de ces esprits
qui ont en toutes choses un besoin impérieux
d'y voir clair.

Il y avait à Recouvrance un vieillard peu
sociable, qui ne recevait personne et n'allait
nulle part, dont les bonnes âmes disaient qu'il
avait eu de grands malheurs, et qu'on soupçonnait violemment d'être un grand seigneur
dégoûté de la vie. On ne lui connaissait d'autre
goût que celui des tableaux; mais il passait à
Brest pour un connaisseur sans pareil. On assurait qu'il avait chez lui des chefs-d'œuvre que
le musée du Louvre voulait lui acheter au poids
de l'or. Ce qu'il y avait de singulier, c'est que
rien, dans ces racontars, n'était contraire à la
vérité. Françoise résolut de le voir.

Elle lui écrivit qu'elle ne demandait pas un
service, mais un avis; que son mari était peintre, qu'il avait du talent, et qu'elle avait besoin
de savoir s'il pourrait utiliser son talent pour

gagner sa vie. Sa lettre était écrite comme une
lettre d'affaires ; mais le vieillard y sentit une
douleur contenue et une force d'âme qui l'inté-
ressèrent. Il connaissait d'ailleurs la famille, il

savait l'histoire de sa chute, et, quoique con-
finé par sa volonté dans une sorte de réclusion,
il avait au fond de la sensibilité. Il répondit à
Françoise qu'il était inutile qu'elle allât chez
lui, que cela ne servirait à rien ; mais qu'il se
rendrait chez elle, pour voir les tableaux de

son mari. Il la priait de lui indiquer un jour où
le maître serait absent, pour qu'il pût examiner
en toute liberté et parler en toute franchise.

Grande fut l'anxiété de Françoise pendant
qu'il examinait les premières toiles, qui étaient
les toiles préférées. Il ne parla pas, il ne sour-
cilla pas, mais elle le comprit. Il passait par
politesse aux œuvres suivantes, qui ne lui ins-
piraient nulle curiosité, cherchant les moyens
de perdre du temps, et se demandant peut-être
dans quels termes, avec quels ménagements il
prononcerait son arrêt. Il ne savait pas à quel
ferme esprit, à quel cœur intrépide il avait
affaire. « Je vois ce que vous pensez, Monsieur,
et je vous dispense de me le dire. Recevez tous
mes remerciements et toutes mes excuses pour
la peine que je vous ai donnée. » Il ne put que
balbutier quelques mots, et se retira navré.
Françoise se dit simplement : « Rien à faire de
ce côté-là. »

Mais quel parti prendre? Elle n'eut pas un
instant l'idée, qui serait venue à toute personne
romanesque, de laisser à son mari ses illusions,
de lui laisser au moins cela.... Non; il fallait
lui dire la vérité, parce qu'il fallait tirer parti
de son activité pour le bien-être de la famille.
Non seulement il le fallait, parce qu'on n'en
était pas à négliger une ressource; mais il le

fallait aussi pour sa dignité. Le parti pris de lui faire cette confidence, elle ne voulut pas la remettre au lendemain. Elle guetta son retour, le prit par la main quand il rentra, le conduisit dans son atelier dont elle ferma soigneusement la porte.

Elle avait résolu de parler lentement, en se possédant bien, de chercher quelques détours pour le préparer, et de ne déclarer toute la vérité ce soir-là que s'il lui paraissait en état de la supporter. Mais elle se troubla dès les premiers mots, elle sentit elle-même que sa voix était pleine de larmes, que ses lèvres tremblaient. Il le vit en même temps, et l'attira contre sa poitrine. Elle s'y jeta en sanglotant. C'était du nouveau, pour elle, de pleurer, pour lui, de la voir pleurer; ils furent longtemps, bien longtemps à reprendre possession d'eux-mêmes. « Quel nouveau malheur as-tu à m'annoncer, ma chérie? Dis-le-moi, je suis préparé à tout. » Elle ne pouvait pas. Les mots ne lui venaient pas. Sa pensée, pour la première fois de sa vie, était confuse. « J'avais pensé... j'avais compté... » Et elle jetait les yeux autour d'elle, sur ces tableaux si longtemps admirés, et devenus depuis quelques jours l'unique espoir de la réhabilitation, de la résurrection. Il la devina. Le même travail s'était fait dans son

esprit et dans celui de sa femme. « Tu avais
compté que je pourrais gagner de l'argent avec
ma peinture, et tu as acquis la certitude qu'il
n'en était rien. N'est-ce pas une chose étrange,
dit-il avec un triste sourire, que nous ayons

fait tous les deux en même temps la même
découverte, dès que nous avons formé le projet
de mettre ces toiles en vente? La seule pensée
que quelqu'un allait venir là pour apprécier leur
valeur vénale m'a révélé qu'elles n'en avaient
pas. » Il n'ajouta pas, le pauvre garçon, qu'il
avait porté un petit tableau de chevalet chez le

directeur du grand Bazar Brestois, et qu'il y
avait reçu un accueil mortifiant. « Que veux-tu?
Je me suis cru du talent. Il est peut-être heureux pour moi que je sois désabusé. » Mais elle
lui ferma la bouche. « Tu as du talent, lui
disait-elle. Il t'a manqué un maître, le voisinage des grandes œuvres. » Il sourit encore :
« Mettons que j'aie du talent, dit-il; mais ce
talent ne pouvant servir à ce qui doit être désormais le but unique de ma vie, cherchons ensemble quel usage je puis faire de mon activité. » Il énuméra sur ses doigts, en essayant
de plaisanter, une foule de professions : « Je
puis être commis de magasin, voyageur de commerce, surnuméraire dans un bureau de l'État,
maître d'études au collège; nous avons de belles
connaissances, on me trouvera bien un coin
quelque part. J'ai pensé à me faire peintre en
bâtiments. Je ferai de belles enseignes, que je
vendrai dans les villages... » Cette heure-là fut
une des plus tristes de leur vie.

Survinrent les couches des deux femmes, qui
la contraignirent à ajourner projets et démarches.
Tout se passa à merveille. Elles accouchèrent de
deux fils. Les dames de Brest avaient trouvé là
une charmante occasion d'employer leur activité. Pendant quinze jours, dans toutes les
familles du beau monde, on ne vit que petites

mains occupées à confectionner les deux layettes.
On ne les fit pas trop élégantes, pour éviter un
contresens pénible, ni trop simples, pour ne
pas prononcer une sorte de déchéance. On les
fit abondantes pour durer longtemps. On y joi-
gnit tous les cadeaux utiles que l'usage auto-
rise. Le préfet fut parrain avec la femme d'un
autre amiral pour marraine, la préfète marraine
avec un commissaire général de la marine pour
parrain. L'église fut remplie d'amis, la grand'-
mère fut accablée de caresses. Françoise encore
sur son lit ne pouvait que dire à ceux qui allaient
la voir : « Je suis bien reconnaissante, bien reconnaissante... »

Quinze jours après, elle était sur pied, et
elle prenait les rênes du gouvernement. Elle
avait longuement médité son plan dans son
inaction nécessaire, elle s'enferma deux heures
avec son mari, et lui exposa ses idées. Il ré-
sista pour la première fois. La lutte fut longue.
Il finit par céder; mais il sortit de là pâle et
atterré, comme un condamné qui vient d'entendre sa sentence. Françoise au contraire paraissait pleine de confiance et d'ardeur. On voyait
que sa joie était combattue par la désolation de
son mari, mais la joie dominait.

Elle eut pourtant un autre assaut à soutenir
avant de mettre ses projets à exécution.

Sa mère l'appela à un entretien particulier :
« Écoute, ma Françoise, j'ai beaucoup réfléchi
à notre situation. Nous n'avons plus que cinq ou
six mille francs de revenu.—Quatre mille francs,
ma mère. » Elle lui fit son compte, qui était in-
discutable. « Quatre mille francs, répéta sa
mère, après avoir suivi ses calculs avec désolation ; c'est encore moins que je ne pensais. Nous
ne pouvons conserver notre appartement.—Un
appartement de mille francs ! Je le crois bien.
J'ai déjà donné congé. — Il faut prendre un
grand parti et nous retirer à Saint-Pol-de-Léon.
On y vit pour rien. Avec nos quatre mille francs,
nous y aurons largement le nécessaire.—Mais,
mon mari, ma chère maman, que fera-t-il dans
ce désert ? Voulez-vous le condamner à l'oisi-
veté ? — Il peindra, il s'occupera.—Il peindra !
mais vendra-t-il ses tableaux ? Croyez-vous qu'il
consente à être à charge à sa famille ? » Elle
se garda bien d'ajouter : « Quand nous vous
perdrons, nous serons réduits à deux mille francs,
pour faire vivre cinq personnes. » Mais cette idée
ne lui sortait pas de l'esprit ; et ce n'était pas une
de ses moindres douleurs que d'être sans cesse
ramenée à la pensée de l'âge avancé de sa
mère. « Tu veux donc rester à Brest, chère
petite. Est-ce possible ? Nous serons réduites à
la vie la plus humble, au milieu de nos amis

dont nous exciterons la pitié. Rien que la toi-
lette, et nous n'aurons certes que le nécessaire,
emportera plus de la moitié de notre revenu. Et
puis... et puis... » Elle hésitait, car chacune
avait sa secrète pensée qu'elle ne voulait pas
dire, par tendresse. Ce mari, qui ne ferait rien
à Saint-Pol-de-Léon, que ferait-il à Brest? C'était
un homme de génie, sans doute; mais précisément, c'était là le malheur, d'être un homme
de génie. On eût tiré parti d'un homme ordinaire; mais lui, il ne pouvait songer à gagner
de l'argent, personne n'oserait lui en parler. La
pauvre femme se voyait dans un abîme sans fin.
Sa sollicitude maternelle parlait très haut; mais
elle souffrait aussi dans sa fierté. Elle ne pouvait se faire à cette déchéance. Il lui semblait
que, si elle restait à Brest, elle n'oserait plus
sortir, de peur de rencontrer d'anciennes amies.
« Que veux-tu faire, disait-elle? As-tu un projet? des espérances? » Françoise hésitait à recommencer la scène qu'elle avait eue avec son
mari. « Fiez-vous à moi, chère maman. Ne
suis-je pas la petite Cendrillon? Laissez-moi au
moins commencer. Si j'échoue, la perte ne sera
pas bien forte, et nous reviendrons à notre
projet. » Mais sa mère voulait au moins être
renseignée. « Laissez d'abord faire quelques
démarches, dit Françoise. Si je ne trouve pas

l'appui sur lequel je compte, je le saurai dans trois jours, et je vous promets de ne pas m'obstiner. — Fais donc à ta volonté, mon enfant Tu as eu jusqu'ici du bon sens et du courage pour nous tous. »

Je n'ai pas de raisons pour vous cacher le secret de Françoise. La douleur et l'effroi de son mari pourraient vous faire croire qu'il s'agissait d'un sacrifice extraordinaire et d'une sorte de déshonneur. Pas du tout. Elle avait tout simplement proposé à son mari de se faire photographe.

Vous avez peut-être, comme moi, des amis personnels parmi les photographes de profession. Tout le monde sait que quelques-uns d'entre eux sont de véritables artistes. Il semble bien, au premier abord, que le désespoir du pauvre homme était hors de saison. Mais il était peintre; et il regardait la photographie à la fois comme une auxiliaire et comme une ennemie. Pensez qu'il se croyait un grand peintre. On ne lui proposait pas de chercher sa vie dans une carrière étrangère aux arts, mais de descendre jusqu'aux derniers degrés de l'échelle dont il se flattait d'atteindre un jour le sommet. Dans une ville de province où les artistes mêmes sont un peu déclassés, les photographes sont plutôt considérés comme des marchands. Ils le sont. Ils tiennent boutique. Ils y déploient un certain luxe pour attirer les clients. Pendant que Monsieur opère dans son atelier, Madame reçoit les commandes. Elle explique les prix; elle donne des catalogues, elle fait la recette. Elle vend aussi des cadres plus ou moins enjolivés. Il se résignait à s'encapuchonner derrière l'appareil, et à prononcer les mots sacramentels : « Ne bougeons plus ! » Mais voir sa Cendrillon devenir la Cendrillon de tout le monde, et faire des sourires à des malotrus pour en obtenir des commandes, il ne pouvait se faire à cette idée. Et elle subirait cette humiliation à Brest même, dans une ville où elle avait été si admirée et si respectée. Ses amies, qui lui faisaient la cour si peu de temps auparavant, prendraient avec elle des airs protecteurs. Elles se feraient habiller par elle au moment de poser. Elles lui feraient des reproches si le portrait n'était pas assez ressemblant ou assez embelli.

Et avec tout cela, réussirait-on ? Il y avait à Brest un bon photographe, et quatre ou cinq photographes à prix réduits, qu'on ne pouvait considérer comme des confrères, et qui pourtant étaient bel et bien des concurrents. « Nos amis aimeront mieux se faire portraiturer ailleurs. Cela les gênerait de venir chez nous. Précisément parce qu'ils nous aiment, ils ne voudront pas nous voir dans notre déchéance. Je serai un photographe sans ouvrage. Ne valait-il pas mieux rester peintre ? »

Cendrillon employa pour lui répondre toute son éloquence, qui consistait surtout en caresses. Elle ne le convainquit pas ; mais elle le décida, et l'apaisa. Il n'y avait pas moyen de ne pas se sentir calmé, après une heure de causerie intime avec cette aimante créature. Les jours qui suivirent cette grande résolution furent difficiles. Le peintre tout étourdi de sa déchéance semblait fuir toute société. Il se promenait seul, toute la journée, sur le bord de la mer, — c'était sa manière de porter son chagrin quand il était tourmenté, — et ne rentrait qu'à l'heure des repas, où il montrait, à force de volonté, un air tranquille. Françoise, pendant ce temps là, faisait une tournée chez ses amies, et leur annonçait la résolution qu'elle avait prise.

Elle ne leur demandait pas leur patronage. Elle ne leur demandait rien. Elle venait seulement les prévenir qu'elle quittait le monde, leur monde ; qu'elle les priait de se souvenir d'elle comme d'une amie qu'on a perdue ; que, pour elle, elle continuerait à les aimer fidèlement, mais sans les voir chez elles, et sans les recevoir ; sans même les accoster

dans la rue ; qu'il fallait s'y faire de part et
d'autre, dès le premier jour ; qu'elle serait
désormais une marchande, car elle tiendrait
la boutique de son mari, et une ouvrière, car
elle travaillerait dans son atelier. « Je devien-
drai peut-être photographe, disait-elle en souriant doucement ; je ferai ton portrait. » Elle
n'acceptait aucune condoléance, et se retirait
après un serrement de main. « Notre dernière poi-
gnée de main, disait-elle. — Je n'accepte pas
cette séparation, lui disait-on. — Il le faut,
je le veux. »

L'affaire n'alla pas toute seule avec sa mère
et sa sœur. Il y eut des larmes, des révoltes.
La mère fit quelques allusions à la beauté de
la sœur aînée, qui eût semblé à quelques-unes
un avantage, mais qui, pour elles deux, n'était
qu'un sujet d'inquiétude. « Je n'ai pas besoin
d'auxiliaire, dit Cendrillon. Elle se chargera de
te soigner, de te rendre heureuse. Tranquille
de ce côté, je ferai mon métier avec plus de
cœur. »

Elle ne perdit pas de temps pour s'organiser.
Le grand peintre avait un appareil, des verres,
une chambre obscure. Il savait le métier, qu'il
avait exercé en amateur. Le salon fut aménagé
pour recevoir les clients. On y plaça quelques
tableaux du maître, qui lui donnèrent un air

de magnificence. Elle alla jusqu'à faire écrire
le nom de son mari, avec la qualification de
photographe, sur une plaque de cuivre à côté
de la porte. Elle répandit des prospectus ; puis
elle attendit.

Ses amies ne vinrent pas ; mais les amis de
ses amies se présentèrent en assez grand nombre. L'artiste était plus difficile que les modèles ;
il ne laissait sortir les portraits que quand il en
était satisfait. Il ne gagna pas d'argent avec ces
scrupules, mais il gagna la réputation d'un
bon opérateur, et au bout d'une année, qui fut
dure sous tous les rapports, il put se dire qu'il
avait conquis la vogue. Cela venait bien à
point : car la pauvre mère, dont le cœur était
brisé, s'éteignit entre les bras de ses enfants,
et le sort de cinq personnes reposa uniforme-
ment sur son travail. « Me voilà photographe à
perpétuité », dit-il.

A part les relations d'atelier, ils vivaient
dans la plus profonde solitude. Cendrillon était
l'idole des grands et des petits, la confidente et
la consolatrice de tous les chagrins. Qui l'eût
vue trotter dans la rue pour aller aux provi-
sions ou à l'église, et faire bon accueil à tous
les chalands dans sa boutique, comme elle l'appelait, n'eût jamais cru qu'elle était malheureuse. Elle était pourtant tourmentée d'une

cruelle pensée : c'est que ses deux chéris
étaient condamnés à vivre hors de leur sphère,
et que son mari surtout renonçait, pour les faire
vivre, à la culture de son art. Elle avait déployé,
dans les premiers temps, une activité sans
égale, ne prenant pas une minute pour le repos,
pour la lecture ; la prospérité de sa maison
lui permit enfin de se relâcher un peu, et elle
prit l'habitude de passer chaque jour une ou
deux heures dans sa chambre, à ce moment de
la journée qui n'est plus le jour et qui n'est pas
encore la nuit. Cette nouveauté ne passa pas
inaperçue. Le mari, la sœur vinrent frapper à
cette porte qui n'avait jamais été fermée pour
eux. Cendrillon, moitié sérieuse et moitié souriante, l'entr'ouvrit seulement, et demanda ces
deux heures de liberté quotidienne, en personne
dont la volonté est arrêtée. — « Je suis sûre
que Cendrillon nous ménage quelque surprise,
disait la sœur aînée, quand la famille se retrouvait à table. — Non, non, répondait Cendrillon
en riant de tout son cœur ; je me repose, je me
dorlote. »

Si le diable boiteux de Le Sage avait été à
Brest, avec sa double vue qui lui permettait
de voir l'intérieur des ménages, il aurait su
que le mari profitait des absences de sa femme
pour s'enfermer de son côté, et qu'ils avaient

chacun leur secret. Je vais vous le dire. Leurs
deux esprits, ou plutôt leurs deux cœurs avaient
fait le même raisonnement ; chacun d'eux s'était
dit qu'il devait venir au secours de l'autre, et
l'arracher par un grand effort à la condition
pénible où il se trouvait. Il faisait un tableau,
que voulez-vous ? et Cendrillon, je vous le donne
en cent, écrivait un roman. C'est même à cela
que je dois de l'avoir connue.

C'était une fille assez lettrée. Elle était fort
au courant des nouvelles littéraires, au temps
de sa prospérité. Elle connaissait l'histoire des
contemporains célèbres. Elle savait que Balzac
étudiait longuement ses caractères, et donnait
au moindre trait une grande importance. Les
noms propres, le lieu de la scène, les détails
du paysage ou du mobilier, tous les incidents
avaient leur importance, parce qu'ils servaient
à rendre vivants ses personnages. Il s'attachait
surtout à les faire vivants. Il les créait, avec
leurs qualités et leurs défauts, avant de les
mettre en scène ; il construisait ensuite le cadre où ils devaient se mouvoir et l'action dans
laquelle ils avaient un rôle. Puis cet ensemble
devenait pour lui une réalité plus intense que la
réalité même qui l'entourait. Ou plutôt, ce
monde fictif était désormais pour lui le seul
monde. Il marchait et il vivait dans son rêve. Il

ne fallait pas qu'un seul mot fût inutile.
Surtout il ne fallait pas qu'un mot, un geste,
une démarche diminuassent la réalité du person-
nage et l'exactitude du portrait. Elle savait que
ses manuscrits étaient criblés de ratures sous
leur première forme, qu'il en était de même de
ses épreuves, qu'il lui fallait sans cesse des
épreuves nouvelles, et qu'il arrivait à peine, de
retouche en retouche, à satisfaire son besoin de
réalité et de précision. Elle n'aspirait pas à
faire des œuvres si compliquées ; elle ne se
sentait ni cette force créatrice, ni cette puissance d'imitation. Au lieu de créer un monde,
elle voulait prendre les plus aimables parmi
les figures qu'elle avait connues, et les grouper
dans une action simple et touchante, où l'âme
se reposerait avec complaisance et sans aucun
effort. « On dira, pensait-elle, que je fais des
berquinades. Et plût à Dieu que j'en fisse ! »
Elle avait, dans ses lettres, un style coulant,
facile, sans prétention ; de la gaieté dans l'occasion, un peu d'émotion quand il le fallait. « Je
ferai bien avec cela une jolie nouvelle. » Elle
l'écrivit assez vite ; mais, quand elle fut écrite,
elle ne voulut pas la livrer sur-le-champ. « C'est
un début, disait-elle. Il faut le soigner. Tout
dépend du commencement. » Elle plaça son
manuscrit, galamment attaché avec des rubans

roses, dans le tiroir fermant à clef où elle mettait sa correspondance. Elle voulut l'y laisser trois mois pour avoir le temps de l'oublier. « Dans trois mois, ce sera pour moi une nouvelle connaissance. » Ses doigts la démangèrent plus d'une fois ; elle prit le cahier et le regarda avec inquiétude : « Là est ma destinée. » Elle eut chaque fois le courage de le remettre dans son enveloppe de papier blanc. « Non, dans trois mois. Pas plus tôt ! »

Les trois mois écoulés, elle avertit qu'elle serait enfermée toute une journée. Elle fit sa lecture sans s'arrêter, en s'efforçant d'oublier qu'elle était l'auteur, et de songer uniquement à l'histoire qu'elle avait voulu conter. Cette histoire, à mesure qu'elle se déroulait, lui semblait de plus en plus insignifiante. « N'est-ce que cela ? » dit-elle tristement. Le style même lui sembla indigne d'elle. « Mes lettres sont autrement écrites ! C'est qu'en les écrivant, je ne pense pas à écrire. Je me suis trompée, dit-elle. Il faut renoncer à cette espérance. » Elle s'approcha du petit feu qui brûlait dans la cheminée, avec l'intention d'y jeter son manuscrit. « Mais non, il sera toujours temps de le brûler. Si jamais il me revient la fantaisie d'écrire, j'aurai pour me guérir un bien sûr moyen, je relirai trois ou quatre de mes pages. »

Elle ferma le tiroir, et resta pensive un moment, la main appuyée sur la table. « Allons, Cendrillon, tu n'es qu'une bête ! » Elle soupira, passa la main sur ses yeux, descendit lentement l'escalier, trouva son mari qui l'attendait assez inquiet, assez ému, et se jeta dans ses bras. « Ce n'est rien, dit-elle. L'accès est passé et ne reviendra plus. Allons faire une promenade au cours Chazelle. Il fait presque nuit, il n'y aura personne. Nous serons comme deux amoureux. » Elle se pendit à son bras, et les voilà partis.

Mais elle eut beau faire, pendant les mois suivants. Son roman lui revenait sans cesse à la pensée. « Est-il si mauvais que cela ? » Elle eut l'idée de le relire. Puis elle craignit de se laisser aller à trop d'indulgence. Elle savait que les auteurs doivent par-dessus tout se défier d'eux-mêmes. Le résultat, après de longues méditations et des hésitations sans nombre, fut tout autre que vous ne l'auriez pensé. Elle prit son manuscrit, l'enferma plus étroitement dans son enveloppe, le cacheta avec de la cire, y inscrivit deux dates, le jour où elle l'avait commencé, le jour où elle l'avait fini, et l'enfouit au fond d'une malle où elle conservait des reliques. « Toi, dit-elle, tu n'existes plus. » Et le second point fut de placer sur sa table un gros

cahier de papier blanc avec une provision rai-
sonnable de plumes, et de commencer sur-le-
champ à récrire la même histoire. « La première
façon, se disait-elle, m'aura servi au moins
d'exercice. » Elle résolut de hausser le ton, et
de ne pas tomber, comme la première fois,
dans la platitude. Elle eut moins de plaisir qu'en
écrivant son premier manuscrit ; même il lui
fallut quelquefois se contraindre à continuer.
Mais c'était une femme de volonté. Elle disait
d'elle-même : « Je me fais faire tout ce que je
veux. » Elle se fit faire un très gros volume.
Le volume fait, elle ne voulut même pas le
relire. « Au diable l'amour-propre ! » dit-elle.
Avait-elle écrit pour devenir un auteur ? Non ;
elle était entrée en marche pour gagner de
l'argent ; c'était chemin faisant qu'elle s'était
prise d'amitié pour son sujet et d'espérance
pour elle-même. Elle s'en fut toute d'affilée
trouver le grand libraire de Brest, qui avait
édité les gracieuses poésies de Mme Penquer.
« Lisez cela. » Il le lut. Elle lui avait donné
huit jours. Au bout de huit jours, elle était
chez lui, dans le *Sanctum Sanctorum* où ne
pénétraient que les initiés. En grand secret,
vous comprenez bien ; et lui, il avait donné sa
parole d'être discret comme la tombe. « En
voulez-vous ? » Il en voulait ; mais il ne voulait

8.

pas faire les frais. Elle avait prévu cette réponse, et elle avait mis de côté la somme nécessaire. C'était là sa plus grosse peine. « Si j'échoue, j'aurai volé mes pauvres chéris ! » Elle se disait aussi qu'il fallait intéresser le libraire doublement. Des chances de gain solliciteraient faiblement son activité, mais il se donnerait beaucoup de peine pour ne pas essuyer de perte. La négociation fut longue. Le libraire, qui avait cru venir à bout facilement d'un auteur inexpérimenté, comprit qu'il avait affaire à forte partie. On transigea en partageant les frais et les bénéfices. Il pensa avec raison qu'on achèterait le livre par curiosité, et qu'il écoulerait aisément une première édition.

Le secret fut gardé de part et d'autre jusqu'au jour où les *Fiançailles d'Anne-Marie* se trouvèrent prêtes à figurer à la plus belle place de la vitrine du libraire. Des affiches furent apposées à tous les coins de rue. Françoise se rendit à la boutique en sortant de la messe, et emporta sous son châle le précieux volume. Elle le donna à son bien-aimé, qui n'en revenait pas. Il voulut le lire tout haut à la sœur aînée, aussi surprise et aussi émue que lui-même, et commença la lecture sur-le-champ. Françoise était plus affairée que jamais dans la maison. La vérité est qu'elle ne pouvait rester

en place, et qu'elle regarda plus d'une fois par
la fenêtre pour voir si les passants n'avaient
pas à la main le bienheureux livre. Mais le
monde n'était pas changé. Il
semblait que ce grand
événement ne fût connu
de personne. On allait
à ses affaires comme
les autres jours. Fran-
çoise, qui avait de
l'esprit, en avait tout
juste assez ce jour-là
pour se moquer d'elle-
même.

Vers midi, la nou-
velle avait transpiré.
Il n'y avait pas une
demoiselle à Brest
qui ne sût l'arrivée
en ce monde des
*Fiançailles d'Anne-
Marie.* Il y en avait
bien peu qui n'eus-

sent déjà pris dans leur tirelire les cinq francs
nécessaires à l'acquisition, et qui n'eussent
couru chez le libraire. Admirez-les, lecteurs ;
mais c'est une bonne ville ; une ville de la mer.
La Bretagne est un bon pays, on y a du cœur ;

on y aime ses amis et les succès de ses amis.
A Paris, on aurait commencé par dire : « Cela
ne vaudra rien ! » Et puis, on aurait attendu le
cadeau de l'auteur ; et, s'il ne l'avait pas fait,
on lui aurait tourné le dos. Non pas à Brest ;
on acheta, et on admira. L'unique journal de
la ville, un journal hebdomadaire (ce temps
est bien loin du nôtre), publia le samedi un
long article. Il déclara que le nouveau livre
était aussi intéressant qu'un roman de Walter
Scott, et aussi pathétique qu'un roman de
Mme Cottin. Il n'en fallut pas davantage. Les
commandes affluèrent de Quimper, de Morlaix,
de Saint-Pol-de-Léon, de Quimperlé, de Lorient.
Il en vint même d'Auray et de Vannes. Le
libraire prit un commis auxiliaire pour faire
l'expédition et la correspondance.

Il n'avait tiré qu'à mille exemplaires, qui
furent épuisés en six semaines. Il voulut tirer
encore mille exemplaires pour la seconde édition ; mais Françoise s'y opposa avec fermeté,
et consentit seulement à un tirage de cinq cents.
Je vous dirai sur-le-champ que l'événement lui
donna raison. Le Finistère avait largement
donné ; quelques commandes étaient venues de
Lorient, de Rennes et de Nantes ; mais les
Fiançailles d'Anne-Marie ne dépassèrent pas
les limites de la vieille province. La presse

parisienne garda le silence ; la solitude succéda
dans la boutique à l'agitation des premiers
jours, et le libraire, après avoir attendu pendant deux mois, se résigna à mettre les deux
cents derniers exemplaires en ballots, et à les
classer dans son sous-sol.

Françoise, qui n'avait pas perdu la tête un
seul moment, sortait de l'aventure la tête haute,
par la consolante pensée que les frais étaient
largement couverts, et que, loin de porter pré-
judice à la famille, elle lui avait procuré un
petit pécule. Cette satisfaction suffisait à cette
bonne âme. Son mari n'entendait pas de cette
oreille-là. « Ame vénale ! » lui disait-il en
l'embrassant. Il ne cessait de déblatérer contre
le mauvais goût du public. Il s'irritait aussi
contre le libraire « qui n'avait pas fait d'an-
nonces ». Il s'assura que l'affiche n'avait été
placardée qu'à Brest et à Lorient. « N'est-ce
pas dérisoire ? » Il écrivit en grand secret de
nombreux articles, qu'il envoya sous divers
pseudonymes à de nombreux journaux, et pour
lesquels il ne reçut pas même de réponse. Il
était tellement préoccupé et tellement agité,
qu'il aurait fait perdre patience à toute autre
qu'à sa charmante femme. Elle essaya de le
consoler, et ce fut la première et la seule fois
de sa vie qu'elle ne put y parvenir.

Il eut alors l'idée d'envoyer le livre à l'Académie française pour le concours Montyon. L'affaire fut longuement discutée entre lui et le libraire, à l'insu de Françoise. On consulta les bonnes têtes de l'endroit, qui furent unanimement d'avis que l'Académie se déshonorerait si elle ne couronnait pas un pareil chef-d'œuvre. Françoise, qu'il fallut bien mettre dans la confidence, consentit de guerre lasse. Les lettres affluèrent aussitôt chez moi ; car Renan, dont la glorieuse carrière était commencée, n'était pas encore de l'Académie française, et j'y étais l'unique représentant de la Bretagne. Je ne manquai pas de prendre le livre dans mon lot ; et j'en commençai la lecture avec une certaine anxiété, bien décidé, en juge consciencieux, à le prôner s'il était bon, et à le prôner bien plus encore, s'il était mauvais.

Mais il était mauvais, et tellement mauvais, que tout mon patriotisme breton ne put me déterminer à le proposer, même pour une mention honorable. J'en fus navré, car j'avais été mis au courant de tout, et si je ne pouvais pas être partisan du livre, j'étais grand partisan de Françoise. La froideur de mes réponses faisant pressentir à mes compatriotes un dénouement contraire à leurs espérances, je fus accablé de lettres attristées, de lettres injurieuses et de lettres comminatoires. Je n'étais donc, après tout, qu'un faux Breton ! On s'en était toujours douté, etc. La vérité est que je souffrais autant qu'eux de cette déconvenue.

Je fus bien étonné et bien ennuyé, quand on m'annonça, avant la terminaison du concours, la visite du mari. Était-il possible qu'il fût venu à Paris, qu'il eût affronté cette fatigue, bravé cette dépense, abandonné son atelier et ses affaires ; et pourquoi ? Pour venir persuader à l'Académie française de couronner un mauvais ouvrage. C'était de la folie toute pure. Il était là, dans mon antichambre, et me faisait passer sa carte. Je fus sur le point de m'informer s'il était en costume breton, comme Soubigou. Je me dis que Françoise avait peut-être pris la chose au tragique, qu'elle était peut-être tombée malade, et qu'il venait nous demander de lui sauver la santé et la vie en commettant une injustice. Je me dis surtout que j'allais passer un mauvais quart d'heure ; mais il n'y avait pas à reculer. Je dis à André, mon domestique, de le faire entrer.

Je fus agréablement surpris dès la première vue. Ce n'était pas le fâcheux, ni l'entêté, ni le nigaud que j'avais imaginé. On m'avait tant parlé dans mes lettres de son orgueil profes-sionnel, de ses préjugés, de ses habitudes

bizarres, que je m'attendais à voir un Bas-
Breton renforcé, tout engoué de lui et de sa
femme, incapable d'entendre la raison. Je vîs
au contraire un garçon bien bâti, d'une figure
intelligente, aimable, la mine souriante, ce que
je remarquai sur-le-champ, non sans un grand
soulagement, vêtu simplement comme un Parisien, et ayant évidemment, en dépit de sa réclusion, toutes les habitudes et les façons d'un
homme du monde. « Je viens, dit-il, vous remercier... » Je ne le laissai pas aller plus loin.
Je débarrassai promptement une chaise en
mettant par terre les volumes qui la couvraient.
Je l'approchai du feu. Je fis aussi une petite
place sur la table pour y mettre son chapeau.
En un mot, je déployai toutes mes grâces pour
faire bon accueil à ce galant homme qui m'apportait des remerciements au lieu d'une bour-
rade. A quoi pensent donc ces Brestois ? C'est
un homme distingué et un agréable causeur.
Ils l'ont pris tout de travers. Je vois ce que
c'est. Il ne les a pas compris sur les torpilleurs,
et ils ne l'ont pas compris sur la peinture. Je
voulus en avoir le cœur net, et je le mis sur
le Salon. « C'est pour cela que je suis venu, me
dit-il. J'ai exposé un intérieur breton, et je
viens d'apprendre ce matin que j'ai une seconde médaille. — Une seconde médaille ! Et

du premier coup! Car vous n'aviez jamais
exposé. — Non, jamais, me dit-il ; et figurez-
vous que j'ai fait ce tableau à l'insu de ma
femme et de sa sœur, car je craignais de ne
pas être reçu, et je ne voulais pas leur causer
de désappointement. »

A peine m'eut-il quitté que je courus au
Salon pour voir son tableau. Je me rappelais,
tout en marchant très vite le long de la rue
Royale, le jugement de ce grand connaisseur
de Recouvrance. « A qui se fier ? me disais-je.
Le mieux est encore de suivre son inspiration
personnelle. » Je pensais aussi à Françoise.
«Dieu, disais-je, aurait bien dû lui donner le
succès, pour qu'elle eût la joie d'être l'artisan
du bonheur de la famille. Mais elle est si parfaite (j'étais devenu, par correspondance, un de
ses grands admirateurs) que les succès de son
mari lui seront plus chers que les siens. » C'est
dans ce sentiment que j'arrivai devant le tableau,
parfaitement placé en bon lieu sur la cimaise.

J'ai beaucoup d'amis, de vieux amis. Je les
connais depuis trente ans. Je puis compter sur
eux, en toute occasion, comme ils comptent sur
moi. Je prends plaisir à me trouver avec eux.
Comment se fait-il que ce nouveau venu, qui
appartenait à un monde si différent du mien, et
avec lequel je n'avais aucun souvenir à mettre

9

en commun, me devint tout à coup, sinon plus
cher, au moins plus agréable que tous les autres? À peine l'avais-je vu trois ou quatre fois,
qu'il me sembla impossible de me séparer de
lui. Je lui fis une place dans mes rêves d'avenir;
je m'associai à ses désirs, à ses amitiés; je
trouvai à ses propos et à ses façons d'être une
saveur toute particulière. Il me sembla que,
dans nos conversations, son esprit éveillait le
mien, et je crus reconnaître en même temps
qu'il était l'auditeur qu'il me fallait, celui qui
comprenait mes idées, mes sentiments et mes
sensations. Avez-vous jamais réfléchi au bonheur qu'on éprouve à trouver son auditeur?
Nous sommes des créatures essentiellement
communicatives; nous avons un besoin conti-
nuel l'un de l'autre; la solitude et le silence nous
pèsent horriblement. Réunis, nous parlons souvent pour ne rien dire; nous sommes déjà char-
més d'être écoutés; mais être compris, devinés,
aidés dans notre développement intellectuel et
moral, c'est comme une faveur particulière de
la Providence. Je crois bien qu'à l'époque de ma
vie dont je vous parle, ni le mari de Françoise,
ni moi, ne nous amusâmes à philosopher sur le
sentiment qui nous attirait l'un vers l'autre.
Nous nous trouvâmes amis presque avant de
nous connaître; notre amitié s'accrut encore à

mesure que nous nous connûmes, et je puis
vous dire que c'est à présent une amitié ancienne et respectable, n'a jamais eu, et n'aura
jamais aucun nuage. Voilà comment, mes amis,
je devins, par procuration, l'ami de Françoise.

Mais il ne suffisait pas d'être l'ami de Françoise; il fallait aussi lui avoir été présenté. Et
c'est ce qui nous sautait aux yeux à l'un et à
l'autre. J'avais prolongé le séjour de mon nouvel
ami à Paris, parce que je voulais le mettre en
relations avec quelques grands artistes. Je te-
nais aussi à faire acheter son tableau, et j'y
avais réussi dans de très bonnes conditions. Il
souffrit beaucoup d'être si longtemps éloigné
des siens; mais c'était une question d'avenir, et
il s'agissait de trop graves intérêts pour qu'il lui
fût permis d'hésiter.

J'avais résolu d'aller passer mes vacances
partie à Lorient et partie à Douarnenez; il insista tellement que je me décidai à aller d'a-
bord à Brest. Je me faisais un grand bonheur
de voir de mes yeux tout le bonheur qu'il portait à sa famille. Il était parti quatre mois auparavant, tout attristé de l'échec du roman, et
tout rempli des plus tristes pressentiments pour
lui-même; et voilà que son tableau, sur lequel
il ne comptait plus à force d'avoir besoin d'y
compter, avait été reçu, bien placé, médaillé,

loué unanimement par la presse, et avantageusement vendu. Il revenait presque célèbre, et la bourse bien garnie. Il se trouvait tout à coup remis à sa place, et les rêves d'avenir lui étaient de nouveau permis. C'était presque une résurrection pour l'heureuse famille.

Mon compagnon fut très aimable et très causeur tout du long de la route. A partir de Lamballe, il devint taciturne et en même temps agité. Il se pencha aux portières en arrivant à Saint-Brieuc. J'avais envie de lui crier : « Anne, ma sœur Anne! » mais je le vis trop anxieux pour me permettre une plaisanterie. Il ne fut tiré de peine qu'à Morlaix. Je vis à ses yeux d'abord, à sa physionomie qui s'illumina, et bientôt à ses gestes désordonnés et à son chapeau agité en l'air avec frénésie, qu'elle était là!

Elle était là. Elle ne lui donna pas le temps de descendre. A peine le train était-il arrêté, qu'elle envahit la voiture, en criant et en le serrant dans ses bras. Et lui, je vous laisse à pen-

ser ce qu'il faisait et ce qu'il disait. Rien qu'à
les voir, j'étais dans le ravissement. « Et comment va-t-il? » disait mon ami. Le bébé, vous
entendez bien. « Il est superbe! » Et de se regarder en se tenant les deux mains, et de s'embrasser encore. « Mais nous ne sommes pas
seuls, dit-il au bout d'un quart d'heure. — Eh!
je le sais bien; mais c'est un ami. » Et tout de
suite, me passant les bras autour du cou, elle
me donna le chaud baiser d'une sœur! « Que
vous avez été bon pour lui! » dit-elle. Il n'y eut
pas d'autres présentations entre nous. Il me
sembla, à partir de ce moment, que j'étais là
dans ma famille. Je savais qu'ils éprouvaient le
même sentiment. Et ce que je note tout particulièrement, c'est que Françoise, que je voyais
pour la première fois, me faisait l'effet d'une
ancienne amie.

Elle est extrêmement jolie. Elle l'était du
moins alors, et je la trouve encore jolie à présent. Les femmes ne vieillissent jamais pour
moi, parce que je les vois toujours telles qu'elles
étaient quand je les ai aimées. C'est une des
douceurs que me fait la vieillesse qui, jusqu'à
présent, se montre pleine de bonté pour moi. Je
ne vous ferai pas la description de Françoise.
Elle avait ce teint un peu mat, et ces yeux, à la
fois énergiques et pensifs, qui caractérisent mes

belles compatriotes. Elles ne commandent pas
précisément l'admiration; mais elles commandent la sympathie, une sympathie tendre et ardente. Les amis de Françoise, et son mari lui-
même avaient oublié de me dire qu'elle était
jolie. Tous leurs compliments étaient pour la
sœur aînée, de sorte que je m'étais habitué à
regarder la cadette comme un clair de lune. En
revanche, je m'attendais à trouver son âme sur
sa figure, et je ne me trompais pas. Je compris
en la voyant qu'on ne pouvait être malheureux
auprès d'elle. Si j'avais été peintre, j'aurais
choisi ses traits pour représenter l'ange des
consolations.

Nous eûmes une petite querelle ensemble
avant d'arriver. Elle avait mis dans sa tête que
je demeurerais chez eux. Je refusai absolument
d'y consentir. J'allai m'installer chez Thomas,
où j'avais mes habitudes, et où j'avais retenu
une chambre. Mais j'expédiai toutes mes visites
le lendemain dans la journée, et quand j'arrivai
le soir pour dîner chez mes compagnons de route,
je pus leur annoncer que je leur appartenais
sans réserve pour toute la durée de mon séjour
à Brest.

Je fus d'abord présenté solennellement à la
sœur aînée, et aux deux marmots, qui commençaient à être sociables et à bégayer quelques

mots. Ensuite Cendrillon me montra la maison;
la chambre qui aurait dû être la mienne, l'atelier du peintre, où je trouvai deux ou trois tableaux qui valaient au moins celui qui avait été
exposé, et finalement l'atelier et la boutique du
photographe. Là, je fus mis au courant de ce
qui avait été résolu. Mon ami avait grande
envie de renoncer à la photographie, et de reprendre le pinceau pour ne le plus quitter;
mais ce ne fut pas l'avis de Cendrillon. On
ne pouvait pas compter d'une façon sérieuse
sur les produits de la peinture. On ne trouverait à faire quelques portraits qu'en les li-
vrant à vil prix. Pour se faire un revenu comme
artiste, il aurait fallu aller à Paris. C'était certainement une chance à courir, après le succès
obtenu, si l'on avait eu quelque fortune et s'il
n'avait pas fallu penser aux enfants. Le plus
sage était d'attendre. Il serait toujours temps
d'aviser, si l'on avait un nouveau succès à l'Exposition prochaine. Je ne pus qu'applaudir à ce
bagage, qui était celui de la raison.

Françoise avait préparé une petite fête pour
célébrer notre arrivée. Elle avait invité le curé
de Notre-Dame, et un vieil ami de la famille,
qui s'était signalé par ses soins de toutes sortes
au moment de la grande détresse. C'était un
capitaine de vaisseau en retraite, qui était,

comme moi, de Lorient, et que je connaissais
de longue date. J'aurais appris, rien qu'en les
voyant et en les écoutant, combien la famille
était aimée et respectée à Brest, si je ne l'avais
su de reste. Il vint des visites après le dîner. Il
en vint même un grand nombre. On ne s'y
attendait pas. Les anciens amis avaient res-
pecté les ordres de Cendrillon, qui avait voulu
renoncer absolument au monde. La porte de la
maison ne s'ouvrait, comme elle le disait elle-
même, « qu'aux pratiques ». Mais ce soir-là, on
considéra la consigne comme levée, et on vint,
presque en foule, s'associer à un succès qui était
celui de toute la ville. Toutes les bonnes amies
semblaient avoir retrouvé leur Cendrillon. J'en
entendis même quelques-unes lui dire parmi
leurs baisers : « Tu ne nous échapperas plus. »
Le maire arriva vers neuf heures, avec quelques conseillers municipaux, et je vis à son air,
et au mouvement qui se produisit, que ce n'était
pas une visite comme une autre. Il faut savoir
que la ville de Brest avait, à ce moment de son
histoire, des prétentions d'art et de littérature.
Elle avait deux ou trois poètes que l'on comparait à Brizeux. Une revue littéraire était en
préparation. La ville était décidé de placer dans
la grande salle des mariages deux tableaux
représentant le départ et le retour du marin. Il

y avait eu forces discussions dans le conseil
municipal pour savoir si l'on commencerait des
négociations avec quelque peintre célèbre, ou si
l'on ouvrirait un concours. L'affaire était encore
pendante et passionnait toute la partie intelligente de la population. Je fus mis rapidement
au courant de ces détails pendant que le maire
faisait son entrée.

C'était un homme fort connu en Bretagne,
d'abord par ses vins de Bordeaux, dont il faisait
un grand commerce, et ensuite par sa bienfaisance qui était proverbiale et qui s'étendait à
tout le département. C'est lui qui a eu l'idée de
fonder un sanatorium à Audierne. Après avoir
salué très amicalement les dames de la maison,
il conserva dans sa main la main de Cendrillon,
et lui adressa la parole sur un ton un peu élevé,
en homme qui va prononcer une allocution. Je
puis vous la redire fidèlement, car je la trouvai
le lendemain dans le journal de la ville qui était
devenu quotidien depuis le mois précédent. « Ma
chère enfant, le conseil municipal, dont vous
voyez les délégués, vient s'associer à votre
bonheur. Vous êtes notre enfant bien-aimée, et
notre premier sentiment à tous a été de nous
réjouir de votre joie. Nous sommes fiers des
succès de votre mari, que nous appelions depuis
longtemps notre grand peintre. L'honneur en

rejaillit sur la ville de Brest et sur notre chère
Bretagne. Il a mis fin à la petite guerre qui divisait notre conseil. Nous venons de décider à
l'instant qu'il serait chargé de l'exécution des
deux tableaux de la mairie, s'il veut bien y

consentir. La ville met à sa disposition pour ce
travail une somme de trente mille francs... »
Ici les applaudissements éclatèrent dans tout le
salon, et se reproduisirent à plusieurs reprises.
Tous les messieurs venaient serrer la main de
Cendrillon; toutes les dames voulaient l'em-

brasser. Il fallait voir son mari la regarder! Il
était clair qu'il ne pensait qu'à elle, comme
tout le monde. Mais le maire n'avait pas fini :
« En prenant cette détermination, dit-il, nous
avons voulu rendre hommage à notre grand
peintre, et faire plaisir à notre chère petite Cendrillon. Avons-nous réussi? »

La pauvre enfant pleurait de joie dans les
bras de sa sœur. Pour couper court à l'émotion
générale, mon capitaine de vaisseau eut l'idée
de demander à monsieur le médaillé des détails
sur son voyage. « Eh! dit-il, je ne reviens pas
du Japon. — Mais vous êtes à Brest, et vous
revenez de Paris, qui est plus loin d'ici que le
Japon. » On se mit à rire, et il nous parla des
artistes avec esprit et belle humeur.

J'aurais été un peu isolé au milieu de tout ce
monde qui ne me connaissait pas, sans nos deux
convives, qui me tinrent fidèle compagnie. Je
découvris avec joie que le curé était « un bon
curé ». Savez-vous ce que c'est, mon ami? Ce
n'est ni un saint Vincent de Paule, ni un apôtre,
ni un héros. C'est un peu de tout cela, avec
beaucoup de simplicité et de gaité, et une pointe
d'esprit qui ne messied pas. Il ne me parla
que de Françoise. Je lui dis que les ovations
dont elle était l'objet, ce soir-là, aux dépens

de son mari, dépassaient un peu la mesure.
« C'est la femme la plus aimable du monde, la
plus dévouée, la plus charmante. Mais il ne suffit pas d'être aimable, et d'avoir été le bon ange
de sa famille et de son mari pour être ainsi
l'idole de toute une ville. — Mais vous ne savez
donc pas qui elle est, me dit-il? Tout enfant,
au sortir de sa seconde communion, elle eut
l'idée de fonder un orphelinat pour les petites
filles pauvres. Elle quêta de tous côtés. On en
rit d'abord, et on finit par s'attendrir. Elle ra-
massa une jolie petite somme; il est vrai que
sa mère et sa sœur, et au bout de quelque
temps la plupart de ses jeunes amies s'en mê-
lèrent. Elle m'apporta son pécule, et me demanda si on pouvait commencer avec cela.
« Oui, mon enfant, lui dis-je, parce que les premières secourues seront vos meilleures qué-
teuses. En voyant le bien que vous faites, on
voudra vous aider à en faire davantage. » Nous
louâmes une maison, nous recueillîmes trois
orphelines. Nos bonnes sœurs en prirent la
direction et ajoutèrent cette œuvre à leurs œuvres. Françoise continua ses quêtes qui devinrent de plus en plus fructueuses, comme je le
lui avais prédit. Elle organisa une société qui
fonctionne depuis avec une régularité parfaite.
Elle a voulu que j'en fusse le président; mais

c'est elle qui fait tout; je ne vais au conseil
que pour donner mes bénédictions. Les enfants
sont à présent au nombre de vingt-sept. Il faut
se serrer un peu. Les sœurs suffisent à peine
au service. Françoise, quand elle a un moment,
accourt à l'orphelinat pour les aider. Elle est
habile à tous les métiers; c'est elle qui est
la lingère et la tailleuse de l'établissement. Elle
en est aussi la joie. Toutes ces enfants et toutes
ces bonnes sœurs l'adorent. Ce qui est admirable, ajoutait le bon curé la larme à l'œil, c'est
qu'elle n'a pas interrompu sa charité à la mort
de son père. Nous nous demandions ici si nous
ne ferions pas bien de la secourir elle-même;
mais il fallait la voir transformer son mari en
photographe, faire d'elle-même une petite marchande, sans seulement un soupir, sans un regard en arrière, et, dans ce cruel moment,
continuer ses quêtes et ses services, comme s'il
n'y avait eu rien de changé dans sa destinée.
Vous sentez bien que tout le monde redoubla
d'activité et de courage. Nous-mêmes, mes vicaires et moi, nous étions humiliés de nous
sentir si au-dessous de cette enfant, et nous
avons mis tout en œuvre pour assurer la prospérité de l'asile. Je vous le montrerai demain,
me dit-il. Il est situé hors de la ville sur la
route de Plougastel, dans un endroit où le ter-

rain est moins cher, et où l'on respire la mer à
pleins poumons.

« Ah! dit-il, vous n'avez pas voulu couronner
son livre. Que le bon Dieu vous le pardonne.
Mais c'est elle qu'il fallait couronner ; vous
n'auriez jamais mieux placé vos prix de vertu. »

Je lui demandai pourquoi il ne m'avait pas
écrit tout cela. « Pourquoi? me dit-il. Parce
qu'elle s'y est opposée de toutes ses forces ;
parce qu'elle se fâche quand on lui dit que c'est
elle qui a bâti, de ses mains, les murs de
l'asile ; elle qui donne tous les jours à nos
vingt-sept enfants, et à nos quatre bonnes
sœurs, l'abri et la pâtée. Je lui dis quelquefois
en lui montrant nos deux vaches : « Voilà vos
vaches, Cendrillon. » Elle a fait une souscription à part pour les avoir, et ses listes ont été
couvertes en quinze jours. Mais elle se fâche
contre moi, et j'ai ensuite toutes les peines du
monde à faire ma paix. Nous aurions quatre
vaches à présent, si vous lui aviez donné son
prix, et peut-être trois pensionnaires de plus.
Moi, je trouvais son livre bien joli ; mais je ne
suis qu'un pauvre vieux prêtre. Je ne suis pas
même capable de faire un sermon. Je prends
mes sermons dans l'Évangile. Je dis à mes pa-
roissiens : « Mes petits enfants, aimez-vous les

nus les autres. » Et j'ai toujours envie d'ajouter :
« Faites comme Cendrillon. »

Vous croirez sans peine que cette soirée-là
m'a laissé d'ineffaçables souvenirs. Je trouvai
le lendemain Cendrillon aussi calme qu'à l'ordinaire. Toute la différence était qu'elle regardait
son mari avec un redoublement d'orgueil et de
tendresse. Pour lui, il était triomphant, et je le
conçois. Il me disait : « Je n'ai rien à demander à Dieu. Tous mes souhaits sont comblés. »

Une des choses que j'admirais le plus dans
Françoise, sans doute en ma qualité de faiseur
de livres, c'est sa complète sérénité au sujet
des *Fiançailles de Marie-Anne*. Jamais elle ne
m'en parla, et j'aurais juré qu'elle n'y pensait
pas ; mais elle y pensait. Je voulus un jour savoir à quoi m'en tenir, et, quoique le sujet me
parût assez difficile à aborder, je mis le premier la conversation sur le fameux roman. Elle
rougit prodigieusement ; puis elle éclata de
rire ; puis elle mit la main sur mon bras.
« Était-il donc si mauvais ? dit-elle. — Oui,
répondis-je. C'était l'œuvre d'une écolière, qui
veut faire de grandes phrases. Il s'agissait d'une
histoire toute simple, qui aurait pu être touchante si on l'avait racontée avec bonhomie ;
j'allais dire « avec franchise ». — Vous avez
raison, dit-elle. J'ai enflé ma voix pour avoir

l'air d'être un auteur, quand je n'étais qu'une petite fille ayant au cœur une douce émotion que je n'ai pas su rendre. »

Cette conversation s'effaça aussitôt de son esprit, mais non pas du mien. J'y pensai si long-temps, et je pris tant d'informations que je finis par savoir l'histoire du premier manuscrit, en-foui au fond d'un tiroir avec ses rubans roses. C'était dans un voyage que je fis à Brest trois ans après celui que je viens de raconter, et qui avait pour but d'assister à l'inauguration de la salle des mariages. Le succès du peintre fut magnifique, et récompensé par la croix de la Légion d'honneur. Je ne pensais qu'au manus-crit. Il fallut faire un siège pour l'avoir. Le mari, la sœur, les enfants, qui maintenant avaient voix au chapitre, tout le monde échoua. Je fis alors avancer la réserve, c'est-à-dire le bon curé, qui me le rendit le jour où toute la famille partait pour le Midi. « A condition qu'il ne m'en parle jamais, » disait Cendrillon.

Je courus le lire en la quittant. Ce n'était pas un chef-d'œuvre ; mais c'était une histoire sim-ple et touchante, écrite comme on parle, comme elle parle, tantôt triste, tantôt souriante, et toujours aimable. Je le crois bien, qu'elle aurait eu le prix, si elle nous avait envoyé ce livre-là! Elle pouvait le publier à présent, et je lui ga-

rantissais le succès. Je l'écrivis au bon curé,
qui l'écrivit au mari, qui le dit à Cendrillon. La
réponse se fit longtemps attendre. La voici :
« Qu'il le publie s'il le veut, mais sans y mettre
mon nom, et qu'il donne le revenu, s'il y en a,
aux pauvres. »

Je l'ai fait. Personne ici n'avait entendu parler
de la première édition, qui était toute différente.
D'ailleurs, j'ai changé le titre. Les pauvres n'ont
pas fait un gros bénéfice; mais le livre a eu du
succès puisque les uns l'ont attribué à Mme Gré-
ville, et les autres à Jeanne Mairet. Moi, je le
trouve charmant; mais c'est peut-être en pensant à Françoise.

LE PELOTON DE FIL

L faut que je vous raconte encore une histoire de Saint-Jean-Brévelay. Il y a une aventure toute semblable dans les Mémoires de Saint-Simon, mais dans Saint-Simon, il s'agit d'un évêque, et même d'un évêque de cour ; je n'ai à vous conter que le cas d'une vieille mendiante.

Je me reporte souvent à Saint-Jean-Brévelay par la pensée. C'est là que j'ai vécu de 1815 à 1822. C'est bien loin. Je me rappelle les plus minutieux détails de ce pays-là, et de ce temps-là, avec une précision vraiment surprenante. Quand il m'arrive d'altérer un peu la vérité, ce que je puis faire sans scrupule puisque je n'écris que pour m'amuser, et pour vous amuser par

la même occasion si vous êtes des gens de goût,
soyez persuadés que je le fais volontairement.
La petite bourgade qui vit encore dans mon
souvenir n'existe plus ailleurs; elle a dû être
entièrement transformée, dans l'espace de
trois quarts de siècle. La France était alors peu-
plée d'hommes qui avaient assisté à la Terreur.
On ne l'avait pas vue de très près à Saint-Jean-
Brévelay; la guillotine n'avait pas voyagé dans
le département, il n'y aurait pas fait bon pour
elle. Elle s'était tenue à Vannes, où elle était
en sûreté, et peut-être à Lorient. En revanche,
Saint-Jean et ses environs étaient le centre de
la chouannerie. Je ne voyais que des chouans
autour de moi.

Saint-Jean était chef-lieu de canton, c'est
une grande dignité; nous n'en étions pas peu
fiers, et pourtant notre grandeur ressemblait
de très près à une gloire passée. Le juge de
paix, M. de La Goublaye, tenait chez nous ses
audiences pour obéir à la loi, mais il résidait
à Guéhenno. La gendarmerie avait sa caserne à
Cadoudal, à deux portées de fusil de Plumelec;
le curé de canton était à Bignan; à Bignan
aussi le notaire et le receveur de l'enregistre-
ment; quant au médecin et au pharmacien, ils
étaient à Vannes. On prétendait bien qu'il y

avait un pharmacien à Locminé, mais ce n'était qu'un droguiste.

Nous étions à Saint-Jean dans un isolement complet. D'abord, aucune grande route ne traversait la commune, et ensuite, aucun bourgeois n'y résidait, excepté le receveur des droits réunis et son commis, M. Briens ; M. Briens était marié, mais il y avait dissentiment entre notre maison et la sienne. Nous étions des bleus modérés, M. Briens était un jacobin ; M. Chénevey, le receveur, était bon royaliste ; il ne pouvait s'entendre avec son commis, et entretenait avec nous des relations d'affectueuse politesse, mais notre hostilité avec les Briens allait jusqu'à ne pas les saluer dans la rue. Le maire était un paysan fort intelligent, qui savait le français mais n'aimait pas à le parler, et vivait constamment avec sa famille et ses garçons de ferme. M. Ohio, le greffier du juge de paix, était greffier les jours d'audience et forgeron le reste du temps. En dehors de ces personnages notables, personne dans le village ne parlait français. Il y avait bien les deux prêtres, le curé et le vicaire, ou, comme nous disons là-bas, le recteur et le curé. Je dois supposer qu'ils savaient le français et le latin, mais ce dont je suis plus sûr, c'est qu'il ne parlaient ordinairement que breton. Si M. Le Quellec, le percepteur, qui, lui, ne savait que

le français, et qui résidait à Plumelec voulait
faire un bout de conversation, il était obligé
d'aller chercher, à Cadoudal, le brigadier de
gendarmerie, ou de pousser jusqu'à Saint-Jean-
Brévelay. Il prenait ce dernier parti presque
tous les jours, et il en était venu, après quelques
années, au point de passer toutes les après-midi
avec nous. Nous partions aussitôt après dîner,
c'est-à-dire à une heure, pour aller au devant
de M. Le Quellec, et nous le reconduisions le
soir, à quatre heures en hiver, à sept heures
au mois de mai. On ne voyait que nous sur la
route; c'était un petit chemin du pays, où on
ne pouvait marcher qu'à deux de front, déplora-
blement crottés quand il avait plu; mais nous
portions tous des sabots. Il passait à travers
une lande dont les horizons s'étendaient au loin,
et il était bordé de chaque côté de mûriers, de
chèvrefeuilles et d'églantiers; de petits chênes
très touffus en faisaient pendant l'été un chemin
couvert.

M. Le Quellec était un vieux garçon d'une
cinquantaine d'années. Il avait chez lui sa sœur
Françoise, qui, disait-on, tenait son ménage.
C'était, en réalité, sa servante, la plus vive des
filles, toujours chantant ou souriant, et toujours
occupée d'aller au devant de vos désirs. M. Le
Quellec était un véritable érudit. Il avait étudié

le droit à Vannes, et serait devenu avocat ou
président sans la Révolution. Il prit parti pour

la résistance, tint la campagne avec les Tinguy
et les Cadoudal, fut commandant de trois pa-

roisses sous les ordres de Guillemot, et lui succéda après la blessure qui l'obligea à se tenir caché. Il avait si bien organisé tout le pays de Ploermel et de Josselin que les bleus n'osaient plus s'y aventurer. On y faisait de temps en temps une expédition en règle à marches forcées, et l'on se retirait bien vite dans la garnison, après avoir subi quelques pertes et fait quelques prisonniers. Le Quellec était en train d'acquérir la même célébrité que Guillemot quand la pacification eut lieu. Il obtint à grand'peine de n'être ni poursuivi ni proscrit, et resta dans le pays, à condition, dit le préfet, de ne pas faire parler de lui. Ses ressources furent bien vite épuisées, et la Restauration arriva fort à propos pour le remettre sur pied. Il obtint la croix de Saint-Louis en même temps que La Goublaye, et fut nommé percepteur à Plumelec. Grâce à lui et à Telin Charles, qui était jardinier chez mon père, j'aurais pu écrire l'histoire anecdotique de la chouannerie dans le Morbihan.

M. Le Quellec et moi nous étions les fidèles acolytes de ma mère qui passait sa journée à visiter les malades et les vieillards, à leur porter des remèdes et de la nourriture. Mon père n'apparaissait que quand il fallait un coup de lancette. C'était un pêcheur infatigable.

Il partait seul avec sa ligne dès le point du
jour, et ne rentrait qu'à l'heure du repas avec
une gibecière presque toujours pleine. Il paraît
qu'il y prenait plaisir, mais il avait l'air d'être
condamné à cet exercice par un arrêt rigou-
reux. Il faisait très habilement les opérations
de chirurgie, et j'ai entendu dire assez vaguement que mon grand-père avait été médecin de
campagne sous le roi Louis XV. C'était le plus
taciturne des hommes. Si je ne connaissais que
par lui la Révolution, je n'en saurais pas le
premier mot. Je me rappelle pourtant lui avoir
entendu dire que, quand il était à Paris en 1804,
il avait vu Cambacérès se promener aux Champs-
Élysées avec une grande canne d'or. Il était
prince archichancelier d'État. Il disait en regardant les gens qui se pressaient pour le voir
passer, et qui, quelques années auparavant,
portaient la carmagnole et le bonnet rouge :
« Le peuple français aime à voir ses princes. »

Le peuple de Saint-Jean, qui mourait de
maladie ou de faim, aimait à voir ses bons
amis. Nous étions accueillis comme des anges
de Dieu par des bénédictions sans fin. On appelait ma mère : Notre sainte Marguerite. Le
Quellec retrouvait là ses camarades de chouannerie, qui avaient fait le coup de feu avec lui,
et envers lesquels le gouvernement de la Res-

tanration se croyait quitte pour leur avoir donné
la décoration du Lys. Ils la portaient fièrement
sur leur habit, suspendue à un bout de ruban
blanc. J'en ai vu plus d'un dans la troupe de
mendiants du mercredi et du vendredi. Il y en
avait dont les exploits étaient bien connus de
notre ami, pour lesquels il avait des bontés
particulières. Je dirai en passant que mon père
était un bleu, connu pour tel. Il n'en était pas
moins bien accueilli dans ce monde-là, sans
doute à cause de ma mère. On ne parlait jamais
de politique, — ni d'autre chose.

Notre maison de Kerjau était située au milieu
du bourg, tout juste en face d'un escalier de
pierre qui conduisait au cimetière. Les habita-
tions les plus confortables étaient là groupées
autour de l'église. Elles n'étaient pas d'un grand
luxe. La plus haute n'avait qu'un étage couvert
d'un toit de chaume ; mais la fenêtre était large,
elle s'ouvrait à deux battants, la porte était
bien close, le sol était bien battu, et la cheminée
ne fumait que dans les temps d'orage. Je ne sais
pas comment on pouvait vivre dans les maisons
du reste du bourg. Elles n'avaient qu'une étroite
lucarne, des portes à demi pourries, et de la
boue en guise de plancher. On y était aveuglé
par la fumée quand par hasard on essayait d'y
avoir du feu.

Yvonne Alanic occupait, et possédait, s'il vous plaît, la plus belle maison du bourg. Elle touchait à la grille qui entourait notre maison de Kerjau. Elle avait fait longtemps l'admiration et l'envie des habitants du bourg les plus riches. On la citait à Bignan et à Plumelec, la maison Alanic! Elle avait par derrière un jardin, avec une prairie, un courtil et un champ de blé. La prairie pouvait nourrir deux vaches. Mme Alanic avait un cochon et des poules. Son mari faisait deux barriques de cidre avec les pommiers de la propriété. Le fils, quand il eut ses quinze ans, apprit l'état de tailleur, parce qu'Olliveau commençait à se faire vieux, et qu'on ne saurait plus où faire raccommoder ses habits. Il gagna promptement de bonnes journées. C'était une maison charitable, où l'on faisait toujours très largement la part du pauvre.

Le fils se trouva atteint par la levée de 1813. Il se jeta avec les réfractaires qui couraient le pays. La bande fut serrée de si près par la gendarmerie mobile et les cours prévôtales déployèrent une telle rigueur que les réfractaires qui purent atteindre la côte, prirent la mer et se firent embarquer pour quitter le pays. Jean-Marie Alanic fut du nombre. Il trouva moyen d'écrire à sa mère qu'il était en partance pour « les îles ». Une lettre qui lui parvint dix

mois après, lui apprit qu'il avait pris goût pour
la marine, et qu'il servait dans de bonnes conditions à bord d'un pêcheur hollandais. Le père
était mort sur les entrefaites, après avoir eu à
supporter de fortes amendes qui entamèrent
son bien. Il laissa sa veuve dans l'embarras,
avec deux jeunes filles, dont l'une était infirme.
La pauvre femme comptait sur Jean-Marie :
« Quand Jean-Marie reviendra. » On trouvait
encore le moyen, sur les maigres ressources,
d'acheter un cierge qu'on brûlait devant saint
Cornély pour obtenir le prompt retour de Jean-
Marie ; mais il ne revint pas. Quand on disait à la
mère : « Avez-vous de ses nouvelles ? » elle
hochait lentement la tête. Elle vendit successivement le courtil, le pré, le champ de blé. Quand ce
fut au tour du jardin, elle eut un grand serrement
de cœur. C'était son orgueil, c'est là qu'elle avait
été si heureuse, là qu'elle avait tant pleuré.
Il fallait traverser la maison pour y aller, de
sorte qu'elle voyait passer tous les jours les
nouveaux maîtres. Ils emportaient sous ses
yeux ses fruits et ses légumes. Elle chercha à
vendre la maison ; mais, dans ce pays-là, la
terre s'achète avec ardeur ; les maisons ne se
vendent pas. Chacun a la sienne. Il n'y a pas
d'étrangers, pas de survenants. Le jour vint
où il fallut mendier.

Le métier de mendiant, dans nos pays, s'exerce, ou du moins il s'exerçait il y a soixante-dix ans, d'une façon régulière. Une bande se formait le mercredi matin, et suivait un itinéraire réglé d'avance qui prenait toute la journée. On allait de ferme en ferme. La course était quelquefois très longue pour gagner un liard (la quatrième partie d'un sou). Mais personne ne se rebutait, personne ne s'arrêtait. Non seulement l'itinéraire était tracé, mais les rangs étaient fixés. Les plus anciens dans la profession prenaient la tête et les plus nouveaux venaient à la queue de la procession. On savait à quelle heure il fallait arriver à tel endroit; on savait aussi ce qu'on recevrait : un liard, deux liards. Un sou bien rarement. Le liard était la monnaie courante du pays. Même les gens aisés avaient des rouleaux de liards. Quelques grands fermiers, ou propriétaires, moitié bourgeois, moitié paysans, donnaient une soupe. La maîtresse se mettait dans « la salle » auprès de la fenêtre, ayant une grande marmite à côté d'elle, une cuiller à pot à la main, et devant elle sur la table des piles d'écuelles dans lesquelles étaient déjà les lèches de pain. Chaque pauvre passait en dehors devant la fenêtre, recevait son écuelle où la maîtresse versait du bouillon, allait s'asseoir pour manger sur un banc cou-

vert d'une sorte de toit, où se trouvait un
grand panier plein de cuillers de bois. Chacun
disait son *Benedicite* et ses Grâces, et l'on
remettait l'écuelle vide et la cuiller à une fille
qui se tenait pour cela à la porte de la cour.
Chaque pauvre disait en s'en allant : « Dieu
bénisse la maison ouverte. » Je ne retrouve

pas, à mon grand regret, les paroles bre-
tonnes.

Il y avait, en 1824, quatre stations, M. Ozon,
le maire, qui demeurait à Pénic-Pichon, le
recteur l'abbé Moizan, dont le presbytère était
à une demi-lieue, M. Adelis, à Kerdroguen, et
nous. Mais le même pauvre n'était inscrit que
pour deux soupes, et personne n'aurait même

conçu la pensée de se présenter quelque part sans être attendu. Chaque maison savait exactement à l'avance combien d'écuelles de soupe elle aurait à fournir.

Yvonne Alanic n'était pas la seule mendiante qui fut propriétaire de sa maison. Cette circonstance, qui se présentait rarement, au lieu d'éloigner la pitié, la redoublait par le contraste. Ici, la pitié était d'autant plus vive que tout le monde avait connu la pauvre famille au temps de sa prospérité. On savait les causes de sa détresse présente, qui ne faisait qu'accroître les sympathies dont elle était l'objet. On se disait combien Yvonne avait été généreuse. Son fils était mort sans doute à l'étranger. Elle n'avait plus rien à espérer du ciel. Il fallait la secourir.

On avait vu naître les deux petites filles. On les avait vues grandir. La malade n'irait pas loin. C'était, disaient les commères, une bénédiction. Yvonne, dans son cœur de mère, pensait tout autrement. Elle suivait avec effroi les progrès de la maladie, que les privations de toutes sortes développaient avec rapidité.

La sœur cadette, qu'on appelait Vevette Alanic par une corruption assez désagréable du nom de Geneviève, allait sur ses seize ans. Elle n'était ni belle ni jolie dans ses haillons; mais on ne pouvait la voir sans s'intéresser à elle, et sans

se dire qu'avec un peu de soin elle serait presque
devenue une jolie fille. Elle avait ce teint mat
et clair, ces joues un peu creuses, ces sourcils
épais, ces longs cils, et déjà, à seize ans, ce
regard pensif et résigné qui donne tant de
caractère à la beauté de ses compatriotes. Ce
n'est pas une résignation passive; c'est une
résignation voulue, j'espère que vous saisirez
la nuance. Cette expression-là leur est particulière. Je crois que je reconnaîtrais entre mille
une fille de Lorient ou de Quimper. La pauvre
Vevette ne pensait guère à sa figure; personne
n'y pensait; mais cette figure, à laquelle on ne
pensait pas, était pour quelque chose dans les
attentions qu'on avait pour elle, et pour beaucoup dans celles que M. Le Quellec lui pro-
diguait.

Il ne se doutait pas de cette prédilection
qu'il éprouvait. L'idée de faire un cadeau à
Vevette ne lui serait jamais venue; mais, si
Vevette n'avait pas été là, peut-être n'aurait-il
pas été si généreux pour Yvonne. Ma mère s'en
aperçut avant lui, et le lui dit en plaisantant,
mais après avoir longtemps réfléchi, et après
s'être convaincue qu'il fallait le lui dire, et le
lui dire en plaisantant. Il en rit très franchement le premier jour. Elle revint quelque
temps après à la charge, un jour qu'il lui en

fournit l'occasion ; mais, pour cette fois, il se fâcha à moitié. « A quoi pensez-vous, Marguerite ? lui dit-il. Ai-je l'air d'un galantin ? Je serais aisément le père de cette pauvre fille. Me croyez-vous homme à épouser une mendiante ? Ou supposez-vous pire encore ? Elle me fait grand'pitié, je l'avoue, et je serais heureux de lui trouver un bon mari. Ce serai un vrai cadeau à faire à un ouvrier laborieux et honnête, vous devriez y penser. »

Rien n'était plus sincère que ce langage, et je ne veux pas vous faire entendre qu'il y avait dans l'âme de ce vieux garçon autre chose qu'une tendresse un peu plus chaude que la tendresse paternelle. Cela n'allait pas, et ne serait jamais allé jusqu'à troubler sa vie ; mais il en vint à penser quelquefois qu'il aurait été heureux pour lui d'être un peu plus gêné, et, pour elle, de ne pas être tombée au dernier degré de la misère. Certes, il n'avait pas de préjugés, mais il avait de la raison, et il savait qu'il existe des contradictions qu'il est difficile et périlleux de méconnaître. L'avenir de Vevette devint un sujet d'entretien favori entre lui et ma mère. Ils en parlaient devant moi, et je vis, au bout de quelque temps, qu'ils avaient conçu une espérance. J'en fus ravi à part moi, car Vevette était ma favorite.

Un grand changement, à peu près inopiné, se produisit alors dans la destinée de Le Quellec. Il avait réfléchi que, s'il restait dans le service des contributions directes, il n'aurait jamais aucun avancement. Sa place, qui était fort modeste, venait encore d'être réduite par une organisation nouvelle des remises. Plumelec était un pays perdu. Si nous avions quitté Saint-Jean-Brévelay, il n'aurait plus eu personne avec qui il pût parler français, et personne à qui il eût envie de parler. Il se dit qu'avec ses services et sa croix de Saint-Louis, il pouvait espérer autre chose qu'une perception de village. Bref, il avait pris son cœur à deux mains, et écrit à M. de Janzé, pair de France, qu'il connaissait, pour lui demander une place de juge de paix.

Il ne pensait plus à ses velléités d'ambition, et il avait peut-être oublié sa démarche, quand il reçut à l'improviste deux grands plis cachetés, qui avaient fait l'admiration de la receveuse des postes, et qui excitèrent à si haut point la curiosité de Françoise, qu'elle partit sur la route de Saint-Jean pour les porter un peu plus tôt à son parent. Elle pensa aussi qu'il serait bien aise de communiquer immédiatement ces grandes nouvelles à ma mère, et elle s'y prit de telle sorte que

nous la rencontrâmes le soir, à peu de distance
du bourg, comme nous commencions notre
promenade de chaque soir.

Les deux lettres étaient, l'une de M. de
Janzé, et l'autre, du comte de Chazelles,
préfet du département. Il était nommé juge
de paix à Auray.

Nous étions tous si étourdis de ce coup de
tonnerre qui éclatait dans notre ciel paisible,
que nous ne savions pas démêler nos sentiments. Nous redescendîmes à Saint-Jean par
un accord tacite, parce qu'il nous sembla
qu'il fallait être assis pour digérer de si
grosses nouvelles. Ma mère fut la première
qui parla, pour dire, en femme pratique, qu'on
dînerait à la maison. On comptait sur la
pêche du père pour faire un bon souper; on
ferait tout ce qu'on peut faire avec du lait, du
beurre et de la farine. Le Quellec et Françoise
auraient le choix de rester à Kerjau ou de
rentrer chez eux avec une lanterne. Le chemin
leur était aussi familier que les allées de leur
jardin.

Quand nous nous trouvâmes dans la cuisine,
qui était aussi la salle à manger et le salon,
assis autour de la grande table carrée, et avec
mon père, nous ne savions pas encore ce qui
dominait dans nos sentiments, de la joie ou de

la tristesse. J'étais le seul qui éprouvât une
joie sans mélange, parce que je comprenais
que mon grand ami devenait l'égal de M. de
La Goublaye, qui avait un habit marron à
grandes basques, et des culottes courtes en
satin noir. Les autres pensaient qu'ils allaient
se quitter. Je suis bien certain que l'idée de
renoncer à Kerjau, et d'aller demeurer à Henne-
bont, germa ce soir-là dans la tête de mon
père... Quelle eût été ma douleur si j'avais
pu le deviner! Notre maison de Kerjau était
le monde pour moi. J'aimais tous les êtres
vivants qui s'y trouvaient, et tous les objets
inanimés. J'étais résolu à y passer toute ma
vie. Les regrets du vieillard s'accordent avec
les vœux de l'enfant. Que ne suis-je resté là,
à l'ombre de la vieille église et du pin
immense, dans ce jardin et ces prairies, avec
ces paysans, dans ce coin du monde où le
monde ne pénétrait pas! Je serais devenu
pêcheur à la ligne comme mon père, et j'aurais
appris les révolutions par hasard un an après
qu'elles avaient eu lieu.

Mon père parla ce soir-là et parla bien. Il
eût du bon sens pour tout le monde. Pendant
que Françoise, qui avait dépossédé la tante
Gabrielle, faisait frire des truites superbes, il
exposa à Le Quellec qu'il avait souhaité

ardemment une justice de paix; qu'il n'avait jamais espéré qu'un gros bourg où il trouverait à peine à qui parler; qu'on l'envoyait dans une des plus jolies villes du Morbihan, à proximité de Vannes et de Lorient; que la ville haute était très pittoresque, le port riant et animé; qu'on venait de Paris pour voir les ruines du vieux château, en granit rose, l'un des plus beaux restes du moyen âge dont la France puisse s'enorgueillir. « Vous y serez chez vous, ajouta-t-il en riant, au milieu des soldats de Cadoudal, et quand le vent portera vers la mer vous entendrez les cloches du séminaire de Sainte-Anne-d'Auray. » On soupa joyeusement sur ces sages paroles, tout le monde coucha dans la vieille maison où nous fûmes secoués par le vent toute la nuit, selon l'habitude, et réveillés de bon matin, suivant l'habitude aussi, par le soleil et par l'*Angelus*.

Le Quellec ne parla à ma mère de ce qui le préoccupait le plus que quand nous fûmes sur le chemin de Plumelec pour lui faire la conduite. Françoise, qui était une fine mouche, paraissait uniquement occupée de moi. « Je sais que vous aurez soin de cette enfant, disait-il. Je crois que je pourrai faire quelque chose pour elle, à présent que me voilà riche. Il leur faut si peu de chose ! Mais, ajouta-t-il, je veux, avant de partir, voir plus clair dans leurs affaires, savoir si le fils est décidément perdu. Les biens de l'absent et des mineures ont été vendus par autorité de justice à la requête des créanciers hypothécaires pour un prix dérisoire. Je veux regarder tout cela de près. J'y ai déjà songé plus d'une fois, mais on ajourne toujours ses bonnes résolutions. Pour cette fois, je saurai à quoi m'en tenir de tout cela. »

C'était un samedi. Il ne revint que le lundi suivant. Nous le vîmes chez Yvonne en ouvrant nos fenêtres, déjà en conversation avec elle; il paraissait très animé. Vévette était là. Elle haussait de temps en temps les épaules en signe d'incrédulité et d'indifférence. Ma mère descendit pour les trouver, avec moi, bien entendu, qui étais son inséparable. Geneviève était fort triste « Le voilà qui nous quitte, dit-elle, si vous nous quittiez aussi, sainte Marguerite, nous n'aurions plus personne à aimer. » « Il croit que je pourrai peut-être retrouver mon fils, dit Yvonne en souriant à travers ses larmes. Mais ils ont fait dans le temps toutes leurs enquêtes, et la justice a prononcé qu'il était perdu. »

Le Quellec déclara qu'il allait travailler dans la cour pour profiter de l'air frais du matin. Il

se fit apporter de chez nous une table avec
des plumes et un encrier de plomb, comme
s'il était prêt à verbaliser, le petit banc à
dossier que mon père appelait son fauteuil de
bureau, une pipe neuve, du tabac et un pichet
de cidre. Ma mère donna ordre de descendre
aussi son fauteuil, qui était une de ces grandes
chaises d'osier à dôme recourbé, dont on se
sert sur les plages pour s'abriter du soleil.
Nous montâmes à l'église pour dire nos prières
du matin dans la chapelle de Saint-Cornély,
et quand nous descendîmes, une demi-heure
après, nous vîmes Le Quellec enfoncé dans ses
paperasses et entouré d'un nuage de fumée.

« Vous ne trouvez rien ? dit ma mère, qui
était fort incrédule.—Rien jusqu'ici, répondit-il.
J'ai mis à part tous les actes de vente et la
plupart des papiers de l'enquête. Mais je ne
trouve en tout que deux lettres du fils, celles
que nous connaissons tous, et qui ont suivi de
si près son départ. Je trouve d'anciennes
lettres d'un notaire de Vannes, qui datent de
1815 et de 1816, et qu'Yvonne a jetées toutes
cachetées dans ce tiroir, ne voulant pas même
se les faire lire, parce que, dit-elle, toutes ces
lettres de Vannes ne lui apportaient que du
chagrin, et qu'elle savait trop bien qu'elle
n'avait plus rien à espérer et rien à sauver.—

Et que disent ces lettres ? — Pas grand'chose ; des détails d'affaires. Tout paraît avoir été parfaitement dirigé et parfaitement réglé par La Goublaye. — Et qu'espérez-vous ? — Presque rien, rien du tout. Je m'obstine contre toute vraisemblance. Je ne puis m'empêcher de penser que les délais pour la déclaration d'absence sont trop courts. Jean-Marie n'était pas héritier direct ; tous les biens appartenaient en propre à la mère, de sorte que la succession n'était pas même ouverte. C'est la mère qui a vendu en son propre nom ; il n'y a lieu d'invoquer que l'existence des mineures. »

Ma mère n'entendait pas grand'chose à tout ce verbiage. Yvonne et Geneviève n'y entendaient rien. « Si on pouvait me rendre mon garçon, disait la mère, je renoncerais à tous les biens de bon cœur. »

Le Quellec avait évidemment fini sa besogne, car le tiroir était vide. Il le tournait et le retournait d'un air désappointé. « Est-ce tout ? — C'est tout. — Vous n'avez pas d'autre cachette ! — Aucune. » Il reprit tous les papiers un à un. Rien. « Nous ne sommes pas heureux, ma pauvre Geneviève, » dit-il en essayant de sourire. Elle lui prit vivement la main. « Nous ne vous en remercions pas moins de tout cœur, » dit-elle.

Il alla à la vieille commode branlante, et ouvrit de nouveau les deux autres tiroirs. L'un était vide, l'autre ne contenait que des pelotons de laine et de fil à coudre, couverts de poussière.

Il les tira de la commode, les secoua, jeta les pelotons par terre, les remit en place un à un, poussa son couteau dans les rainures du vieux meuble, le déplaça pour s'assurer que rien n'était tombé dessous. « Vous luttez contre l'évidence, mon pauvre Le Quellec, dit ma mère. — Je le crains bien, dit-il. Cependant, sa déclaration de n'avoir pas fait lire les dernières lettres qu'elle a reçues et les deux ou trois lettres que nous venons de retrouver toutes cachetées, m'avaient donné une lueur d'espérance; mais il faut y renoncer. » Il se leva.

Ma mère restait dans son fauteuil, les bras pendants et son tricot sur ses genoux, comme elle était dans ses grandes méditations. « Qu'est-ce que c'est, dit-elle, que ces pelotons-là ? » Le Quellec dressa l'oreille. « Vous savez bien, dit Yvonne, Jean-Marie avait pris le métier de tailleur. Ce sont des pelotons à lui, du fil à coudre; de la laine pour broder les dates des habits. » Chez nous, on brodait la date d'un habit sur la boutonnière.

Il y en avait, de ces habits, qui avaient des
chevrons! Ils n'en étaient que plus prisés! On
ne les portait guère qu'une fois l'an, ou deux
fois s'il y avait un mariage dans la famille.
« Tous ces pelotons sont à lui? dit Le Quellec.
— Tous. Je n'ai jamais rien mis dans ce
tiroir; j'en porte toujours la clef sur moi. » Il
leva de nouveau les épaules en homme désappointé.

« Et vous n'avez pas touché à ces pelotons
depuis douze ans? dit ma mère, — Oh! que
si! Dans les premiers temps, quand j'espérais
le revoir, je ne faisais que les baiser. Je les
ai une fois tous dévidés sur mes doigts l'un
après l'autre, et puis je n'ai plus voulu les
revoir, je n'osais même plus les regarder. Je
savais qu'ils étaient là, je me suis souvent
agenouillée auprès de ce tiroir pour dire le
Libera. » Yvonne croyait son fils mort; elle
ne supposa jamais qu'il l'eût abandonnée.
M. de La Goublaye, que Le Quellec n'avait
pas manqué de consulter, penchait pour l'abandon : « C'est un mauvais sujet, disait-il, lisez
sa dernière lettre! »

Le pauvre garçon, dans sa dernière lettre,
disait qu'il était réfractaire pour obéir à M. de
La Goublaye et à M. le recteur (M. Moïzan),
mais qu'il aurait bien aimé rester dans son pays

et servir dans l'armée française « pour taper
sur les Anglais », disait-il. Il n'aurait tapé sur
personne, mais il aurait respiré l'air natal, si
cher aux Bretons, et vécu auprès de sa famille,
sous la direction de son curé. Où était-il, pendant qu'on fouillait anxieusement ce tiroir pour

retrouver quelque chose de lui? S'il vivait, il
menait la dure vie du matelot, aggravée encore
par les douleurs de l'exil. C'était un garçon
d'esprit, disait la mère. Mais on n'a pas besoin
d'esprit pour larguer une voile ou virer au
cabestan.

« Yvonne, dit ma mère, voulez-vous me
laisser recommencer tout le dévidage des pelo-

tons ? — Faites ce que vous voudrez, ma bonne dame, Dieu vous bénira tous pour votre charité. — Mais nous avons tant vu, tourné et retourné tous les papiers sur lesquels ce fil et cette laine sont pelotonnés, disait Le Quellec dont le découragement était complet. — Je veux voir par moi-même », dit ma mère. Et elle entreprit cette longue et fastidieuse besogne.

Elle dévidait un peloton, prenait ensuite le papier, le tournait et le retournait, puis le repliait dans ses plis primitifs, pelotonnait de nouveau le fil ou la laine, et replaçait soigneusement le peloton ainsi reconstitué dans un panier placé à côté d'elle.

Elle était là depuis plus d'une heure et approchait de la fin. Le désappointement général commençait à la gagner. Le Quellec ne pouvant plus résister à son impatience était allé jusqu'au bout de la rue. Ma sœur Hermine, la future supérieure de l'hôpital de Lima, ma sœur et ma marraine, qui était là depuis le commencement, à cause de son amitié pour Vevette, commençait à larmoyer en voyant toutes ses espérances évanouies, quand tout à coup un léger cri échappa à ma mère. Tout le monde l'entoura en un clin d'œil. « Qu'avez-vous trouvé ? dit Le Quellec, d'une voix tremblante.

— Une lettre cachetée qui nous avait échappé. — C'est impossible. — Elle était enveloppée dans cette autre lettre. Le peloton était gros. On a voulu que le noyau fût fort. » Elle mordillait la lettre en essayant de la décacheter. Il la lui arracha des mains sans penser à la politesse. « C'est de l'Anglais, » dit-il avec découragement. Nous sûmes plus tard que c'était de l'espagnol. Mais anglais ou espagnol, c'était tout un pour nous. Il l'ouvrit. Il s'en échappa un papier imprimé. Il se jeta sur lui avec l'avidité d'un forban. Cette fois, c'était du français. C'était un bon de 20 francs signé par le consul de France à la Plata pour Mlle Geneviève Alanic, du bourg de Saint-Jean-Brévelay. Jean-Marie avait écrit sur un bout de papier : « Les économies du matelot, pour les étrennes de ma petite sœur. » Le bon avait dix ans de date. La somme était petite. Mais elle prouvait que Jean-Marie vivait en 1817, qu'il était à la Plata, tout au moins qu'il y était de passage, et que ses affaires étaient en bonne situation. On ne manqua pas de dire qu'il aurait sans doute envoyé plus d'argent s'il avait connu les embarras de la famille. Comment n'était-il pas rentré en France, puisqu'il était à Buenos-Aires, d'où le rapatriement n'était pas difficile ? Il devait en 1817 savoir qu'il ne courait plus aucun risque, et que sa qualité de réfractaire, loin de l'exposer à des châtiments, lui donnait des titres à la bienveillance du gouvernement. « Croyez-moi, dit Le Quellec, il a trouvé une bonne situation à La Plata, c'est ce qui l'empêche de revenir. Je suis sûr qu'il n'est pas mort ! Un Français ne décède pas en pays civilisé où la France entretient des agents consulaires sans que le décès soit notifié au gouvernement par le consul, et à la famille par le gouvernement. Nous avons en outre une base d'opération. Je vais écrire au ministre des Affaires étrangères. Nous remuerons ciel et terre, nous le retrouverons ! » Sa joie était exubérante. Les femmes étaient comme anéanties. La joie, la terreur les agitaient tour à tour et confondaient toutes leurs pensées. « Allons souper ! » dit-il enfin. On le suivit. Il voulait que Geneviève et sa mère dînassent avec nous. « Pas d'excentricités, dit ma mère. On va leur donner chez elles un bon dîner. »

Le lendemain matin, la maîtresse de Kerjau, au lieu d'assister à la première messe comme elle en avait l'habitude, était installée dès l'aube devant la porte d'Yvonne, avec la même petite table, le même panier et le même précieux tiroir, prête à recommencer la fatigante

et ennuyeuse besogne de la veille. Le Quellec,
qui accourait pour le même motif, ne put que
se proposer pour auxiliaire, mais il fut repoussé
avec perte. La souveraine maîtresse de ces
lieux déclara sèchement qu'elle voulait qu'on
la laissât seule, qu'elle ne quitterait pas la
place avant d'avoir recommencé le dévidage
de tous les pelotons depuis A jusqu'à Z, qu'elle
viendrait dîner à midi, mais qu'il ne faudrait
pas l'interroger, car elle ne dirait pas un mot
sur les découvertes qu'elle pourrait faire tant
que ses recherches ne seraient pas terminées.
Elle resta là depuis le matin jusqu'au soir;
nous rôdions autour d'elle, sans oser nous
approcher, Yvonne et Le Quellec avec une
anxiété dévorante. Elle se tint parole au dîner,
et ne desserra pas les lèvres. La nuit venue,
nous vîmes qu'elle avait entièrement vidé le
tiroir, et qu'elle y replaçait tous les pelotons.
Ainsi la seconde contre-épreuve était terminée.
L'oracle avait parlé. Qu'avait-il dit?

Elle se leva, appuyée sur le bras de mon
père qui, ce jour-là, par une exception peut-
être unique, était resté à la maison, occupé
sans relâche à planter des choux. Elle s'assit
sous un berceau qu'elle aimait, parce qu'il s'y
trouvait du chèvrefeuille en abondance. Les

langues étaient déliées et les questions se posaient de tous les côtés.

Si elle était contente de sa journée? Oui et non.

D'abord elle avait trouvé deux lettres cachetées, deux envois d'argent, l'un de 25 francs, l'autre de 20, ce qui prouvait, disait-elle, qu'il faisait un cadeau aux enfants, et ne pensait pas secourir une famille en détresse. La date des envois qui, tous les trois, étaient du mois de décembre, en aurait fourni la preuve au besoin. Des deux nouvelles lettres découvertes, l'une était, comme la première, du consul qui servait de banquier, l'autre, sur laquelle Yvonne s'était jetée avec avidité, était de la main même de son fils. Elle ne savait pas lire, elle couvrait de baisers ces lignes qu'il avait tracées.

C'était l'écriture et le style d'un homme peu accoutumé à ces exercices. « Je me porte bien. J'ai de l'ouvrage. J'envoie mon cadeau ordinaire. Je demande avec instance une réponse à mes lettres. » Ce qui fut aux yeux de tous d'une valeur inappréciable, c'est qu'il donnait son adresse à Buenos-Aires, une bien vieille adresse, mais qui mettrait peut-être sur la voie. On s'empressa naturellement de transmettre cette nouvelle indication au baron de Janzé, qui était la providence de toute la partie du monde qui s'étend entre Josselin et Languidic.

Le Quellec, qui avait ruminé toute la journée, soumit alors Yvonne à un véritable interrogatoire, qui fut conduit avec une profonde habileté. Il provoqua ses souvenirs au lieu de se borner à les évoquer. Il fut évident qu'elle avait passé plusieurs années sans recevoir aucun papier d'aucune sorte, mais qu'il en était venu deux ou trois pendant la dernière année. Yvonne, qui avait en horreur les gens de loi depuis qu'ils avaient, à ce qu'elle pensait, consommé sa ruine en vendant ses propriétés, avait négligé ou refusé de les faire lire à M. Ozon, son conseiller ordinaire. Elle les avait jetés sur la maie, et ne savait ce qu'ils étaient devenus.

Quelle était la forme de ces papiers? Elle ne savait. On lui montra une feuille dépliée. Était-ce cela? Peut-être bien. On lui montra aussi une lettre fermée. C'était plutôt cela. Elle ne savait. Peut-être l'un, peut-être l'autre, et peut-être aussi l'un et l'autre. Le Quellec conclut qu'elle avait reçu trois papiers, dont un acte d'huissier ou d'avoué et deux lettres; que ces lettres, ou tout au moins l'une d'elles, devait venir d'Amérique. La fortune avait peut-être frappé à leur porte pendant qu'elles tombaient au dernier degré de l'indigence.

Vevette, interrogée à son tour, se rappela bien ces trois papiers. Deux d'entre eux avaient bien la forme d'une lettre qu'on lui montra. Elle savait lire l'imprimé, et ne lisait que très difficilement l'écriture à la main. Elle croyait bien que le papier déplié était en écriture imprimée et que les deux lettres étaient manuscrites. Elle crut, comme sa mère, qu'elles venaient de Vannes, et ne pensa pas un moment qu'elles pussent être de son frère. On ouvrit la maie, on l'examina dans tous ses recoins avec une chandelle allumée. On déplaça le lit à deux étages qui faisait, avec la maie et deux rouleaux de bois, tout le mobilier, on balaya et on racla partout. Il fut bien avéré à la fin de ces perquisitions qu'il ne restait pas dans la maison un bout de papier, à l'exception de ceux qui avaient passé par tant de mains depuis ces derniers jours.

Nous étions au samedi, M. Le Quellec n'avait plus que deux jours à passer parmi nous. Il avait définitivement quitté Plumelec, après avoir installé son successeur, qui était aussi son acquéreur, car les places de percepteur se vendaient dans ce temps-là. On obtenait la permission du gouvernement pour acheter une perception, et on débattait le prix avec le titulaire sortant. La recette de Plumelec fut achetée 3.000 francs, grâce au préfet, M. de Chazelle, qui prit chaudement les intérêts du nouveau juge de paix. Joignez à cela les 2.400 francs du cautionnement qui devaient être restitués, et vous comprendrez que M. Le Quellec, juge de paix de la ville et du canton d'Auray, chevalier de Saint-Louis, possesseur de plus de 5.000 francs d'argent comptant, avec ses 45 ans, sa bonne mine et ses qualités solides, était en passe d'épouser une des riches héritières du pays. Mais il ne courait pas après la fortune ; ce qu'il avait suffisait et au delà à ses besoins. Il avait le cœur pris pour une pauvre fille, qui avait mendié pendant quelques semaines, et qui n'avait échappé à la mendicité que tout récemment, grâce à un secours inattendu qui lui était venu d'une source inconnue par les mains de M. le recteur. Vous pensez bien que le secret n'en était pas un pour l'abbé Moisan, pour ma mère, et surtout pour Le Quellec. Le recteur avait déclaré qu'il avait une somme de 2.000 francs pour les Alanic. C'était plus qu'il ne fallait pour les besoins d'une année. « Et j'espère qu'on n'en restera pas là, » avait-il dit en annonçant cette bonne nouvelle. Geneviève n'était inquiète que pour sa mère. « Car pour moi, disait-elle, si je venais à la perdre, je ne serais pas embarrassée pour entrer en service. » On se serait disputé pour l'avoir, la chère enfant, et sa mère, qui était sa confidente, savait que sa grande ambition était d'entrer chez M. Le Quellec, et d'y être la coadjutrice, ou, pour employer le mot propre, la servante de Françoise.

On sait qu'il pensait à tout autre chose, et ma mère, qui avait fait la renchérie dans les premiers temps, et avait parlé le langage de la sagesse humaine, s'était réconciliée peu à peu avec l'idée de ce mariage, en observant Geneviève de plus près à ce point de vue, et en pensant qu'elle serait dépaysée.

Il n'y a que cinq lieues de Saint-Jean à Vannes, et deux lieues de Vannes à Auray. Mais ces sept lieues établissaient entre les deux résidences une barrière autrement infranchissable que si elles avaient eu entre elles l'Océan. Il n'y avait, de Saint-Jean à Vannes, ni diligence, ni patache, ni messager. On en faisait le chemin à pied, ou on louait un cheval. On louait aussi une charrette couverte d'une bâche quand il s'agissait d'une bourgeoise accoutumée à prendre ses aises. Bien installée sur deux ou trois coussinets, et protégée par des cerceaux recouverts d'une toile épaisse, elle ne croyait pas qu'une duchesse pût voyager si commodément. Françoise avait pris ce chemin pour se rendre à Auray, où elle devait organiser la maison du juge. Pour lui, il avait voulu nous donner son dernier dimanche.

Ma mère pensait bien qu'outre son amitié pour nous, qui était solide et profonde, il se proposait, dans cette dernière journée, de terminer la grande affaire de son mariage. Elle était décidée à « donner son consentement », et désormais, son parti étant bien arrêté, elle était plus impatiente que l'amoureux lui-même d'arriver au dénouement. Elle croyait assister à une de ces histoires de fées où le roi épouse une bergère. La bergère lui paraissait digne de cette haute destinée, et croyez bien sur ma parole que personne n'a jamais pu la voir de près sans s'attacher à elle, et sans l'aimer.

Ma mère ne fut nullement surprise, quand notre ami lui dit avant la grand'messe qu'il avait fait toutes ses visites, réglé ses affaires, bouclé sa valise, pour lui donner à elle toute seule l'intervalle entre les offices. « Nous dînerons bien vite, lui dit-il. Nous aurons fini à une heure, et nous aurons deux grandes heures pour causer. J'ai bien des choses à vous dire. »

« Sans doute, pensait-elle. C'est une seule

chose pour moi, la grande chose; et beaucoup
de choses pour lui, parce qu'en outre de la
grande confidence, il a mille riens dont il fait
des mondes. Il sera content, disait-elle encore,
de mon adhésion complète. Je l'avais un peu
chicané au commencement. » Quoiqu'elle n'eût
que très peu d'années de plus que lui, elle
éprouvait pour lui un sentiment presque mater-
nel. Elle était de ces femmes qui ont une
vocation particulière de la maternité.

Elle fut bien étonnée le lendemain, quand
elle l'entendit s'exprimer avec hésitation, en
homme qui est loin d'avoir pris son parti, qui
lutte contre lui-même et contre ses inclinations,
par quelques secrets motifs. Il lui dit qu'il avait
bien réfléchi à ses objections, qu'il les trouvait
justes; il les rappela, les commenta, les déve-
loppa. Elle en était fort impatientée, et presque
choquée. Pendant qu'il faisait du chemin de ce
côté-là, elle avait marché de l'autre, et ils se
trouvaient à des extrémités opposées, ce qui,
pour la première fois peut-être, jeta quelque
froideur et quelque embarras dans leur entretien. Elle se dit à la fin que cela n'était pas
naturel, qu'il y avait quelque chose de nouveau
et d'imprévu, elle entreprit de le savoir, et de
confesser le récalcitrant, et de lui arracher le

motif de sa retraite. Elle n'en vint pas à bout sans difficulté.

Croiriez-vous que cette esprit net et précis, dont le défaut capital n'était pas de se laisser mener par l'imagination, s'était laissé troubler, plus que la mère et la sœur, par les hypothèses auxquelles on s'était livré la veille, sur le ressuscité ? Toutes les vraisemblances étaient pour la mort. Qu'y avait-il de si nouveau pour bâtir des chimères ? Une somme d'argent insignifiante, la démonstration acquise et irréfutable que des lettres écrites d'Amérique ou n'étaient pas arrivées à destination, ou n'avaient pas été lues à la destinataire, et enfin l'indication d'une étape, une seule, dans ce voyage qui durait depuis tant d'années et qui avait pu conduire le voyageur dans tous les coins du monde. Que la mère et la sœur se laissassent enflammer et leurrer par de telles découvertes, cela s'expliquait par la passion qu'elles y mettaient, et bien plus encore par leur ignorance. Mais qu'il eût pris tout cet échafaudage au grand sérieux, et que ces faibles indices lui parussent, après une nuit sans sommeil, équivaloir à une démonstration, cela renversait toutes les idées de ma mère. « J'ai écrit ce matin à M. de Janzé pour qu'il aille au ministère des Affaires étrangères, et que l'affaire soit

menée rapidement. J'ai en même temps écrit,
à tous risques, à notre consul général à
Buenos-Aires. » Ma mère approuvait les lettres.
Elle combattait les chimères. Elle montrait
qu'il prenait des lueurs pour des certitudes.
« Et quand cela serait? dit-elle enfin. Quand
ce pauvre garçon serait vivant, que craignez-
vous? Qu'il vous refuse sa sœur? » Elle lui
riait franchement au nez. « Vous craignez
peut-être de voir arriver un mauvais sujet qui
sera une charge et un déshonneur pour sa
famille? Eh bien! mon ami, si le malheur
accable à ce point ces deux femmes, ce sera
une raison de plus de ne pas les abandonner.
Vous êtes homme, vous être magistrat; personne ne sera plus en mesure que vous de
diminuer ou d'éloigner le fardeau. »

« Ce n'est pas cela, ce n'est pas cela, dit-il
avec vivacité. Je conviens qu'il peut être un
mauvais sujet ou un pauvre diable; mais avonez
aussi qu'il peut être devenu riche. Et alors,
j'aurai l'air d'avoir épousé sa sœur pour
prendre une part de ses richesses. »

Cela paraît à présent extravagant. À l'époque
dont je parle, à la fin de la Restauration, l'*oncle
d'Amérique* était une des chimères à la mode.
Toutes les familles du littoral avaient un oncle
d'Amérique, qui devait un jour leur arriver

avec des millions. Nous avions nous-mêmes un
oncle d'Amérique, l'oncle Jean, dont la place
était marquée dans tous nos rêves, et je dois
dire ici qu'il nous arriva un beau jour, à notre
surprise inexprimable, et que nous avons été

obligés de lui servir une pension jusqu'à sa
mort.

Ma mère n'avait pas encore fini de couler à
fond l'oncle d'Amérique quand la cloche nous
appela à l'église. Pendant les vêpres, ma mère

pria Dieu de rendre la raison à ce grand enfant qui avait peur de manquer de désintéressement en épousant une mendiante.

Ils sortirent ensemble de l'église après le *Magnificat* et traversèrent le cimetière sans se parler. Il fut entouré par tout le village au moment où il entrait à Kerjau. Chacun voulait lui serrer la main. Presque tous avaient des remerciements à lui faire, ma mère était attendrie. Il l'embrassa devant toute la foule. A ce moment, tous les hommes se découvrirent. Cet adieu de cet ami à leur chère Sainte leur paraissait comme un acte religieux. Le recteur et son curé vinrent aussi faire leur adieux, dès qu'ils eurent quitté leurs vêtements sacerdotaux. La fête était complète. Il n'y manquait que les Briens, toujours isolés, et les Alanic, dont l'absence fut commentée. « Elles ont trop de peine, » dirent ces braves gens. Plusieurs entrèrent dans la maison pour les consoler, mais on sut qu'elles étaient restées au cimetière, et qu'elles priaient sur la tombe d'Alanic.

Le temps était beau. La famille resta sur le terre-plein qui précédait la maison tant que le recteur fut là. Quand il partit, la foule s'écoula en quelques minutes, et nous entrâmes dans la salle où le souper n'était pas encore servi. Quoiqu'il fût près de huit heures puisque l'*Angelus* était sonné, le couvert n'était pas mis. Il n'y avait pas de nappe sur la table où s'asseyaient chaque jour vingt-deux convives. On ne voyait sur le bois brun et bien ciré qu'un seul objet, qui frappa immédiatement tous les yeux : une lettre.

Une lettre à Saint-Jean-Brévelay ! Il n'en arrivait pas dix par an. Mon père la saisit d'une main tremblante, et tout de suite la passa à Le Quellec, en disant, au milieu du silence général : « Elle est pour vous. » Le Quellec y jeta les yeux. « De M. de Janzé, » dit-il. Ma mère fit mine de se retirer avec la famille. « Non, restez, dit Le Quellec, dont la voix s'entendait à peine. Ai-je donc des secrets pour vous ? »

Il l'ouvrit. Ma mère, qui le regardait attentivement, et qui vit ses mains flageoler, sa figure se couvrir d'une pâleur livide, plaça vivement une chaise derrière lui. Il y tomba. « C'est de joie, » dit-il dès qu'il put parler. Il se jeta au cou de mon père, y resta quelques secondes en sanglotant. Puis il saisit ma mère par le bras, et l'entraîna vivement vers la maison des Afanic, en ayant toujours la lettre dans sa main. Hermine et moi nous les suivîmes. Tous les autres restèrent immobiles où ils se trouvaient, car mon père commanda la patience et le silence.

L'attente ne fut pas longue, et ce fut moi qui la
fis cesser, par la raison qu'on me mit à la porte
avec Hermine, en nous disant d'aller prier les
autres de se mettre à table et de ne pas s'inquiéter des absents. Nous entrâmes dans la cuisine,
et ce fut ce soir-là la tante Gabrielle qui dit le
Benedicite à la place de ma mère. La place de
la maîtresse de la maison et celle de notre hôte
restaient vacantes. Nous étions tous déconte-
nancés. Mon père, qui avait eu le temps de
jeter les yeux sur la lettre, nous dit que M. de
Janzé était en train de l'écrire, quand il avait
reçu celle de M. Le Quellec qui insistait pour
avoir des renseignements sur Alanic. Il écrivait pour rendre compte de dépêches reçues la
veille de Buenos-Aires. Alanic avait habité
cette ville pendant treize ans. Il venait d'en
partir pour rentrer en France, et le consul
pensait qu'il arriverait très peu de temps après
sa lettre. Le paquebot qui apportait la dépê-
che consulaire ne recevait que des passagers de
première classe et Alanic avait été obligé
d'attendre trois semaines pour partir avec un
navire de commerce, sur lequel il s'était engagé
comme matelot pour la traversée. Les questions
vinrent de toutes parts après cet exposé laco-
nique, mais mon père n'en savait pas davantage,
ce qui fit que tout le monde soupirait après le

retour des absents, et qu'on tournait perpé-
tuellement les yeux vers la porte. Mais la
porte resta close, et le souper s'acheva,
au milieu d'un désappointement général. Ma
tante Gabrielle dit les Grâces, et mon père
donna l'ordre d'aller se coucher, en ajoutant qu'il resterait seul pour les attendre, et
qu'ils n'auraient besoin de personne pour les
servir.

Ils rentrèrent si juste au moment où les
moins diligents venaient de sortir, qu'il est
présumable que ma mère avait fait en sorte
d'attendre que la cuisine fût déserte pour
échapper aux questions et à la curiosité. On
m'a raconté si souvent la scène qui eut lieu
chez les Alanic que je la sais aussi bien que si
j'y avais assisté.

D'abord j'assistai au commencement, qui fut
très émouvant. J'étais entré avec Hermine sur
les pas de ma mère et de M. Le Quellec. Il n'y
avait ni lumière, ni feu dans la chambre, où il
commençait à faire sombre. Quelques pommes
de terre cuites à l'eau, placées sur une assiette
de bois, représentaient tout le souper, avec
une chopine remplie d'eau fraîche. Notre arrivée
soudaine causa une grande surprise et un
grand émoi. « Qu'y a-t-il? qu'y a-t-il? » Ma
mère mena les choses rondement. Elle savait

que les sentiments d'une paysanne sont aussi
profonds que ceux d'une dame, mais moins en-
combrants, et elle pensa qu'il valait mieux
frapper de grands coups que de recourir aux
préparatifs et atermoiements. « Il y a, dit-elle,
qu'il est vivant et bien portant, et que vous ne
tarderez pas de le revoir. » A ces mots, Yvonne
et Geneviève tombèrent à genoux sans pousser
un cri ni proférer une parole, et firent un grand
signe de croix. Je les imitai aussitôt, et croyant,
à cette vue, qu'on leur annonçait la mort de
ce fils et de ce frère dont on ne cessait de
parler depuis quelques jours, je me mis à san-
gloter et à pousser des cris perçants. C'est alors
que ma mère me renvoya, en chargeant Hermine de me consoler, et de me dire qu'il ne
s'agissait pas d'un deuil, mais d'une grande
joie.

Le Quellec donna lecture de ses lettres. Le
baron de Janzé lui avait envoyé la lettre même
du consul général, qui était très détaillée.
Alanic avait passé par des situations bien diverses. Il avait d'abord trouvé de l'ouvrage
comme ouvrier tailleur. Il cousait très bien ;
mais quand il voulut se mêler de la coupe, il
se trouva qu'il ne connaissait que les modes
de Saint-Jean-Brévelay, très différentes de
celles de Paris. Quelques amis qu'il s'était

faits lui persuadèrent pourtant d'ouvrir boutique
sous le nom d'Alanic, tailleur parisien, et
d'inventer quelques types de vêtements qui ne
manquèrent pas d'originalité. Il trouva un
associé qui lança très bien la maison, et la
conduisit très bien et très rapidement à la
faillite. Il fut obligé de se jeter dans les montagnes et de vivre de ce qu'il trouvait, le plus
souvent de l'air du temps. Il disait plus tard
qu'il avait connu pendant plusieurs années
toutes les douleurs de la vie : malade, traqué,
sans le sou, mourant de faim. Nous le voyons
à un moment donné photographe ambulant,
portant sa machine sur son dos. Il apprit tout
à coup que ses amis avaient arrangé ses affaires, qu'il était relevé de sa faillite, que son
associé était rentré, et qu'on n'attendait plus
que lui pour rouvrir les salons de la mode parisienne. Il revint, il réussit, on peut même
dire qu'il s'enrichit puisqu'il se vit au bout de
trois ans à la tête d'un capital d'une vingtaine
de mille francs.

Mais il était sans cesse hanté par le souvenir
de la faillite et des terribles années qui l'avaient
suivie. Il ne rêvait plus que de la Bretagne. Il
pensait à Saint-Jean-Brévelay en arpentant la
callé de Moreno. Il avait, au commencement
de son exil, écrit plusieurs fois à sa famille,

sans recevoir de réponse. Il lui avait même à diverses reprises envoyé de petites sommes d'argent, sans qu'aucun signe lui apprît qu'elles étaient parvenues à leur adresse. Puis était survenue la longue interruption causée par son nouvel exil. Il n'avait pas osé donner de ses nouvelles, dans les premiers temps de son retour, parce qu'il n'avait que ses tristesses à annoncer. Il écrivit cependant, quand ses affaires commencèrent à prospérer; mais tout aussitôt la nostalgie du pays le saisit, et il prit la résolution d'aller chercher lui-même la réponse à ses lettres. Il rentrait en France avec l'unique désir de retrouver ses parents et de vivre avec eux dans cette chère maison, dans ce jardin, dans ce pré dont les magnificences du monde ne lui avaient pas fait perdre le souvenir. Quelle douleur quand il apprendrait à la fois la mort de son père, celle de sa sœur infirme, la ruine totale des siens, sa mère et sa sœur réduites à la mendicité! Cette pensée, qui leur vint en même temps à toutes deux, mêla de la tristesse à leur joie, mais la joie surnagea, et elles se dirent qu'elles le rendraient heureux à force de tendresse et de dévouement.

Ma mère, après cette lecture, pria Yvonne de la suivre pour un entretien confidentiel pendant

que Le Quellec parlerait à sa fille devant la
porte entr'ouverte.

Elle lui dit alors que Le Quellec se proposait
d'épouser Geneviève, et qu'il lui faisait sa
demande à l'instant même, qu'elle-même resterait à Saint-Jean avec son fils, dont sans
doute elle ne voudrait pas se séparer, qu'on
se verrait souvent, et qu'avec un gendre généreux comme Le Quellec, et l'activité de son
fils, elle n'avait pas à craindre le retour de la
misère. Je ne vous dirai pas ce qui se passa
entre la jeune fille et son vieil amoureux.
Ils s'aimaient l'un l'autre plus qu'ils ne le
croyaient eux-mêmes. Ma mère se rapprocha
d'eux dès qu'elle eut terminé son entretien avec
Yvonne : « On a fini de souper maintenant.
Nous allons souper ensemble tous les quatre. »
Elle prit Yvonne par le bras, et Le Quellec
suivit avec sa fiancée.

Elle apprit alors à Le Quellec qu'Hermine
avait veillé en secret pour attendre et qu'elle
s'était arrangée pour ne pas souper, peut-être
dans l'arrière-pensée que ma mère ne voudrait
pas laisser ses amies dans la solitude après
les nouvelles qu'elle leur apportait. Il intercéda
pour elle, et obtint qu'on la fit descendre. Ils
soupèrent ensemble tous les cinq, et restèrent
longtemps après le repas assis autour du foyer,

éclairés par une chandelle de résine. Il fut convenu qu'on dirait les nouvelles le lendemain, mais qu'on ne parlerait pas du mariage.

C'est à Auray qu'il eut lieu deux mois après, en très petit comité.

Françoise avait très bien choisi et très bien aménagé la maison du juge. Sur la première tour que l'on voit à sa droite en traversant le pont

jeté sur un bras de mer et qui conduit à la ville haute, ce qui était autrefois le toit de la citadelle est remplacé par un jardin circulaire. Les siècles ont comblé la tour avec les terres apportées de tous côtés, et toute une gerbe d'arbres à fruits et d'arbustes odoriférants couronne ces fortes murailles de granit, au pied desquelles le flot vient mourir. Au milieu de ce jardin embaumé par les fruits et les fleurs, est la maisonnette

du juge, toute tapissée de clématites, de chèvrefeuille, d'aristoloches. Il n'y a qu'un étage
au-dessus du rez-de-chaussée, mais les pièces
sont grandes et bien aérées. En bas la cuisine
et la salle, en haut la chambre du ménage et
celle de Françoise. Le Quellec avait bien parlé
d'une servante ; mais Françoise et Geneviève
ont repoussé cette idée d'un commun accord.
La femme du jardinier donne un coup de main
pour le gros ouvrage.

Jean-Marie vient voir sa jeune sœur presque
tous les mois. Il n'a pas repris le métier de
tailleur. Avec les 20.000 francs qu'il avait, tout
lui a été facile à Saint-Jean-Brévelay. Il a
racheté et augmenté « ses terres ». C'est à
présent un gros agriculteur. Ce sera le maire
de Saint-Jean aux prochaines élections. C'est
d'ailleurs un très excellent homme.

On a proposé à Le Quellec d'être juge au
tribunal de Vannes ; mais il mourra juge de
paix. Geneviève est la plus considérée et la
plus aimée des dames du pays. Elle a conservé
le costume de Saint-Jean-Brévelay, moins la
coiffure qu'elle remplace par le joli bonnet des
femmes de Carnac. Elle le porte avec élégance,
comme sa fortune le lui permet. Elle a, pour
les jours de fête, une robe de soie, des gants
de chevreau, et un joli fichu de dentelle. Elle a

été belle à ravir, jusqu'au delà de la quarantaine. Elle a une de ces figures sur lesquelles est peinte une angélique bonté. Le Quellec l'appelle toujours « mon ange », et tous ceux qui la connaissent sont tentés de lui donner le même nom.

LES

DESSOUS DE LA GLOIRE

Vous voulez savoir comment j'ai connu Maurice. Je n'en sais rien; mais je puis vous dire comment je l'ai aimé.

Je l'avais rencontré à Londres chez Mme Austin, puis à Paris dans quelques salons orléanistes où les républicains étaient reçus, non pas précisément comme des amis, mais comme des auxiliaires utiles dans la guerre qu'on faisait contre l'Empire. Il m'avait plu par l'élégance de sa personne et sa physionomie rêveuse. Je le prenais pour un jeune poète, et je m'étonnais de n'avoir pas encore reçu sa visite; car, sous prétexte que j'ai fait quelques

vers et que je suis de l'Académie française, les
jeunes poètes viennent volontiers me demander des conseils pour trouver un éditeur et
pour se faire louer dans les journaux.

Il vint enfin un beau matin, d'un air embar-
rassé, qui naturellement m'embarrassa. Je
n'aime pas qu'on me demande des services
parce que je n'ai ni fortune ni crédit. Aux
demandes d'argent, je suis obligé de répondre :
Je n'en ai pas ; et aux demandes de places ou
de croix : Je ne connais âme qui vive dans le
gouvernement. Je sais que ces jeunes gens ne
me croient pas, et cela m'afflige. Refuser
celui-ci me paraissait particulièrement douloureux, à cause de l'intérêt qu'il m'avait inspiré.
« Enfin, me dis-je, pendant qu'il tournait son
chapeau pour trouver son exorde, si ce qu'il
demande n'est pas trop au-dessus de mes
moyens, je tâcherai de lui être utile. »

« Je vous écoute, cher Monsieur, lui dis-je
d'un ton encourageant. — Oui, Monsieur, me
dit-il, et je vous en remercie ; mais je ne sais
par où commencer. J'avais préparé un petit
discours qui ne me revient pas à présent. Je
crains d'avoir fait une démarche malavisée
en venant ici et je crois que je ferai bien
de me retirer en vous priant d'oublier ma
visite. — Une visite qui ne m'aura pas

appris grand'chose, si vous en restez-là,
lui dis-je. Cependant, j'ai le désir de vous
obliger, et, si je le puis, je le ferai avec
plaisir. — Oh! bien, Monsieur, s'écria-t-il, ce
mot d'obliger qui vous vient naturellement à la
bouche me tire à peu près de peine ; car si je
ne sais comment vous dire ce que je demande,
il m'est très aisé de vous dire ce que je ne
demande pas. Je n'ai pas besoin d'argent, car
je suis un garçon rangé et de bonne maison ;
je ne cherche pas d'emploi, car je tiens à mon
indépendance, et je ne suis pas un candidat
pour les salons académiques. Vous voyez que
je ne suis pas un solliciteur ordinaire. Mais je
crains bien de pousser trop loin la témérité... »
Il balbutia, se troubla, et vraiment je ne savais
plus que penser. Il finit par me laisser entendre
qu'il avait recours à toute ma sympathie.
« Bon ! m'écriai-je. Vous voulez me lire vos
vers. Allez ! allez ! Il n'y avait pas besoin de
tant de préambules. Lisez, Monsieur ; je suis
tout à vous. » Je m'arrangeai dans mon fauteuil,
et pris l'air d'un juge impartial, incapable de
se laisser fléchir par la jeunesse et la bonne
grâce de l'auteur. « Des vers ? dit-il. Mais,
Monsieur, je ne suis pas poète. Je n'ai jamais
ni fait un vers, ni écrit une ligne de prose
dans ma vie. »

Ce fut à mon tour d'être désarçonné. « C'est une énigme que ce garçon-là, me dis-je, légèrement impatienté. — Allons, parlez, Monsieur, puisque je devine si mal. »

« Monsieur, dit-il, je ne fais pas de vers, mais je fais de la musique. Je sais depuis longtemps qu'il y a un piano dans votre cabinet. Je vous ai entendu à plusieurs reprises juger les musiciens avec autant de discernement que de passion pour le grand art. C'est même ce qui m'a déterminé à vous choisir pour ma victime. Voici une sonate. Je ne vous demande pas de la montrer à Meyerbeer, qui est votre ami ; je vous demande tout simplement de me permettre de l'exécuter devant vous, après quoi vous me renverrez si elle ne vaut rien ; et si, au contraire, elle vous plaît, je vous conterai ma petite histoire. »

Qu'auriez-vous fait ? Je protestai d'abord de mon incompétence. « Moi ! donner mon avis sur une sonate ! C'est de l'extravagance », etc. Mais il était têtu comme un Breton (c'est un Breton), et, au bout de quelque temps, il était campé sur le tabouret, et passait sa main dans ses cheveux pour appeler l'inspiration.

J'aurais peut-être été assez lâche dans ce temps-là (il s'est écoulé depuis une trentaine d'années), j'aurais été certainement assez lâche

pour ne pas avouer l'émotion que je sentis tout
d'abord, et qui vers la fin prit une telle intensité
que je ne pouvais retenir mes cris d'enthousiasme. Lui-même était transporté par ce qu'il

jouait, et nous devions, quand il eut joué les
dernières notes, ressembler à deux insensés.
Il se jeta dans mes bras, je le serrai dans les
miens, je lui déclarai qu'il était mon ami, il
m'avoua qu'il n'était venu que pour cela, qu'il

avait besoin d'être aimé, qu'il lui fallait un
père parce qu'il n'avait jamais connu le sien,
un coin de Paris où il fût reçu de loin en loin,
oh! de très loin en très loin si vous voulez,
mais où il fût sûr de trouver l'accueil que l'on
fait à un fils, à un parent tout au moins, où il
pût conter ses tristesses et ses joies, « trouver,
me dit-il, un auditeur comme celui de tout
à l'heure ». Sans doute, il était de ceux que
le monde appelle des heureux; il était riche,
bien portant, bien élevé; il était reçu dans
le meilleur monde; il y tenait bien sa place;
il y recevait des marques non équivoques
de bienveillance; mais c'était cette bienveillance banale qu'on ne refuse pas à un
homme comme il faut; il était un étranger
bien reçu, mais un étranger. Il ne voyait personne à qui il aurait pu porter ses confidences,
si j'avais refusé l'offre qu'il m'en faisait. Les
jeunes gens de son âge étaient pour lui de
bonnes connaissances; ils n'étaient pas et ne
pouvaient être des amis. Ceux-ci avaient des
mœurs irrégulières, ce qu'il ne pouvait tolérer,
lui, Breton de vieille roche; ceux-là étaient
passionnément jetés dans la politique; d'autres
menaient la vie affairée et désœuvrée des gens
du monde, assidus au Bois et au théâtre, la
tête pleine de frivolités, n'entendant rien au

grand art en aucun genre, amateurs d'opérettes
et de musiquettes, des pupazzi et non des
hommes. Je le laissai parler tant qu'il voulût,
et je voulus entendre, avant de le laisser partir,
quelques morceaux de lui. Je me défias de
l'enthousiasme du premier moment; et, en
effet, dans les morceaux suivants, je ne retrouvai pas ces grands traits de génie qui m'avaient
bouleversé; mais tout sentait le grand, le très
grand artiste; un musicien savant et inspiré
tout ensemble. Enfin, mon ami, je sentis
l'homme qu'il était, c'est-à-dire, si vous m'en
croyez, le plus grand artiste de nos jours.

Vous pensez bien qu'à partir de ce moment
je cherchai tous les moyens possibles de l'attirer
chez moi. Il y mit beaucoup de discrétion, surtout dans les commencements, il tint sa pro-
messe de n'avoir point de secrets pour moi. Je
fus de moitié dans toutes les angoisses et dans
toutes les joies de sa candidature quand il aspira
à être joué à l'Opéra. Je lui conquis l'amitié de
Meyerbeer, celle d'Habeneck, celle de Nourrit.
J'ose dire que je contribuai à le faire jouer. Il fut
joué. Le succès, vous le savez, fut immédiat,
foudroyant. Il était entré ce soir-là, obscur
encore, au théâtre; il en sortit tout éclatant
de lumière. Ses amis, si tièdes la veille, si
indifférents, l'entouraient, le pressaient, le

portaient; les musiciens vinrent lui donner
sérénade, à la mode italienne. C'était une
ivresse générale. Les journaux chantèrent des
dithyrambes. « Quel dommage, lui dis-je quand
nous nous revîmes le lendemain, que vous n'ayez
pas un père! — J'en ai un », dit-il en se jetant
dans mes bras. Et voilà comment je l'ai aimé.

Vous savez que sa seconde pièce n'a pas
eu de succès. C'est la règle. On se venge du
succès de la première œuvre par l'insuccès de
la seconde. Il eut encore le malheur d'avoir
une cantatrice insuffisante. Nous autres poëtes,
nous ne dépendons que de nous. Mais le
musicien dépend en grande partie des exécutants. La politique lui fit concurrence. On
commençait à se battre dans les rues le jour de
sa seconde représentation. Sa réputation n'en
souffrit pas, la pièce se releva, sans aller aux
nues comme la première. Il fut joué dans toute
l'Europe. Il reçut des commandes de tous les
côtés. Un impresario qui obtenait de lui un
opéra avait fortune faite.

Et lui, pendant ce temps-là, toujours le
même; aussi aimable, aussi confiant, aussi
simple. Je n'avais pas le sens commun, je passais
ma vie à lui dire qu'il était un grand homme.
Je l'aurais perverti, s'il avait été pervertissable.

Vous me demandez s'il composait facilement.

Non. Ce n'était ni un Rossini, ni un Gounod.
Il travaillait, il suait sang et eau, il luttait
avec son piano comme avec un ennemi. Il
avait des lueurs de victoire, suivies de décou-
ragements profonds. Il trouvait enfin ! Et même
après avoir trouvé, il cherchait de tous côtés
des perfectionnements. Il étudiait les grands
modèles : « Prenez garde de devenir trop
savant », lui disais-je. Je craignais que la science
ne vainquît l'art ; mais il me rassurait. « Plus
on sait et plus on peut », disait-il ; et j'étais
obligé de reconnaître qu'il le démontrait, car
personne n'avait ni autant de science ni autant
de verve que lui.

N'allez pas vous imaginer qu'il avait une
fortune immense. Ce n'était pas l'âge d'or des
artistes. On les payait à peine ; on les volait
de tous les côtés ; eux-mêmes n'entendaient
rien à l'administration. Ils donnaient à qui
voulait leur demander. Ils avaient des trésors
pour la bienfaisance, et n'avaient pas toujours
les ressources nécessaires pour les besoins de
la vie. J'avais essayé d'intervenir dans ce
désordre ; mais j'avais été débordé. Il n'écoutait
rien. Quand son succès se ralentit, et vous
savez que la décroissance fut rapide (heureusement elle n'eut qu'un temps), sa prodigalité
généreuse ne se ralentit pas. Les choses furent

poussées au point qu'il me fit des aveux. J'intervins de mes deniers en me cachant tant que cela fut possible; mais quoique je fusse dans le même moment en veine de succès, je ne suffisais pas à couvrir ses dettes. Et puis, il me dépista. Une fois au courant, il fut impossible de lui faire entendre raison.

Vous avez été longtemps malveillant pour ce cher garçon, et je ne vous le reproche pas, je ne puis pas vous le reprocher, puisque votre malveillance contre lui avait pour cause votre amitié pour moi; malveillant et injuste. Même aujourd'hui vous contestez encore son talent, ce qui prouve qu'on peut être grand astronome et musicien médiocre. Vous être encore plus dur pour sa personne. Je me rappelle les lettres que vous m'écriviez pendant les années cruelles que je viens de rappeler. « Êtes-vous guéri, me disiez-vous ? » Et ensuite, cher ami, qu'est-ce que cela vous faisait ? Pourquoi cet acharnement ? J'étais bien loin d'être guéri; plus on était injuste envers lui, plus je lui étais fidèle. Vous aviez beau jeu contre ses folies. J'en souffrais moi-même et de toutes façons. Mais enfin, la générosité, même imprudente, est un beau défaut. Vous avez été jusqu'à l'accuser de dissiper sa nouvelle fortune pour servir ses passions. Non, non et non. Il a donné tout ce qu'il a perdu. Je m'en suis assuré ; j'en ai la preuve. Je n'ai jamais tant regretté qu'en ces années-là de n'être pas son père, car, si je l'avais été, je lui aurais colloqué bel et bien un conseil judiciaire. Enfin, il se ruina follement et, à ce qu'il semblait, irrémédiablement. Vous dites qu'il tomba dans le découragement, dans l'abandon de soi-même. Vous aviez prise sur moi quand vous touchiez cette corde ; car je n'aime pas qu'on se laisse désarmer par la mauvaise fortune. Je crus un moment qu'il manquait de ressort, vous savez comme il nous donna tort à tous les deux. Il prit une résolution qui n'était pas d'une âme vulgaire. Il se rendit d'abord un compte exact de ses dettes ; il y avait de quoi frémir. Puis il alla trouver un grand éditeur de musique, et lui proposa d'entrer à son service comme esclave, si l'éditeur de son côté s'engageait à liquider la situation, et à lui fournir une modique pension sa vie durant. Ce singulier marché fut accepté, ce qui prouve que tout le monde ne jugeait pas aussi sévèrement que vous le caractère et le talent de Maurice. L'éditeur en question (soit dit entre nous) n'en est pas moins un usurier, qui a fait une belle fortune aux dépens d'un étourdi. Dès qu'on entra dans la voie des arrangements avec les créanciers, mon secret fut découvert, Maurice apprit que j'avais par avance diminué sa dette, dans une proportion assez importante. Il y eut entre nous deux des scènes que je ne vous raconterai pas, parce que vous n'êtes ni dignes de les entendre, ni capable de les comprendre. Je commençai aussitôt le siège de l'éditeur. Je lui dis que la dette étant diminuée, la pension devrait être augmentée. Il en tomba d'accord, ne pouvant faire autrement, et il éprouva sur-le-champ qu'il était plus difficile d'avoir affaire à moi qu'au pauvre Maurice. Je lui proposais ensuite de former une société dont je serais membre pour l'exploitation des œuvres de notre commune victime. Pour cela il ne voulut pas y consentir. La négociation fut longue, et c'est tout au plus si elle est terminée. Je n'ai pas besoin de vous dire que je cherchais tous les moyens d'être utile à Maurice, et que la pensée de m'enrichir à ses dépens ne me vint pas un seul instant à l'esprit. Je croyais que ma situation dans les lettres, et spécialement ma notoriété dans le métier de librettiste, décideraient l'éditeur à accepter mes offres. Il n'en fut rien. Je me dis qu'il fallait éviter avant tout de mettre l'ennemi dans la place, et que je n'oserais pas mettre le public dans la confidence de nos malheurs. L'affaire traîna et, comme je viens de vous le

dire, elle n'est pas terminée à l'heure qu'il est,
quoiqu'en bonne voie de terminaison.

Maurice, depuis la conclusion de son traité,
n'avait plus ni embarras d'argent, ni argent.
Il se remit à travailler par devoir, pour tenir
parole à Shylock. Travailler ainsi à la chaîne
n'était son fait. Il fit des suites pour le
piano, des morceaux pour les étudiants; il mit
des vers de Hugo et de Musset en musique.
Cela se vendait, et produisait assez d'argent
pour que Shylock n'eût pas le droit de se
plaindre Mais l'ancien Maurice, où était-il?
Qu'était devenue cette belle et juvénile inspiration? Je cherchais un jeune homme, et je
n'avais devant moi qu'un précoce vieillard,
atteint d'une mélancolie incurable.

J'eus l'idée de le lancer vers la musique
d'église. Une messe des morts! Il y avait là
de quoi le ragaillardir. Il refusa carrément. En
fait de chant d'église, il était pour le plain-
chant et les très vieux maîtres. Je réussis
pourtant à lui faire accepter un oratorio. Les
commencements furent difficiles; il se mettait
à la besogne comme un condamné aux travaux
forcés. Il eut pourtant un jour une trouvaille.
Je le devinai rien qu'à son air. Je le poussai
à une confidence; il me joua une ou deux belles
pages. « Oh! lui dis-je, entendre cela dans

une cathédrale gothique, à Notre-Dame ou à
Reims, exécuté par des voix puissantes et un
bel orchestre ! — Et mourir de plaisir »,
ajouta-t-il en terminant ma phrase et en éclatant de rire. Je ne l'avais pas entendu rire
depuis longtemps. Il riait, mais pour cacher
son émotion, car il était pris. A partir de ce
moment son cœur fut à la besogne. A chaque
instant il courait à son piano ou à sa plume ;
les pages s'accumulaient ; l'activité fébrile des
anciens jours était revenue.

Je ne travaillais pas moins que lui, dans un
autre genre. J'étais devenu entrepreneur de
théâtre. Vous ne sauriez vous imaginer ce que
c'est que de choisir un à un les solistes et les
exécutants, d'obtenir celui-ci, d'exclure celui-là,
de concilier les amours-propres, de souffler
autour de soi le feu sacré. Pour ce dernier
office, il n'y a que le compositeur qui puisse le
remplir, mais il s'y était mis, il animait, il
exaltait tout le monde. « Il est endiablé »,
disaient les vieux artistes. Je choisis aussi
autant que possible les auditeurs. Vous le
saviez ; les méchands et les envieux vous l'écrivaient et vous m'écriviez, à votre tour, du haut
du Mont-Blanc que ce serait un succès de
pacotille, organisé pour moi, un succès de
claque, un feu de paille, suivi d'un effondre-

ment à bref délai quand les connaisseurs
parviendraient à se faire entendre. Je vous
répondis par l'envoi de la partition. Je vous
connaissais, je savais que vous compreniez la
musique en la lisant, et qu'à la première
échappée vous lisiez celle-ci sur le piano. Je
me représentais debout à côté de vous, tournant les feuillets et vous regardant dans les
yeux, épiant la première lueur d'enthousiasme.

Vous aviez résisté à ses opéras, par quel
affreux parti pris, je le savais ; et je savais
aussi que vous aviez « des défaillances »,
c'est-à-dire qu'à certains jours et à certains
passages, vous vous disiez : « S'il avait raison !
Si je me trompais ! » Vous étiez bien ébranlé,
convenez-en, et soutenu par votre entêtement
dans une opposition insensée. Cette musique
religieuse vous subjugua tout à fait. C'était la
musique dont parle le divin Platon, et qui règle
le mouvement des astres, ce qu'il appelle dans
sa langue le chœur de danse des dieux immortels.
Je tiens tant à votre jugement que je me rappelle
encore avec quel ravissement je lus les premiers
mots de votre lettre. Il me rappela le cri de
Pauline :

Je suis, je vois, je crois. Je suis désabusé.

Je ne fus certain qu'après vous avoir lu

d'avoir gagné la victoire. Elle était bien gagnée, sur toute la ligne, dans tous les esprits et dans tous les cœurs. Ce fut un délire partout où l'on chante. La partition fut sur tous les pianos. Les maîtrises se la disputèrent, à l'étranger, en France. Les commandes revinrent de tous côtés. Il n'y eut pas un grand éditeur ni un grand entrepreneur qui ne briguât un oratorio ou une symphonie. « Mais pourquoi pas un opéra ? » disait-on de tous côtés. Pendant qu'on le demandait, je le faisais. J'y mis tout mon art. Je demande pardon de parler de mon art à côté du grand art ; c'est toute mon habileté que je voulais dire. Je le portai à Maurice par un clair matin. L'idée de collaborer avec moi le séduisit. J'avais tant vécu de sa vie depuis quelque temps qu'il retrouva beaucoup de son cœur dans le thème que je lui soumettais. A quoi bon vous conter une histoire que vous connaissez si bien ! N'avez-vous pas franchi d'un bond la distance du Mont-Blanc à l'Opéra ! N'étiez-vous pas avec nous, dans cette loge obscure, où l'on entend, où l'on n'est pas vu, où nous fûmes pénétrés du même ravissement, où nous pûmes saluer l'aurore du grand art renaissant ? Je ne sais plus ce que nous dîmes à Maurice quand nous l'eûmes reconduit chez lui. Il était trois heures

du matin. Nous errâmes de tous côtés, vous
et moi jusqu'aux premières heures du jour.
Impossible de nous coucher. Il ne se coucha pas
non plus. Nous passions et repassions sous ses
fenêtres. Enfin nous entrâmes. Nous le for-

çâmes de s'étendre sur son
lit. Thalberg qui se trouva là lui
joua quelques mesures d'une ber-
ceuse. « Il faut être homme », lui dis-je. Il
était malade de gloire et de génie. Le défilé
des couronnes commença vers les dix heures.
Et le soir, à la seconde ! Les places, dans les
couloirs, furent prises d'assaut. On lui offrit

sur le théâtre une lyre d'or. Je pensais que
j'étais en paradis, que j'entendrais perpétuelle-
ment sa musique, et que je ne connaîtrais plus
que des jours de joie.

Je ne veux pas dire que nous retombâmes
ensuite dans les jours affreux que nous avions
traversés avant l'éclatant coup de tonnerre.
Pourtant la santé ne lui revint pas, la gaîté
retrouvée n'eut qu'un temps. Ma maison se
trouva tout assombrie. Ma femme était toute
troublée. Ma fille,—je ne vous ai pas encore parlé
de votre filleule, parce qu'ayant pour elle les
yeux et le cœur d'un père, vous savez en même
temps que moi tout ce qui se passe en elle, —
ma fille semblait agitée ou presque alarmée.
Nous avions vingt ans de plus que lors de *notre*
premier succès.

Ma fille n'avait que vingt et un an; mais
moi j'en avais soixante-dix. Maurice en avait
cinquante. On lui en aurait donné davantage.
Moi-même, contre mon habitude, je souffrais
beaucoup. Vous savez que je suis habitué au
bonheur. Je n'ai connu que deux accès de profonde tristesse : la tristesse désespérée avant
l'oratorio, et la tristesse incompréhensible,
indéfinissable, après les succès de l'oratorio et
des *Pairs de Charlemagne*. Je cherchai beaucoup la cause de ce malaise qui nous oppressait

au milieu de nos joies. Je pensai d'abord à la
santé de Maurice, puis à sa solitude. Sa misère
ne m'inquiétait plus; j'avais le moyen de la
faire cesser, et je ne doutais pas de réussir.
Le pain, qu'était-ce que cela? Je m'accusais
d'y avoir trop pensé. J'étais dans l'état où
vous êtes en descendant des hautes montagnes;
je ne voyais même plus les monticules.

A certains jours, je me disais que j'aimais
presque mieux le désespoir, parce qu'alors nous
connaissions notre mal, et qu'à présent nous
languissions et nous mourions dans la nuit.
J'avais consulté le docteur Sée, dont le diagnostic est infaillible. « Il n'y a, disait-il,
d'altération grave nulle part. C'est une cure
morale à entreprendre. Rien ne manque à ce
corps-là, excepté une âme. » Mais que son
âme soit malade, quand il était l'objet de l'admiration et de l'adulation universelles, c'était
en vérité à n'y rien comprendre.

Nous fûmes tous sauvés par un coup du
ciel. Ma fille, dont vous connaissez la voix
pénétrante, une voix à rendre jalouse la Grisi,
une méthode à égaler Pauline Viardot, venait
de nous chanter, pour nous deux, Maurice et
moi, la chanson de la fontaine de Brocéliande.
Nous étions profondément émus de cette belle
musique, adorablement rendue. Je les regardais,

et pour la première fois je les comprenais. Je n'eus pas un seul instant de doute; ce fut comme une lumière foudroyante. Je pris leurs mains, « Mes enfants, leur dis-je, en parlant simplement, naturellement, comme quelqu'un qui ne dit rien d'extraordinaire ni de solennel; mes enfants, Adrienne, Maurice, voulez-vous, vous marier ensemble ? »

Ma fille se jeta à mon cou en sanglotant à plein cœur. J'avais senti bondir Maurice. Il me tira violemment à quelques pas, et parlant bas, sans pouvoir se dominer : « Y pensez-vous ? Un vieillard, un malade, un homme ruiné. » Toutes les objections se pressaient sur ses lèvres. « Mais l'aimez-vous ? lui répétais-je sans cesse. — De tout mon cœur, de toute mon âme, depuis longtemps. Elle est ma vie, mon tout, mon adoration. J'aurais dû vous quitter; je vais le faire, je le dois. Je ne puis l'enchaîner à ma vieillesse. » Je lui fermai la bouche en parlant avec fermeté : « Pour qui me prenez-vous ? lui dis-je. J'ai fait toute mon enquête. Où le père est rassuré, l'amour n'a rien à craindre. » Je lui dis les paroles souvent répétées et de plus en plus décisives, du médecin. Je lui appris, puisqu'il fallait parler de ces futilités, qu'il était pleinement affranchi de sa dette, et aussi riche, pour le moins, que celle qui allait être sa femme. Je l'envoyai promener quand il parla de mon illustre nom. Mon nom, auprès du sien, ne méritait pas d'être prononcé; il aurait pu être son père ! « Mais comprenez donc, malheureux ! Elle vous aime ! » Adrienne vint nous rejoindre; et depuis ce moment-là, mon toit abrite les quatre créatures les plus heureuses de l'univers.

C'est pourquoi, mon ami, je vous demande de quitter pour une quinzaine le ciel qui est au bout de votre télescope, et de venir ici habiter et sentir le nôtre.

LE PÉCHÉ ORIGINEL

Un bienveillant correspondant me demande
pourquoi j'évoque plus souvent la mémoire de
mes amis inconnus que celle de mes amis
illustres. On sait, dit-il, que vous avez connu
dans l'intimité Thiers, Rémusat, Cousin, Victor
Hugo, David (d'Angers), presque tous les
hommes célèbres dans la politique ou dans les
lettres; et vous nous parlez sans cesse de
personnages inconnus. Si même vous mettez en
scène un homme important, vous avez soin de
cacher son nom. C'est vrai, cher lecteur; je ferais
tout le contraire si j'écrivais pour vous; mais
c'est pour moi que je rassemble ces souvenirs.
J'obéis à une sympathie secrète pour ceux dont
les espérances ont été brisées. S'il m'arrive de
cacher un nom, c'est parce que je crois que
les esprits d'élite ont droit, comme les autres,

à garder le secret de leur vie privée. Harmel, dont je vais vous parler, est mort à présent. Il n'a laissé que deux filles. Aucune d'elles ne lira jamais ces pages que je consacre à leur père. Je pourrais sans inconvénient dire son véritable nom, et le titre du livre qui l'a rendu célèbre pendant près de six mois. Mais je me sens plus à l'aise sous le déguisement que j'ai pris. Et après tout, ce que j'essaie de faire, ce n'est ni de la biographie, ni de la critique; c'est un peu de psychologie. Il suffit que le récit soit fait sur nature. Un nom propre n'y changerait rien.

Nous dirons donc qu'il s'appelait Louis Harmel. Il était Breton, comme moi, mais Breton du Finistère, tandis que je suis Morbihannais. Je dirai ici, pour l'édification de la postérité, qui ne manquera pas de s'en occuper, que je suis né à Lorient, dans la rue du Port, d'un père lorrain et d'une mère bretonne, dont la famille était de Belle-Isle-en-Mer. Harmel était d'Audierne, où son père passait pour un homme puissamment riche. Il était à moitié pêcheur de sardines et à moitié banquier, c'est-à-dire qu'il avait à lui un assez grand nombre de barques et qu'il prêtait de l'argent aux petits patrons qui n'en avaient qu'une. Je ne crois pas me tromper en lui attribuant bon an mal an un revenu de cinq ou six mille francs, avec lesquels il gouvernait le pays.

Nous nous sommes connus à Paris, Harmel et moi, vers 1834, pendant que j'étais élève de l'École normale. C'est M. Dufilhol, proviseur du collège de Rennes, mon ami et mon protecteur, qui nous avait mis en rapport. M. Dufilhol est l'auteur d'un joli roman breton, intitulé *Guyonvach*, qui m'a été quelquefois attribué, probablement parce que j'en ai corrigé les épreuves. J'ai eu plus tard le plaisir de faire obtenir à mon ami Dufilhol la place de recteur de l'académie de Rennes. Il me rendit un grand service en me procurant l'amitié d'Harmel. J'étais timide et fier comme le sont ordinairement les Bretons; j'étais entré à l'École dans un des derniers rangs; je m'y trouvais un peu dédaigné, un peu abandonné. Louis, qui avait deux ans de plus que moi, fut ma providence. Nous passions ensemble mes jours de congé, c'est-à-dire le jeudi et le dimanche, à parler de religion et de philosophie pour nous divertir. Il faisait dans ce temps-là des vers qui ne valaient rien, et qui excitaient mon enthousiasme. J'en portai un échantillon à Victor Hugo, chez lequel je m'étais introduit sous prétexte de lui porter la carte de l'École au premier janvier. Victor Hugo lui écrivit

« qu'il avait des ailes », ce qui lui fit perdre au moins une année pendant laquelle il fit une vingtaine de sonnets et commença un poème épique. Heureusement que nous avions tous les deux un fonds de bon sens et qu'il ne tarda pas à se dégriser.

Il était étudiant en droit. Son père payait ses inscriptions et ses frais d'examen, et lui fournissait en outre une pension de 100 francs par mois, qui devait suffire à sa nourriture, à son équipement et à ses menus plaisirs. C'était alors le revenu de la grande majorité des étudiants. On s'arrangeait pour être heureux à bon marché. On payait trente francs pour sa nourriture, 15 francs pour son logement, 5 francs pour son blanchissage, et avec les 50 francs restants on menait joyeuse vie. Un franc par jour pour la nourriture ! Ce n'est pas très alléchant.

Quatre ou cinq ans plus tard, étant, s'il vous plaît, professeur à la Sorbonne comme suppléant de M. Cousin, et n'ayant que 83 francs par mois au lieu de 100 francs, je m'étais composé un menu, dont je ne m'écartai pas un seul jour pendant deux ans, et qui ne me fit pas un très bon estomac. Le voici à titre de renseignement, mais non pas de conseil. Pour le déjeûner, 2 sous de pain ; pour le dîner, chez Flicoteaux,

au coin de la place de la Sorbonne, ou chez
Rousseau, rue de la Harpe, un brave homme
qu'on avait surnommé « l'Aquatic », mon ordinaire comprenait une julienne, prix 4 sous ; un
fricandeau aux haricots blancs, 6 sous ; pain à
discrétion, 2 sous, 1 sou pour la fille ; avec cela
un verre d'eau de la Seine (je ne dis pas un
verre d'eau claire), total : 13 sous. C'était à
peu près notre dîner, avec Harmel, en 1834,
quand j'étais en fonds les jours de sortie.
Quelquefois, pour des raisons à moi connues,
je prétextais une invitation et je me promenais
mélancoliquement pendant deux heures dans
les rues mal éclairées par des réverbères. Je
voyais les étudiants passer par troupes, en
criant à tue-tête, pour aller à la Chaumière :
je ne les enviais pas ; c'est-à-dire, j'enviais leur
dîner, mais je n'enviais pas leur Chaumière.
Harmel n'y allait pas plus que moi. Nous
étions cinq ou six amis, Le Goff, Martineau,
Saisset, Harmel et moi, à qui on aurait pu
donner le prix de sagesse.

Ce que nous faisions, à nous cinq, de métaphysique sous les bosquets de Luxembourg,
ou, quand il pleuvait, sous les galeries du
Palais-Royal, était inimaginable. Le Goff était
profond, Saisset subtil, et Harmel enjoué. Il y
avait une véritable force sous cet enjouement.

On lui en voulait un peu de ne pas être
ennuyeux, mais on se consolait après réflexion, en disant : « Voltaire faisait comme
cela. » Nous avions deux parangons : Maine de
Biran, je ne sais trop pourquoi, et Voltaire. On
vantait un jour, devant Royer-Collard, la *clarté*

de Maine de Biran : « Oui, dit-il, il est clair,
comme mes bottes quand on vient de les cirer. »
Notez que Maine de Biran était un vrai philosophe, et que Royer-Collard n'a jamais vu plus
loin que Thomas Reid. Harmel était destiné,
dans notre pensée, à recommencer Voltaire.

Il était vraiment le roi de notre petite troupe.
Je n'ai vu exercer la même domination et la
même fascination que par About et Gambetta,

dans des genres très différents. Tous les trois
avaient une gaîté exubérante, une verve intarissable, des trouvailles, des reparties et, dans
l'occasion, une éloquence qu'on ne se lassait
pas d'admirer. Le temps qu'on passait en leur
société était comme une féerie. Harmel avait
une qualité qui l'élevait beaucoup au-dessus
des deux autres : c'était une foi ardente, qui était
comme la consécration et la sanctification de
sa gaîté. Il était à la fois républicain et catholique, ce qui semble hybride à présent, et était
alors tout naturel. Je suis sûr que, quand vous
vous représentez les immenses auditoires de
Lacordaire, vous vous imaginez qu'ils étaient
composés de réactionnaires. Mais pas du tout.
Dans tout ce monde vibrant et ardent, il y avait
plus de républicains que de royalistes. Tous
n'étaient pas chrétiens, mais tous souhaitaient
de l'être. On avait d'ailleurs un sentiment qui
accompagne toujours la foi ; on avait l'enthousiasme. Je me demande ce que penserait la
jeunesse d'à-présent, si elle se trouvait tout à
coup transportée au milieu de la jeunesse de
1835. Ceci ne comprendrait pas cela. Je com-
parais tout à l'heure Harmel à About et à
Gambetta pour le pétillement d'esprit et la
gaîté intarissable. Mais je me rétracte en réfléchissant. Ce n'était qu'une ressemblance de

surface. Il y avait dans Harmel une foi religieuse qui le rendait vraiment grand. Quand nous parlions de Voltaire à côté de lui, c'était pour le louer dans son universalité, ce n'était pas pour le comparer. D'ailleurs nous n'admettions pas le scepticisme de Voltaire. Nous étions, ne vous déplaise, les admirateurs et les défenseurs de tout ce qui était grand. Les grands hommes de la France étaient comme les Saints de notre culte. Nous leur dressions des autels. Nous chantions des litanies en leur honneur. Pour nous, Voltaire s'était résumé dans ces deux mots : Dieu et liberté, qu'il prononça en guise de bénédiction sur la tête du fils de Franklin.

Louis Harmel était donc catholique. Il l'était, ou croyait l'être. C'était plus sérieux chez lui que chez de jeunes poètes de ma connaissance qui s'abordaient d'un air inspiré en disant : « Je crois en Jésus-Christ. » Je ne sais pas comment mon camarade, qui brassait des idées toute la journée, s'arrangeait avec son confesseur. Je le soupçonne fort d'avoir été hérétique. Je l'entendais soutenir des propositions qu'un définiteur de la foi aurait sûrement condamnées. Je le lui disais ; il entrait alors dans de grandes colères qui n'altéraient pas sa bonne humeur et ne faisaient qu'entre-

tenir notre amitié. Saisset le harcelait; Le
Goff, plus versé que nous tous dans les discussions théologiques, puisqu'il avait étudié la
théologie pendant trois ans au séminaire de
Vannes où personne ne la savait, lui opposait
des textes de l'Écriture et des passages des
Pères. Il ne se laissait pas enlacer dans nos
raisonnements. Il passait en quelque sorte par-
dessus nos têtes en ouvrant de vastes horizons,
qui nous faisaient rougir pour un instant de
notre sagesse. Mais la sagesse revenait toujours, et je lui disais, en le quittant sur le
seuil de l'École normale où il ne manquait pas
de me reconduire : « Tu es un poète. » Il me
quittait alors, le cœur content; et moi, je le
quittais, le cœur troublé; et je me disais avec
tristesse : « Que ne puis-je me tromper comme
lui ! »

Je fus envoyé, en sortant de l'École, pro-
fesser la philosophie au collège de Caen; Saisset
alla à Cahors; Harmel, qui n'était pas de la
bande, resta à Paris sous prétexte de se faire
recevoir docteur en droit. Il passa l'examen
avec éclat, et se fit aussitôt répétiteur. Les
leçons affluèrent, et le firent riche. M. Duran-
thon, M. Bugnet, M. Rossi lui-même, le
pressaient de se préparer au concours pour le
professorat. Pour moi, je savais qu'il travaillait

à son livre sur *le Péché originel*, dont rien ne le ferait démordre. « Je pioche ferme, disait-il, mais je crois avoir trouvé. »

Il me parlait de sa théorie dans toutes ses lettres, et répondait à mes objections. Je m'amusais à le taquiner, je lui disais : « Tu refais le *Discours sur l'histoire universelle*. » Je n'en suivais pas moins le développement de son travail avec un intérêt passionné. Je fis pour lui quelques recherches. J'étais dans ce temps-là familiarisé avec saint Thomas d'Aquin, auquel j'avais pris goût en lisant son commentaire de la métaphysique d'Aristote. Je lui envoyais aussi mes réflexion sur la doctrine de la réminiscence dans la philosophie de Platon. En réalité, je lui servais de secrétaire. Nous ne nous en rendions pas compte. Nous trouvions l'un et l'autre très naturel, lui de me prescrire, et moi d'exécuter des recherches pour le fameux livre. La question me paraissait aussi grave qu'à lui. Il y avait cette différence qu'il croyait l'avoir résolue, et que je la croyais insoluble.

Avez-vous remarqué qu'il y a des modes en philosophie comme dans le reste, et peut-être plus que dans le reste ? Descartes apporte la question du doute méthodique et de la certitude psychologique ; Malebranche, le passage de la

volonté au mouvement ; Locke, l'origine des
idées ; Kant, la perception et l'affirmation du
non-moi. Chacun accuse le voisin d'enterrer la
philosophie dans un trou. Dans la première
moitié de ce siècle nous sentions bien plus
qu'aujourd'hui le voisinage de la théologie. La

religion avait deux mille
ans ; mais elle venait de renaître,
elle était nouvelle. Chateaubriand
et Lacordaire l'avaient repeinte.
Harmel passa l'été de 1838 dans sa famille,
à Audierne. J'étais en vacances à Saint-Caradec ;
il me pressa tellement d'aller le voir, que je
m'y déterminai. Il n'y a rien de plus beau que
ce coin du Finistère. Audierne est là, entre
Douarnenez et la baie des Trépassés, au milieu
des plus belles horreurs de nos côtes ; et à un

quart d'heure tout au plus dans les terres, on
trouve les tapis d'or du genêt, et la neige du
sarrasin, ondulant sur ses tiges sanglantes,
d'où s'exhale une odeur de miel.

Que d'explications furent échangées entre
nous sur l'origine du mal, sur le principe de la
rédemption et sur la nature métaphysique et
politique des dogmes religieux ! Il était devenu
plus enthousiaste ; j'étais plus résistant. Sa
supériorité s'affirmait avec plus d'autorité
qu'autrefois ; de mon côté, j'étais moins armé.
J'avais commencé mes études sur l'école
d'Alexandrie qui me fournissaient des argu-
ments. Il était avec raison très frappé de
l'opposition entre la trinité alexandrine qui
regarde l'exercice du pouvoir créateur comme
une sorte de dégradation, et la trinité chrétienne, qui proclame l'égalité des trois personnes divines. J'avais beau être en dissentiment sur la solution, j'étais d'accord sur les
données et l'importance du problème, et surtout je m'intéressais à la destinée du livre qui
devait révéler un homme de génie au monde
philosophique. L'éditeur était déjà choisi ;
Harmel avait apporté de Paris plusieurs modèles du titres, et des justifications diverses
pour avoir mon avis. En un mot, nous étions
dans les préoccupations et dans les transes

du dernier moment. Nous discutions tout cela en arpentant les grèves, en montant sur les roches ou en nous perdant dans les chemins couverts. On riait de nous dans la famille d'Harmel. « Voilà encore les philosophes avec leurs Éons et leur Hypostases » ; on n'en était pas moins ému devant l'astre qui allait surgir. Je participais un peu à la gloire de mon ami. J'y étais associé par mon admiration d'abord dont on me savait gré, et par d'humbles et obscurs services. Je profitais d'ailleurs de la cordialité proverbiale des Bretons. Toutes les familles se réunissaient pour rendre l'hospitalité que je recevais plus aimable. C'étaient tous les jours de nouvelles parties, à pied, à cheval, en voiture, en bateau. On aurait voulu me mener jusqu'à Quiberon, où j'aurais retrouvé mes impressions du collège de Vannes ; mais le temps manquait pour des excursions si longues. En revanche, on ne voyait que nous dans les petits ports du Finistère. Les dames étaient les plus intrépides pour aller « jusque dans les îles ».

Mon ami avait deux sœurs, qui étaient fort jolies et bien élevées. Il avait aussi des cousines. En Bretagne, les parentés se continuent indéfiniment. C'est un pays où tout dure, et où rien ne se relâche. Je ne tardai pas à

remarquer Marie Ledeuff, qui était ravissante
avec simplicité, douce, bonne, souriante et, à
ce qu'il me semblait, initiée à la doctrine du
Péché originel. Il n'était pas difficile de voir
qu'elle tenait le cœur du pauvre Louis dans
ses petites mains, et elle-même ne cherchait
pas à cacher la tendresse qu'il lui inspirait. Ce
jeune amour, qui remontait peut-être jusqu'à
leur enfance, s'épanouissait joyeusement sous
l'œil des parents. On vit si bien et si vite que
j'étais dans le secret sans y avoir été mis,
qu'on ne se donna pas la peine de me faire
des confidences. Deux ou trois fois, dans nos
promenades, je voulus me retirer par discrétion;
mais on me retint. Marie me traitait, sans y
penser, comme un frère. Louis avait, dans ce
moment-là une polémique par lettres avec
Mgr Gerbet, le nouvel évêque de Rodez. Il m'en
parlait tout le long du jour, sans que la présence de Marie fît changer la conversation, et
sans qu'elle fît mine de s'en aller ou de s'en-
nuyer. Je lui en fis compliment. « Oh! me
dit-elle, je ne comprends pas toujours; mais
ce sont des idées qui m'attirent. Je voudrais
les étudier, si j'en étais capable. » Une autre
fois, elle m'avoua qu'elle n'était pas sans
appréhension. « Il a tant de génie, disait-elle.
Cette position en dehors des autres est un

grand honneur, mais c'est aussi un péril.
Nous, au moins, nous sommes abrités; c'est
la compensation de notre faiblesse. Il faut
espérer que Dieu le guidera. » Les craintes de

cette enfant pour l'orthodoxie de ce grand
chrétien me touchaient et m'éclairaient. Il me
semblait que je voyais là, sous mes yeux, les
deux aspects de la foi religieuse. Je le dis à
Louis. Mais il avait la confiance robuste d'un

apôtre. Il aimait la timidité de sa fiancée. Pour
lui, il n'avait ni hésitation ni doute. Il aurait
certainement marché au martyre. Je ne suis
pas sûr qu'il ne regrettât pas que le temps et
l'occasion du martyre lui fissent défaut.

Il avait contracté à Paris, depuis mon départ,
quelques amitiés nouvelles. Il s'était étroitement
lié avec Frédéric Ozanam, qui l'avait introduit
chez Lacordaire. Il admirait passionnément
Ozanam, qu'il appelait : « Mon maître ». Il
comprenait moins Lacordaire. « C'est un très
grand orateur », disait-il, un peu comme il
aurait dit : « Il chante bien. » Il ne manquait
pas un de ses sermons. Il trouvait mieux son
compte à la Sorbonne. Il passait tous les jours
une heure ou deux à se disputer avec Henri
Dumoulin, disputes sérieuses, ardentes, dont
ils sortaient tous les deux agités et épuisés. Il
n'était pas encore célèbre ; mais il y avait autour
de lui tous les avant-coureurs de la célébrité.
On disait : « Voilà, sur cette question, l'avis
de Louis Harmel. » Sainte-Beuve ayant à parler
de Maine de Biran, avait tenu à le consulter.
Il disait de lui ce que j'en avais dit dans notre
prime jeunesse : « C'est un poète ! » Mais, dans
la bouche de Sainte-Beuve, cela voulait dire :
« C'est un grand esprit, qui voit au loin et de
haut. »

Il avait écrit dans la *Revue des Deux Mondes* un long article qui avait laissé le public parfaitement froid. Buloz avait prononcé sur l'auteur son grand mot : « C'est un ennuyeux. » Jouffroy, au contraire, avait été frappé. Il avait voulu le connaître. Harmel, sur sa demande, était allé le voir, et ils avaient pris goût l'un pour l'autre.

Il me sembla qu'autour d'Harmel personne ne doutait de son avenir. Tout le monde comptait sur le Livre. Il ne venait à l'esprit d'aucun de ces honnêtes gens qu'on pût être un grand écrivain et un besogneux. D'ailleurs il était riche.

Assez modérément riche, car il avait deux sœurs qu'il faudrait marier, et le revenu de la maison, qui variait entre cinq et six mille francs suivant que la sardine avait donné ou s'était refusée, tenait en grande partie à l'activité et à l'habileté du père. J'avoue que, n'étant poète à aucun degré, j'avais quelques préoccupations. J'essayai d'en parler à Harmel, qui ne m'écouta même pas. Je dis quelques mots à son père, et je vis sur-le-champ que j'avais touché une plaie vive. M. Harmel croyait fermement que son fils avait du génie ; mais il avait des idées justes sur le commerce de la sardine et, autant que je pus le voir, sur celui de la librairie. Il

pensait à ses filles et à l'honneur de sa maison.
Le père de Marie Ledeuff, qui était orpheline,
ne lui avait rien laissé. M. Harmel n'osait pas
parler de ces misérables affaires à son fils, dont
l'esprit était occupé par de hautes pensées. Il
avait renoncé à le regarder comme son futur
successeur. Tout son espoir était de marier
une de ses filles à un homme capable qui
dirigerait la maison dans l'intérêt commun.

Voilà où nous en étions les uns et les autres
quand, au commencement de février 1839, la
librairie Joubert, rue des Grès, n° 14, annonça
le *Péché originel, au point de vue métaphysique et social*, par Louis Harmel, un volume
in-8° de 800 pages, imprimerie de Thunot, rue
de la Harpe, à Paris.

Il parut le même jour, dans un grand journal,
un article de moi, qui contenait l'analyse de
l'ouvrage, et le présentait comme un évènement
philosophique très considérable.

Les gens qui ont la sagesse de ne pas faire
de livres, ne savent pas ce que c'est que le
lancement d'un volume. Je parle du premier
ou des premiers volumes que l'on publie. A la
longue on se fait à ces émotions et à ce métier.
Et puis, il vient un moment où l'on n'a plus
d'illusions ; on sait que le livre sera lu par un
petit nombre d'amis inconnus, parcouru dédai-

gneusement par quelques confrères, jeté au
panier par la plupart des autres. On le publie
pourtant, et on l'aime, comme un père aime
un enfant mal venu. Il n'en fera jamais rien,
mais c'est son enfant. Quand on en est là, on
n'ose plus faire de démarche. On suit le livre
de loin, d'un air attristé, et on laisse faire le
libraire, qui, la plupart du temps, ne fait rien.

Mais pour un premier ouvrage, quand on
rêve la gloire, et même, ce qui est plus grand
que la gloire, une domination dans le monde
de l'idée, on se donne tout entier comme un
général au début d'une campagne. Pendant des
semaines, ou pendant des mois, selon le degré
de ténacité dont on est doué, on n'a plus
d'autre pensée ni d'autre occupation. D'abord,
on fait la liste des amis qui ont droit de compter
sur un exemplaire; et puis celle des hommes
compétents, dont on désire savoir l'opinion
(pourvu qu'elle soit bonne); et puis celle des
critiques de profession. Celui-ci sera favorable;
il doit l'être, il ne peut pas ne pas l'être. Cet
autre est bien douteux; mais il ne faut pas le
pousser du mauvais côté, en ayant l'air de
l'oublier. Le libraire a promis, par contrat,
24 exemplaires; ou 50, si l'on est très favorisé.
On lui porte timidement une liste de 60 ou
de 80. Tous ces envois sont indispensables. Il

sourit. Il sait le fond de l'affaire ; mais il approuve une ardeur qui après tout lui profite. Il sait d'avance qu'on lui apportera, le lendemain et le surlendemain, des listes supplémentaires d'oubliés ou de réclamants. Il y a des gens qui n'ont aucun droit au cadeau, qui ne le liront jamais, qui n'en comprendraient pas un mot s'ils essayaient de le lire, et qui croiraient manquer à toutes les lois de la politesse, s'ils ne vous écrivaient pas qu'ils veulent le tenir de vous, et qu'il leur faut par surcroît un autographe. Cette distribution finit par une forte somme que vous payez à l'éditeur, s'il a eu assez de confiance en votre avenir pour faire les frais de l'édition, ou qui augmente votre dépense si la publication est faite à votre charge.

Après cette opération délicate en vient une autre plus difficile, à laquelle tout le monde ne se résigne pas ; c'est la quête des articles. L'auteur inexpérimenté croit, dans les premiers jours, que tous les faiseurs d'articles vont parler de son livre ; qu'ils seront très empressés d'en dire leur avis, et que d'ailleurs le public les y oblige. Les jours se passent, et les semaines, et les mois. L'auteur, qui se jetait tous les jours sur les journaux et les revues pour voir plus vite ce qu'on disait de lui, ne les

prend plus que d'un air languissant, en homme
qui n'est pas encore convaincu de son néant,
mais qui a été trop souvent désappointé pour
conserver beaucoup d'espérance. Il n'arrive
qu'après un long temps à comprendre qu'on n'a
jamais pensé à lui, qu'on n'y pensera jamais, et
que son livre est tombé dans le gouffre qui
engloutit chaque jour une foule de mauvais
livres, et quelques livres excellents, mais nés
sous une mauvaise étoile.

Il ne s'abandonne pas sans combattre. Parmi
ces critiques qui s'obstinent à se taire, il y en a
qui lui avaient fait des promesses, et des
compliments (dont on n'est jamais avare quand
ils ne doivent pas être publiés); il y a des amis,
des camarades, des obligés. On les forcera bien
à parler. Les moyens de coercition abondent :
lettres, visites, recommandations directes ou
indirectes. J'ai vu des hommes célèbres, ayant
une grande situation dans les lettres ou même
dans l'État, venir en solliciteurs dans des
mansardes, leur livre sous le bras, et faire
entendre quelquefois qu'ils donneraient leur
vote pour un compliment. Tout cela se termine
le plus souvent par une lettre du libraire, vous
annonçant qu'il a remisé le reste de l'édition
ou même l'édition tout entière. C'est seulement
alors que l'auteur s'aperçoit du mauvais goût du

public. Il entre dans la voie des attristés, des désabusés. On ne rend plus justice aux grands esprits. On ne lit plus que des romans ou des livres obscènes !

Le livre d'Harmel sortait un peu des conditions ordinaires, parce qu'il était attendu et prôné d'avance par un petit cénacle ; mais, malgré tout, il aurait été oublié dans les vingt-quatre heures, malgré son mérite, s'il n'avait eu d'autre protection que celle de Joubert, son éditeur nominal. La bonne douzaine d'amis qu'Harmel avait autour de lui prit le mors aux dents dès le matin. Pour les uns, c'était une affaire de conviction, et pour les autres une affaire de cœur. Ce livre était le premier qui partait de notre groupe, un groupe qui, suivant nous, n'allait pas tarder à se montrer étrangement puissant. On allait voir dès à présent comment nous savions nous y prendre !

Je puis dire pour ma part qu'aucun de mes propres livres ne m'a coûté autant de peine et de fatigues que celui-là. La grande différence fut qu'on éconduisait mes livres et qu'on accueillait celui d'Harmel avec faveur.

Le succès fut égal à nos espérances. Harmel y contribua par son talent de penseur et d'écrivain, et moi par mon esprit d'intrigue et mon activité. Ce que je montai d'étages, ce que j'emboursai de rebuffades, ce que j'écrivis de lettres, ce que je composai de réclames dépasse toute imagination. On fait ces choses-là pour un ami ; on n'oserait les faire pour soi-même. Je disais carrément, parce que je le pensais : « C'est un livre de premier ordre ; » je n'aurais jamais pu le dire des miens, parce que je ne le pensais pas. C'a été un de mes malheurs. Pour réussir dans les lettres, il faut un peu de talent et beaucoup de vanité. Plus d'un auteur m'a dit, lorsque j'étais critique attitré dans une grande revue : « Mon livre est un livre capital ; c'est un événement, une révolution. » Ils usaient de circonlocutions, mais le sens était clair. Je me disais de mon côté : « Il est heureux pour lui qu'il le pense, à présent que le livre est fait ; et il eût été heureux pour lui et pour nous qu'il ne l'eût pas pensé avant de le faire. »

Et Harmel, où était-il, pendant que je remuais pour lui tant de machines ? Au Luxembourg, où il faisait paisiblement d'interminables dissertations au profit de quelques jeunes philosophes recrutés rue des Mathurins et rue Saint-Jacques ; il était leur oracle, et goûtait parmi eux la douceur d'être cru sur parole dans tout ce qu'il lui plaisait d'imaginer. Je n'avais pas à me plaindre de lui, car il ne se mêlait pas le

moins du monde de mes affaires, c'est-à-dire
des affaires de son livre. Il me remerciait de
mes soins avec effusion, mais je discernais
bien qu'il les croyait superflus. Il disait de son
livre, au fond de son cœur, ce que les Italiens
criaient sur les toits pendant la guerre de
l'indépendance : *Fara da se.*

Il eut trois éditions en deux mois, succès
inouï pour un livre de philosophie. Il toucha
quelque chose sur la seconde édition, et la
totalité des droits d'auteur sur la troisième.
Sept cent cinquante francs : toute une fortune !
Son succès personnel dépassait celui de l'ouvrage. On ne vendit pas sa photographie parce
que la photographie n'était encore qu'à ses
débuts ; mais on publia dans l'*Illustration*,
qui était fondée depuis quelques années, un
portrait de lui qui ressemblait vaguement à
Alfred de Vigny ; plusieurs critiques éminents,
qui faisaient leurs premières armes dans les
journaux du quartier Latin (tirés à cent exemplaires), vinrent me demander des notes pour
sa biographie ; et, ce qui valait mieux que
tout cela, ses idées furent l'objet d'une discussion sérieuse dans deux grands journaux, et dans
trois importantes revues. Le bruit courut même,
sur la montagne Sainte-Geneviève, que Cousin
pensait à le proposer pour un siège à l'Institut.

Il n'avait pas quitté sa petite chambre d'étudiant à côté de la mienne, de sorte que je profitai doublement de sa célébrité. Quand nous sortions ensemble, ce qui arrivait deux ou trois fois par jour, et qu'on disait dans le Quartier : « Le voilà ! » on me voyait toujours à côté de lui. Cette notoriété par ricochet ne me paraissait pas, à vingt-deux ans, si méprisable. Autre avantage : je fis dans ce misérable hôtel de la rue des Cordiers, et dans cette chambre où il fallait s'asseoir sur le lit quand trois visiteurs se présentaient ensemble, la connaissance de quelques-uns des écrivains les plus célèbres du moment. Je ne connaissais

guère auparavant que les normaliens, qui d'ailleurs n'étaient pas à dédaigner : Saisset, Havet, Duruy, Cousin, Damiron, Jouffroy ; le public a tort de croire que l'École normale commence à M. Taine. C'est chez Harmel

que je fis la connaissance d'Ozanam, de
Quinet, qui était exilé à Lyon, mais qui faisait
souvent des excursions à Paris; de Louis
Blanc, ce qui pourra paraître singulier, et
de Pierre Leroux, qui vint lui parler de
son encyclopédie. Je passe des noms que
nous trouvions alors importants, et qui sont
devenus obscurs. Quand nous partîmes au
mois d'août, pour aller, lui à Audierne, et moi
à Uzel, il pouvait se dire qu'il était arrivé en
quelques semaines à la célébrité et presque à la
gloire.

Je ne vous ai pas parlé de ce que devenaient
ses amours pendant cette période d'éblouissement. Ils duraient; je ne puis rien ajouter.
C'est un peu comme la réponse de Sieyès:
« Qu'avez-vous fait pendant la Terreur? — J'ai
vécu. » Ce qu'il éprouvait pour Marie Le Deuff
n'avait rien d'exalté ni de romanesque; c'était
de part et d'autre une tendresse sûre d'elle-
même, qui pouvait attendre, mais ne pouvait
être ébranlée. Il ne me faisait pas de confidences, parce que n'ayant rien à cacher il
n'avait rien à déclarer, et il me lisait les lettres
de sa fiancée du même ton qu'il lisait celles de
son père ou de ses sœurs. Le mariage était décidé pour tout le monde, excepté pour le père, qui
disait toujours : « Quand Louis aura un état. »

Pour le coup, nous jugions que cette objection n'existait plus. Louis avait un état, parbleu ! L'état d'homme célèbre. Aucun de nous ne pensait qu'il allait faire fortune ; il n'était ni journaliste, ni romancier ; mais une grande réputation au dehors, une aisance modeste à la maison, étaient plus et mieux qu'ils n'avaient jamais désiré,

Auctius atque

Di melius fecere.

Nous nous retrouvâmes à Paris au mois de septembre. Ses premières paroles furent pour me dire que le mariage était convenu, et qu'il aurait lieu probablement au mois de janvier. Je noterai ici, pour montrer avec quelle simplicité tout cela se faisait, que j'écrivis à Marie pour la féliciter, qu'elle me répondit très cordialement, et qu'à partir de ce moment et jusqu'à son mariage, nous continuâmes à nous écrire. Je montrais ses lettres à Harmel, qui me montrait presque toutes celles qu'il recevait. Elle ne lui parlait jamais de philosophie ; mais à moi, elle en parla plus d'une fois, en personne qui se sent entraînée et veut se retenir.

Louis était plus que jamais philosophe. On pouvait sans exagération l'appeler un homme

célèbre. Dans le quartier Latin, il était populaire. On disait autour de lui qu'il était un
maître. S'il n'avait pas encore une école, il était
sur le chemin qui conduit à en avoir une. Je
l'étudiais attentivement, autant par curiosité
que par amitié. Il n'avait, pour ainsi dire,
d'autre sentiment égoïste que son amour
sérieux et calme pour Marie. En tout le reste,
il était absolument désintéressé de la vie matérielle. Même il avait un certain mépris de toute
occupation tendant à gagner de l'argent. Son
père et moi nous lui répétions, chacun de notre
côté, qu'il lui fallait un état puisqu'il pensait à
avoir une famille. Il nous avait écouté avant
son succès, et nous trouvait, depuis, parfaitement ennuyeux.

Ce n'était pas qu'il fût enivré de sa gloire. Il
en jouissait sans se livrer ; nous tous qui l'en-
tourions, nous pensions de lui plus grandement
que lui-même. Il était sous la domination de
ses idées, il leur appartenait absolument,
exclusivement. Sa philosophie l'absorbait, et
il y pensait sans relâche. Des discussions dont
il était l'objet, la partie qui roulait sur lui-
même ne le touchait pas. Avait-il du talent ?
N'en avait-il pas ? Il en avait ; il n'en avait pas
énormément ; ce qu'il en avait lui suffisait pour
avoir le droit d'élever la voix. Je crois bien

en disant cela donner la mesure exacte de sa vanité. Avait-il trouvé la solution du grand problème de l'humanité ? C'était là la grande question, la seule question. Il y avait des raisons pour et des raisons contre. Pendant la période de création, il n'avait vu que les raisons pour. Il était tout enthousiasmé. La belle chaleur qui éclatait dans son livre, venait de l'abondance et de la force des preuves que sa raison lui fournissait. Il avait conçu une hypothèse saisissante, et il la développait avec des détails si nombreux et si concordants, elle aboutissait à des règles si lumineuses et si générales, qu'on se sentait conduit, dominé, subjugé. On faisait comme lui, on ne voyait pas même l'objection. On se reprenait en réfléchissant. On voyait bien que le péché originel expliquait toutes choses ; mais on se demandait comment il était possible d'expliquer le péché originel.

C'était là ma propre histoire. Il m'appelait en riant sa seconde conscience. Sa seconde conscience avait d'abord admiré sans réserve une exposition de tous points admirable ; puis elle avait demandé des comptes. Il s'agissait d'expliquer la chute. On commençait à le lui demander de toutes parts. Il ne l'avait guère que décrite. Il en tirait des conséquences admirables : elle n'en était pas moins une simple hypothèse. Chose pour lui très inattendue et assez désagréable : c'était une publication périodique inspirée par les jésuites qui le lui demandait avec le plus d'insistance. « Ils me reprochent d'être catholique, » disait-il.

Il ne s'agit pas, pour satisfaire l'Église, d'être catholique en gros : il faut l'être jusque dans le plus menu détail, et par des raisons catholiques. On a dit que, du temps de la Terreur, il ne suffisait pas d'être républicain : il y avait une bonne et une mauvaise façon de l'être. Si on ne l'était pas de la bonne façon, ce qui voulait dire de la même façon que le tribunal, on était guillotiné, conséquence grave. Les inquisiteurs de la foi ne découvraient pas d'hérésie dans les doctrines d'Harmel : ils en trouvaient dans ses allures. Il n'était pas hérétique, mais il sentait l'hérésie. Il décidait en théologien, il pensait en philosophe. On l'irrita d'autant plus qu'on suscita des incertitudes dans son esprit. Il répondit : la réponse ne parut pas claire. Elle avait un grand défaut : elle manquait de sérénité. Le grand public, qui, à cette époque, était sympathique au catholicisme, sans être le moins du monde catholique, donna raison à Louis Harmel. Cette

adhésion, qui ne reposait pas sur une identité
réelle de doctrines, fut considérée par ses
adversaires comme une confirmation de leur
critique. Il était plus à l'aise dans les détails
historiques que dans la discussion métaphysique; on le poussa vers la métaphysique, où
il lui était le plus difficile de se défendre. Après
avoir expliqué, et mal expliqué, la chute de
l'homme, il eut à justifier la création. C'était la
même difficulté et la même question, mais en
remontant de plus en plus à la source. Ses
adversaires prenaient leur parti sur la création.
Ils déclaraient, non par des raisons philosophiques, mais par des preuves théologiques,
qu'elle était en fait et en acte un attribut de la
perfection : cela les mettait à l'aise pour tout
le reste. Mais Harmel, qui ne faisait pas de
théologie, ne pouvait pas et ne voulait pas se
sauver par un acte de foi. Il voulait, dans toute
la chaîne de ses déductions, rester fidèle à la
définition de la perfection dont il avait fait son
point de départ. Il s'agissait de concilier avec
la perfection ainsi conçue l'existence du péché
originel et de ses conséquences. Il se trouvait
mis ainsi au pied du mur. Il n'avait plus que
le choix entre l'idéalisme, qui est la négation
de la multiplicité, et le panthéisme, qui est la
négation de l'unité. Il était réduit comme les

Alexandrins à imaginer une série de transfor-
mations qui recule la difficulté sans la résoudre.
Il créait un système, très compliqué, très
subtil, qui demandait un grand effort d'esprit,
dont tous les points étaient unis entre eux par
une logique irréfutable, et dans lequel il y
avait une fêlure qu'il s'efforçait de cacher,
disait-on, parce qu'il n'avait nul moyen de la
supprimer.

La discussion amusa d'abord la galerie;
puis elle l'ennuya. « Ils se chamaillent pour
une toile d'araignée, » dit-on de tous côtés.
Ses adversaires mêmes, croyant l'avoir complètement battu, refusèrent de continuer la
lutte plus longtemps. Les revues et les journaux, qui l'avaient soutenu dans l'origine, lui
donnèrent à entendre qu'il y avait des sujets
de conversation plus intéressants que de savoir
si la Trinité chrétienne avait raison contre la
Trinité alexandrine, s'il fallait se convertir au
bouddhisme, si l'homme avait autrefois vécu
dans un état supérieur dont il était déchu par
sa faute, si l'incarnation d'une seule personne
divine avait quelque affinité avec l'identification
de la nature naturée et de la nature naturante,
et si le livre de Louis Harmel aboutissait à
l'esprit ou au corps, au mysticisme ou au panthéisme, à Plotin ou à Spinoza. Il vit qu'il ne

pouvait plus compter que sur lui-même et me dit : « Je vais faire un second ouvrage. »

Tel était son indomptable courage. « Tu vas être seul, lui dis-je pour l'éprouver. — Tant mieux, me dit-il. — Tu auras beau faire, lui dis-je, l'âge d'or est devant nous. — Tu n'es, me dit-il, qu'un saint-simonien. » Quelques années plus tard, il aurait dit : « un darwiniste ». Il ne voulait plus discuter que sur les questions les plus transcendantes, les axiomes primordiaux, le passage du moi au non-moi, la création. Il me disait que je renonçais à la philosophie, et je lui disais qu'il renonçait au sens commun. Nos discussions, comme toute discussion philosophique, aboutissaient chaque jour à des querelles. Mais il était si adorablement bon que nos querelles ne duraient jamais qu'un instant. Il connaissait ma profonde amitié; je connaissais son incontestable supériorité. Même quand je croyais voir qu'il se trompait, je me demandais, avec un certain effroi, si ce n'était pas moi qui étais incapable de comprendre.

Il n'avait encore rien perdu de sa belle humeur; ou, si elle était un peu diminuée, cela tenait à l'incertitude prolongée de sa position, qui commençait à devenir intolérable pour lui et pour sa bien-aimée. Il avait au

commencement traité légèrement les scrupules
de son père; c'est lui qui avait dit le premier :
« Nous nous marierons en janvier. » Il était
bien forcé de prendre au sérieux les conseils
paternels, maintenant que la chance avait
tourné. Il songea un instant à reprendre des
élèves; mais ce n'est pas facile, quand on a
une fois vécu de la grande vie de la pensée; et
d'autre part, les élèves ne s'offraient plus : ils
le sentaient trop grand. « Il n'y a que le livre,
me dit-il. Ni journaux, ni revues, ni parti, ni
amis : moi seul contre tous, avec la vérité. Ceux
qui m'ont aimé dans mon premier livre me
retrouveront et m'aimeront dans mon second. »
Je sus que Marie, la vaillante fille, le poussait
dans cette voie. « Votre carrière avant tout,
disait-elle. L'idée avant tout. J'attendrai ! Je
suis la femme d'un marin. »

Il arrêta ses grandes lignes, et causa avec
moi de son plan. J'étais son seul confident.
Ozanam le poussait, mais ne l'aidait pas. Il
avait des scrupules sur son orthodoxie. Je
n'étais pas un confident bien trouvé, puisque
j'étais un sceptique, non pas en philosophie,
grâce à Dieu, mais en métaphysique. Je trouvais le plan large et simple à la fois. Je pro-
posai quelques élagations qu'il accepta. Je me
tins pour assuré que la seconde création serait

digne de la première. Je ne lui promis pas le
même succès. Je crus devoir lui dire qu'il ne
trouverait pas l'émotion qui avait accueilli sa
manière une première fois. Il n'aurait plus
l'attrait de la nouveauté. On avait désormais
des objections redoutables. « Mais, disait-il, il
ne s'agit pas d'avoir du succès. Il s'agit seulement d'avoir raison. »

Nous reprîmes à fond la discussion des principes. Je le trouvais moins entêté qu'au début,
« moins endurci », comme je disais. Il était
aussi moins gai, moins exultant. Commençait-il
à avoir peur? Je me disais quelquefois que
diminuer sa conviction ce serait diminuer son
talent; mais j'avais mon entêtement, comme
lui le sien, et je mettais comme lui la vérité
avant tout le reste.

Il fit quelques démarches infructueuses pour
s'assurer un éditeur. Le bon Joubert était prêt;
mais il ne donnait que sa firme, n'ayant que
cela à donner. « Je fournirai les avances avec
des billets que vous me ferez et que la maison
Goudchaux frères escomptera sur nos deux
signatures. Vous vous rattraperez sur la vente.»
Mais la vente entière d'une édition couvrirait à
peine les frais; et quelle perspective que ces
affaires de commerce, ces inquiétudes de l'échéance, ce droit de parler acheté par une sorte

de supplice ! Allait-il offrir cette existence à sa bien-aimée ? Il travaillait pourtant sans savoir encore ce que deviendrait son travail. Il écrivait d'abord avec une sorte d'emportement. Puis il revenait sur ce qu'il avait écrit. Je le suivais pour ainsi dire de l'œil. Tantôt il me lisait une page ; le plus souvent il me questionnait sur un point d'histoire de la philosophie. Nous avions des discussions tous les jours ; mais, depuis que nous nous connaissions, nous n'étions jamais ensemble que pour nous disputer.

Peu à peu, je remarquai, dans nos discussions, qu'il y avait des moments où je ne pouvais plus le suivre. Était-ce ma faute ou la sienne ? En d'autres termes, était-ce moi qui était incapable, ou lui qui divaguait ? Je le sentais supérieur à moi, mais enfin j'avais lu Plotin et Proclus sans perdre pied ; j'avais commenté et jugé le *Parménide* ; Spinoza m'était familier ; je vivais habituellement avec les esprits les plus subtils des dernières écoles allemandes. Je ne pouvais me rassurer sur moi-même sans m'inquiéter sur lui. Je parlais de tout cela dans mes lettres, à Marie, dont j'admirais la clairvoyance. Elle m'écrivit un jour : « Ce n'est pas l'esprit qui est malade. C'est la volonté. » Cela répondait à toutes mes craintes. Il doute ! Je le savais de force à lutter contre nous tous, tant qu'il serait sûr de lui-même; mais à présent l'ennemi était dans la place.

Son travail languit, puis s'arrêta. Sa gaîté avait disparu depuis longtemps. Je l'écrivis à Marie, qui fut atterrée. « S'il tombe, m'écrivit-elle, il tombera tout entier et tout d'un coup. » C'est ce qui arriva. Un jour vint où ses livres et son manuscrit disparurent. En voyant cette table vide, sans un mot d'explication, il me sembla qu'un souffle mortel avait passé par là. J'écrivis sur-le-champ à son père.

Ce que je viens de résumer en quelques pages avait duré deux années entières. Pendant que Louis s'exaltait de plus en plus dans son système, et entreprenait de le compléter et de l'appuyer sur une démonstration nouvelle, entreprise que son état de langueur avait interrompue, j'avais fait, de mon côté, du chemin en sens inverse. Mon ami aspirait à remonter aux principes primordiaux de la science et à tout expliquer sans exception, pareil à cet enfant que rencontra un jour saint Augustin aux environs d'Hippone, et qui, ayant creusé un trou sur le rivage, avait entrepris d'y transporter la mer à l'aide d'une coquille; j'en étais venu au contraire à croire que la nature nous ayant placés à un certain point et dans un certain milieu d'où nous embrassons un horizon plus ou moins étendu suivant la qualité de notre esprit, tout peut être par nous, dans les limites de cet horizon, éclairci, défini, comparé, rattaché à sa cause et à ses effets par un enchaînement très solide; mais que, si nous essayons de monter au delà, de chercher un appui pour les premiers principes, qui ne seraient pas premiers s'ils s'appuyaient sur quelque chose, et de décrire l'infini, qui est incompréhensible par définition, aussitôt notre perspicacité s'éteint, notre vue se trouble, notre puissance s'évanouit. La sagesse pour l'humanité est de connaître ses propres limites, et de ne vouloir que ce qu'elle peut. Les plus grands d'entre nous sont ceux qui savent se renfermer dans ce qui est livré à nos disputes. Toute science humaine doit commencer et finir par un acte de soumission, et accepter comme vrais et supérieurs à toute démonstration les principes que la raison nous impose, que l'humanité accepte, et qui deviennent plus manifestes à mesure que la science organise et discipline tout ce qui est laissé à notre portée et soumis à notre intelligence.

Je disais, par exemple, à Louis : « Je puis bien affirmer que ma volonté est cause de mon mouvement, parce que, d'une part, j'ai constaté par une foule d'expériences que le mouve-

ment est la conséquence de la volonté, mesuré
et dirigé dans le sens qu'elle prescrit, et que,
d'autre part, je trouve en moi, dans ma conscience, la conviction absolue que, si ma volonté
produit, à l'heure qu'il est, une certaine volition,
l'acte physique qui suit et applique constamment cette volition va se produire dans la
forme et la mesure accoutumée. Mais si j'essaie d'expliquer comment une modification de
mon âme immatérielle produit une modification
de mon corps, je me trouve en présence d'un
problème inaccessible à ma raison. Il m'est
aussi impossible de l'expliquer que de le nier.

« Le problème de la création est au fond le
même que celui de la transmission de la volonté
à nos organes. Et le péché originel est aussi
le même problème. Dieu étant parfait, comment
peut-il permettre que le mal existe ? Vous
croyez répondre par la chute de l'homme. Je
comprends cette réponse, si elle est établie par
des documents historiques appartenant à l'exé-
gèse d'une religion ; mais si elle est fournie
comme solution philosophique, elle ne signifie
absolument rien, puisque permettre la chute
c'est déjà permettre le mal, et même le plus
grand des maux.

« Remontons encore plus haut, lui disais-je.
Que Dieu ait permis à l'homme de commettre

une faute, cela est matériellement incompre-
hensible. Il ne l'est pas moins, pour les mêmes
raisons, qu'il ait permis que l'homme existât,
puisque l'homme est imparfait, ou qu'il y eût
quelque réalité en dehors de Dieu, puisqu'une
dualité est une limitation, et que toute limitation, ou toute diminution, est, par définition,
incompatible avec l'idée de perfection. Pour
moi, je reconnais hautement l'impossibilité où
je suis, soit de nier, soit de comprendre l'existence de Dieu, celle du monde, et celle de la
création; je les accepte pour point de départ,
et après les avoir acceptées sans les expliquer,
j'explique tout le reste par leur moyen. Vous
autres, abstracteurs de quintessences, vous
croyez pouvoir soumettre le tout, le grand
tout, à votre intelligence, qui est une partie
du tout. Écoutez ce que dit l'Écriture, qui est
un grand livre, d'une métaphysique profonde :
« Si vous compreniez cela, vous seriez comme
des Dieux. » Mais votre raison n'est que la
raison humaine, elle n'est pas la raison divine,
la raison absolue.

« Quand vous voulez expliquer l'inexplicable,
vous avez recours à des métaphores. Création
était le mot générique; vous le remplacez, sous
prétexte d'explication, par des formes de création
ou de production particulière. L'un dit : C'est

une émanation ; l'autre : C'est une irradiation ;
l'autre : C'est un écoulement. Un autre encore
refuse d'admettre la dualité de substance :
C'est, dit-il, une seule substance qui produit
et qui est produite. Le monde créé n'est pas
séparé de Dieu créateur. Et il croit, par cette
confusion ; les autres croient par leurs compa-
raisons, avoir expliqué ou dit quelque chose.

« Ouvrez Descartes ; quelle langue parle-t-il ?
La langue française ; la langue même de
Corneille. Vous n'avez pas besoin d'être initié
pour le comprendre. Descartes a conseillé aux
philosophes, qui jusque-là écrivaient en latin,
d'écrire en français, parce que le français ne
s'accommode pas des subtilités et des futilités ;
c'est la langue de la logique et du sens commun. Elle est comprise par tout le monde, et
ne suppose pas l'existence d'une petite église,
d'une secte séparée, supérieure au commun
des hommes. On est revenu à une langue
exclusive, depuis qu'on a transgressé les
bornes du sens commun : non pas au latin
pourtant, l'entreprise aurait paru trop extraordinaire, mais à une langue inintelligible au
vulgaire, qui emprunte au français ses mots et
sa syntaxe, mais en les modifiant pour les
rendre moins clairs, et pour ajouter des difficultés factices aux difficultés qui sont dans les

choses. Cette habitude est vieille comme la philosophie, vieille comme la tentative d'expliquer l'inexplicable. Aristote veut expliquer la pensée divine, et voici comment il s'exprime : « La pensée est la pensée de la pensée. » Nous savons tous ce qu'il veut dire; mais pourquoi? Parce qu'il nous l'a dit. Je demande ce qu'il nous aurait appris s'il s'en était tenu à sa belle formule. »

« Tais-toi ! tais-toi ! » me disait Louis. Il me l'a dit pendant plusieurs années; mais ce mot, je le crois bien, avait changé de sens dans sa bouche. Il signifiait, au commencement : « Tais-toi ! tu n'es qu'une bête. » Il signifia plus tard : « Tais-toi ! tu m'inquiètes. » Il signifia à la fin : « Tais-toi ! tu as raison ! » Mais si j'avais raison, son livre avait tort. Et si son livre avait tort, la philosophie avait tort. Et il se disait en lui-même : « J'ai fait l'acte le plus fou qu'un homme puisse faire; car j'ai employé une grande force pour aboutir au néant. » Et il en résultait qu'il n'avait plus de confiance en son jugement, et qu'il ne lui restait, à lui, enthousiaste et croyant, ni enthousiasme, ni foi.

J'ai l'air de m'attribuer ce résultat. Mais non; il marchait tout seul; il n'était pas homme à se laisser conduire; il ne se serait pas laissé

conduire par moi, dont il connaissait l'infériorité; il ne s'arrêtait pas où je m'arrêtais; il
répudiait son radicalisme, en l'admirant et le
regrettant; il subissait ma sagesse vulgaire
en la dédaignant. Au moyen âge, il aurait
abjuré ses erreurs et aurait cherché le repos
dans l'orthodoxie. On l'aurait guéri par des
procédés décisifs, s'il avait résidé en Espagne;
et s'il avait résidé en France, par une douce
application des étrivières, et par quelque dé-
tention mesurée sur l'étendue de ses besoins.
Mais il était du XIX° siècle; il vivait dans le
monde, où il n'y a de médecins que pour les
maladies du corps, et son corps, par un phé-
nomène que j'aurais pu citer comme un mystère inaccessible à la raison, quoique l'existence en soit péremptoirement démontrée,
commençait à subir les conséquences de la
maladie mortelle qui avait envahi sa pensée et
sa volonté. Je n'en étais pas, en ce genre, à
ma première expérience pathologique; et j'étais
bien convaincu de la gravité du péril, quand
je me décidai, comme je l'ai déjà dit, à mettre
son père et sa fiancée au courant de tout.

J'écrivis deux lettres : l'une à M. Harmel,
où je ne parlais que de la santé qui languissait,
du travail qui ne marchait pas, et de la nécessité de prendre quelque grande résolution;

mais laquelle ? J'étais dans une grande anxiété;
je proposais d'abord une consultation entre
nous, à Audierne ou à Paris. Il faudrait,
disais-je, le sentiment d'un grand devoir à
remplir. Il ne pouvait pas être question d'un
engagement dans l'armée, moyen qui fut employé par un de mes camarades de l'École
normale dans une circonstance analogue. L'âge
de Louis ne s'y prêtait pas; toutes ses ten-
dances y résistaient. Celui même dont je parle
ne se guérit qu'à moitié. La maladie céda. Elle
fut suspendue quelques années, et le pauvre
garçon, après avoir quitté l'armée pour l'Université et l'Université pour l'armée, finit par
mourir encore jeune, non pas de ce qu'on
appelle maladie mentale, mais d'une autre
maladie tout aussi redoutable. Il mourut d'ir-
résolution.

Dans ma lettre à Marie, j'entrais dans une
véritable description psychologique; je savais
qu'elle m'entendrait. J'ai quelques lettres d'elle
qui seraient dignes d'être publiées. Je n'aurais
pu entrer dans ces détails avec le père. C'était
un excellent homme, que la gloire de son fils
avait rendu très heureux, mais sans lui faire
perdre la tête. Il n'était pas grand catholique.
Il avait été baptisé; il ne se serait pas cru
marié, s'il ne l'avait pas été à l'église; il comp-

tait bien qu'on l'y porterait après sa mort : à cela se bornait sa religion. Les libéraux lui avaient appris à dire du mal des calottins et il en disait, mais en exceptant toujours les trois seuls prêtres qu'il connaissait, et qui étaient le curé d'Audierne et ses deux vicaires. Il professait pour eux la plus grande vénération. Comme il avait appris des libéraux à médire des calottins, il avait appris des calottins depuis son enfance à regarder les philosophes comme des songe-creux et des libertins. Je savais qu'il aimait ardemment son fils et qu'il ferait tout au monde pour le guérir; mais comme je désespérais de lui expliquer les causes de la maladie, je tremblais qu'il n'en comprît pas la gravité. C'est ce qui me détermina à ne rien cacher à Mlle Le Deuff, malgré le chagrin que j'allais lui causer. Elle m'a dit plus tard que ma lettre l'avait jetée dans une sorte de désespoir.

J'étais alors professeur de philosophie à la Faculté des lettres de Paris, comme suppléant de M. Cousin. Nous occupions, Harmel et moi, deux petites chambres contiguës au cinquième étage d'une maison située au n° 4 de la place de la Sorbonne, et appartenant à un ancien libraire, M. Ménard, père de M. Louis Ménard, l'auteur de *la Morale avant les philosophes.*

C'étaient deux pauvres chambres d'étudiants; mais nous n'étions pas fort riches puisque, malgré sa célébrité et malgré l'illustration de la chaire que j'occupais, nos deux revenus réunis ne s'élevaient pas à 200 francs par mois. J'étais assis devant une petite table de bois blanc, qui m'avait coûté 3 francs (nous étions dans nos meubles), et j'avais ma couverture sur mes genoux pour éviter de faire du feu, quand ma porte s'ouvrit, et je vis entrer M. Harmel, le père, que j'attendais, et Marie Le Deuff, que je n'attendais pas. Nous étions tous les trois fort émus. « Louis est sorti, leur dis-je, il se promène tout seul toute la journée, quelque temps qu'il fasse, mais il va rentrer infailliblement dans une heure. Nous avons le temps de causer. »

Je les embrassai. Je vis sur-le-champ que M. Harmel était très abattu, mais que Marie était pleine de résolution et de courage. « Nous avons un fiacre en bas avec nos deux malles, dit-elle. Pouvons-nous loger dans la maison ? — Non, lui dis-je, toutes les chambres sont prises, et on ne loge pas en garni, mais nous vous trouverons deux chambres à deux pas d'ici dans notre ancien hôtel, rue des Cordiers. — Occupez-vous de cela, cher Monsieur, dit-elle à M. Harmel. Prenez ce que vous trouverez, ce n'est que pour un jour ou deux ; pendant ce temps-là, nous déferons le paquet pour que Louis trouve en arrivant ce que ses sœurs lui envoient. » Il n'y avait qu'à tourner le coin de la place. Je le lui montrai par la fenêtre, et il descendit aussitôt. Je vis bien que Marie se procurait le moyen de causer en tête - à - tête avec moi.

« Dites-moi tout, » me dit-elle dès qu'il eut le dos tourné. Je le fis sans aucun

ménagement. Elle me fit quelques questions sur la santé de Louis et ses habitudes nouvelles. « Vous êtes certain, me dit-elle, que le danger est sérieux. — Très sérieux, lui dis-je.

20.

— Vous pouvez parler devant son père. Il est préparé à tout. » Le père rentrait. Je lui dis que, selon moi, il fallait arracher Louis du milieu où il était. « Mais parviendrez-vous à le ramener à Audierne? — N'en doutez pas, dit Marie. Mais je l'entends monter, dit-elle en pâlissant et en se levant à la hâte. Va-t-il entrer ici? — Non, lui dis-je. Il entre d'abord chez lui pour écrire quelques notes. Il viendra me prendre dans dix minutes. » Pendant ce temps-là nous l'entendions fermer sa fenêtre et remuer sa chaise. Elle était restée debout, écoutant attentivement. Elle mit son chapeau. Ses mains tremblaient en attachant les brides. « Entrons, dit-elle. Passez le premier. »

J'ouvris la porte de mon ami, le cœur troublé. Il se tourna avec étonnement, et vit d'abord son père. « Vous ici, mon père! » Aussitôt il voit Marie. « Et vous... » Il s'était levé; il retomba sur sa chaise. Son père se jeta à son cou, sans oser parler, car il avait peur d'éclater en sanglots. Je ne les avais pas assez prévenus qu'ils trouveraient le pauvre garçon bien changé. « C'est vous, dit-il encore, en regardant Marie avec un éclair dans les yeux. — Oui, dit-elle d'une voix ferme. Je viens chercher mon mari, puisqu'il m'oublie là-bas à Audierne. » Il eut un éclat de joie, et

la serra fortement sur son cœur. Puis nous
regardant : « C'est vrai, mon père? Vous êtes
tous d'accord? — Oui, lui dis-je. Il ne manque
plus que ton consentement. — Oh! le beau
jour! Oh! les bons cœurs, dit-il. Mais vous

savez, Marie, ajouta-t-il avec un retour de
tristesse... » Elle lui ferma la bouche avec
la main. « Je sais tout, dit-elle. Il m'a tout
dit. Tu n'as aucune confidence à me faire.
Nous oublions ici, en ce moment, le passé. Je
vais commencer par t'épouser, et ensuite je te

guérirai. Ce ne sera pas difficile. Ton père a
besoin de toi pour ses affaires. Quand il viendra
nous voir aux vacances (parlant de moi), il
verra ce que nous aurons fait de toi en six
mois. » Louis se rua sur les paperasses qui
couvraient sa table, et les jeta par terre avec
une sorte de colère. « Mais vous devez avoir
besoin de manger ! » dit-il d'une voix joyeuse.
Je fus enchanté qu'il en fît le premier la remarque. « Nous mourrons de faim, dit-elle. —
Nous n'irons pas chez Flicoteaux aujourd'hui,
dit-il. Nous allons dîner chez Soufflet. — C'est
cela, dit le père, qui trouva enfin le moment
de placer un mot ; et c'est moi qui régale. »
Mais quand Louis voulut s'avancer pour prendre
le bras de Marie, je le vis chanceler, et je n'eus
que le temps de le jeter sur son lit où il s'évanouit
complètement.

« Ce n'est rien, » dit M. Harmel, qui était
familier avec la mort et les maladies, comme
tous les habitants des côtes. Badigeonnez-lui
les tempes avec de l'eau. Marie, frappez-lui
dans les mains. Donnez-moi votre flacon. Ce
n'était qu'un éblouissement. » Louis revenait
à lui, et dès qu'il nous reconnut, il nous sourit.
Nous le fîmes asseoir sur son unique chaise,
une chaise de paille en mauvais état. J'en avais
deux, que je courus chercher. « Mais je suis

bien, très bien, nous dit-il, et en état de sortir. »
Je voulus m'y opposer ; mais M. Harmel assura
qu'il fallait marcher doucement, causer modérément, et que le malade dînerait avec nous
dans une demi-heure comme si rien ne s'était
passé. Louis lui sourit, lui tendit la main ; et,
pour achever la guérison, Marie l'embrassa sur
les deux joues.

Louis ne manqua pas de besogne le lendemain. Il allait quitter Paris, peut-être pour
toujours. On a beau vivre comme sur la branche, on ne se transporte pas de Paris à Audierne
sans quelques formalités. Et se marier, donc ?
Croyez-vous que cela se fasse en France aussi
sommairement qu'à Gretna-Green ? Les grandes
opérations se feraient là-bas, mais il fallait des
publications à la mairie de Paris, il en fallait
à l'église. Harmel, au moment de se marier,
était plus catholique que jamais. Il avait pour
confesseur le Père Anadèle de la rue de Sèvres,
que nous connaissions beaucoup. Il resta longtemps chez lui, et en sortit, comme il me
parut, rasséréné et fortifié. On se moqua de
lui à la sacristie de Saint-Étienne-du-Mont,
quand il voulut exhiber son billet de confession.
« Y pensez-vous, Monsieur Harmel ? C'est bon
pour ceux que nous ne connaissons pas. » Il
n'était plus question nulle part des hérésies

du *Péché originel*. Le grand chrétien revenait
au bercail; on savait qu'il n'écrirait plus jamais
sur les matières théologiques. Lui, Harmel,
ne le savait pas encore; mais tout le clergé de
Paris le savait, et le clergé d'Audierne en était
peut-être informé. Il ne trouvait partout que
respect, bienveillance, félicitations. Il venait
embrasser Marie entre deux courses. Nous ne
l'avions jamais vu si gai.

« N'y a-t-il pas un peu de surexcitation?
disais-je à Marie. — Non, non. C'est une joie
bien naturelle. Il est revenu à son caractère
normal. D'ailleurs, je le surveille. Comptez sur
moi! » Ces amoureux ne doutaient de rien. Ils
faisaient plaisir à voir. M. Harmel le père voulut
parler de contrat, d'arrangements matériels.
Mais Louis, avec tout le respect nécessaire,
l'envoya paître; et Marie, qui était bonne musi-
cienne, lui fredonna l'air du contrat dans la
Sonnambula : Il cor solamente.

Comme il ne faut pas perdre la tête quand
on a des enfants à conduire, j'avais trouvé
moyen d'écrire un mot à mon ami le docteur
Cerise, et nous le rencontrâmes, oh! bien par
hasard, dans le grand Salon carré, quand nous
allâmes montrer le musée du Louvre à notre
petite amie. Il resta une grande heure dans les
salles avec nous, et j'admirai l'habileté qu'il

mettait à faire son enquête sans paraître y
toucher. Cerise, outre les rares qualités de son
cœur et de son esprit, avait pour moi ce grand
mérite d'être à la fois médecin et philosophe.
Vous le connaissez bien, quoique nous l'ayons
perdu en 1869; c'est le dernier éditeur de Ca-
banis. Il était de ces médecins qui ne croient
pas qu'on puisse séparer la physiologie de la
psychologie. J'eus une grande conversation avec
lui le lendemain. Il ne voyait pas, comme moi,
le péril d'une rechute prochaine. « Cette petite
fée a trouvé le vrai remède, me dit-il; il en a
pour longtemps avec les joies du mariage. Peut-
être le sauvera-t-elle définitivement, si elle
parvient à l'occuper de besognes impérieuses.
En un mot, il faut l'empêcher de rêver. — Vous
avez peur, lui dis-je, de son ancien ennemi, la
théologie? — Oh! pas du tout, me répondit-il,
à présent que le scepticisme l'a envahi, il n'y
a plus rien à craindre de ce côté là. Au fond,
il a fait un livre d'histoire et n'a été conduit
à la théologie que de conséquence en conséquence. Son véritable ennemi, ce n'est pas le
scepticisme, qui n'aura été pour lui qu'une
maladie aiguë. Ce n'est pas la théologie, ni la
métaphysique, dont vous avez vu qu'il se séparait sans lutte trop prolongée. — Et qu'est-ce
donc? lui dis-je, fort intéressé par ce diagnostic

d'un nouveau genre auquel la compétence du médecin donnait à mes yeux une grande importance. — C'est la logique, » me dit-il.

Je réfléchis longtemps sur ce mot-là. Que s'était-il passé dans l'esprit de Louis aux débuts de sa maladie métaphysique? Il n'avait pas su s'arrêter. La logique l'avait entraîné au delà de la raison. Je me rappelais tous les anathèmes portés contre les penseurs excessifs, le fameux vers de Molière, le mot terrible de Pascal : *Qui veut faire l'ange, fait la bête*, et la sentence définitive de Leibnitz : *Cave a consequentariis.*

Mais les nouvelles que je reçus du Finistère étaient si bonnes que je me laissai aller au cours de la vie, c'est-à-dire que je passai à d'autres soucis. Il n'était question, dans les lettres de M. Harmel le père, et dans celles de la jeune mariée, que de la bonne humeur de Louis. Il s'était avisé de devenir matelot. Il s'était engagé dans l'équipage d'une barque et faisait son métier au sérieux. Marie en était ravie. « C'est le meilleur matelot de tout le port ! Une vie bien rude, surtout à cause des nuits. Sa santé s'en accommode à merveille. » Elle ajoutait : « C'est un caprice qui ne durera pas. » Pourvu qu'il ne dure pas, disais-je en moi-même ! Et les idées du docteur Cerise me revenaient à l'esprit; mais je me rassurais en pensant qu'il fallait, à ce puissant esprit, un aliment intellectuel. Ses lettres, qui étaient celles d'un savant très attentif au mouvement des esprits, achevaient de me calmer. « Pêcheur et matelot tant que tu voudras, disais-je, tu ne tarderas pas à me charger de te trouver un éditeur. »

Mais je ne m'attendais guère, ni lui non plus, à ce qui arriva. Je ne revis pas mon ami Harmel de sitôt. Ma correspondance avec lui fut très active dans les premiers temps; mais quand je le sus complètement et définitivement guéri, je lui écrivis tout juste autant qu'il le fallait pour savoir qu'il se portait bien, et qu'il n'avait pas à se plaindre de son lot.

Sa transformation en matelot n'avait pas été, comme je l'avais cru d'abord, une fantaisie, un simple caprice. Il continua pendant toute une année à faire ce dur métier, sans manquer à

une seule de ses obligations, sans se faire aider
ou remplacer. Il avait beau, dans les premiers
temps, vivre comme un d'entre eux avec les
autres pêcheurs, on le traitait toujours avec
déférence ou avec défiance. La défiance disparut
promptement ; la déférence dura plus longtemps ; mais elle fut remplacée avec le temps
par une déférence d'une autre espèce, qui ne
tenait plus à sa qualité de patron ou de fils de
patron, mais à sa force, à son adresse, à sa gaîté,
à sa complaisance inépuisable. Au bout d'un
an, il était traité par tout le monde en compagnon, mais en compagnon admiré et aimé. Il
ne manquait qu'une chose à son contentement.
Il aurait bien voulu vivre à terre dans les
mêmes conditions que les autres ; mais son père
ne voulut pas entendre parler d'une dislocation
de la famille, et Marie déclara qu'il lui fallait un
petit salon, un piano, des rideaux à sa fenêtre,
et des fleurs dans son jardin ; qu'elle ferait le
marché en bonne ménagère, mais qu'elle ne
ferait ni la cuisine ni le ménage ; qu'elle ne se
déguiserait pas en paysanne ; que Louis avait
une excuse pour aller vêtu en matelot, puisqu'il
faisait le service et touchait ses parts ; mais
qu'elle garderait les vêtements qu'elle avait
coutume de porter, et qu'elle aurait sa chaise à
l'église, comme ses amies et ses parents, au

lieu d'aller s'agenouiller avec les femmes de
pêcheurs.

Quand je sus qu'elle était obligée de donner
ses raisons pour se refuser à de telles folies,
j'écrivis à Louis ; mais il se moqua de moi en
me répondant : « Si Marie avait voulu, nous
nous serions faits paysans, me dit-il. Elle l'a
refusé, il n'en a plus été question. Je vis avec
elle en monsieur, et je redeviens pêcheur quand
je vais en mer. Ne me prends pas pour un fou ;
c'est un remède que je m'applique. Rappelle-
toi Chevriaux. (Chevriaux était un élève de
l'École normale qui, pour se guérir d'un alan-
guissement de la volonté, s'était engagé dans
un régiment d'Afrique.) Chevriaux deviendra
général je serai patron de barque dans six
mois ; et avec le temps je passerai, comme les
autres, et peut-être avec un secret remords,
au grade et aux fonctions de propriétaire. » Je
sus qu'il prônait autour de lui le système de la
participation aux bénéfices, et Marie m'écrivit
qu'il l'appliquerait dès qu'il serait le maître de
la maison Harmel.

Quoique je fusse moi-même grand partisan
de la coopération, j'essayai de lui écrire quelques objections sur le secret des opérations de
commerce, et sur l'inégalité qui se produirait
en faveur des ouvriers s'ils participaient aux

bénéfices sans courir, comme le patron, les
chances de pertes. Mais il me renvoya à la
théorie des émanations et à celle des simplifi-
cations. « Descendre et monter, me dit-il. C'est
la loi de tout ce qui appartient à la multiplicité.
Il n'y a que l'unité absolue, la première et la
plus parfaite des hypostases, qui possède
l'immobilité. » Je vis clairement qu'il se
moquait de moi, et je pensais en secret qu'il
avait raison. J'avais alors un double apprentissage à faire : l'apprentissage des questions
sociales, et celui du courage civil. Louis était
plus avancé que moi des deux côtés ; qu'il eût
tort ou qu'il eût raison, il avait étudié le sujet
profondément pour un garçon de son âge, et
quant à se soucier de l'opinion d'autrui, c'est
une préoccupation qui ne lui entra dans l'esprit
en aucun temps.

La révolution de 1848 fit de lui un député du
Finistère, et de moi un député des Côtes-du-
Nord. J'ai raconté ailleurs l'histoire de ma
candidature, et ce n'est pas de moi qu'il s'agit.
Ne croyez pas qu'on alla chercher mon camarade en lui disant : « Nous voulons de vous
pour député. » C'est lui qui, ayant, à ce qu'il
croyait, de très bonnes idées, et craignant de
voir la révolution de 1848 avorter comme celle
de 1830 (cette crainte vous donne la note de

ses opinions), s'adressa aux électeurs du Finistère et leur déclara qu'il voulait défendre la
République, et l'accommoder de façon à amé-
liorer le sort des pauvres gens. Les électeurs
du Finistère n'entendaient pas de cette oreille-
là. Ils étaient occupés avant tout de sauver la
religion ; après la religion, ils avaient à cœur
la famille et la propriété qu'on leur disait
menacées. Mon ami Louis Harmel leur était
très parfaitement inconnu. Sa réputation commençait à Audierne et finissait à Douarnenez ;
mais c'était quelque chose, dans ces élections
où presque tous les candidats étaient des
hommes nouveaux, d'avoir à soi quelques
centaines d'amis dévoués. Les pêcheurs de la
côte se remuèrent si bien, ils parlèrent tant des
bonnes qualités d'Harmel, de sa vieille famille,
et de l'aisance qu'il ne manquerait pas de
donner en très peu de temps aux gens de la
campagne, et surtout aux pêcheurs et aux
marins, qu'il arriva tout juste au bout de la
liste. La diligence passait sur la place de
Quimper à l'heure même où il fut certain du
résultat. Il embrassa sa femme, lui promit de
lui écrire, et se jeta dans la rotonde sans
emporter autre chose qu'un sac de nuit qui
avait été le compagnon de ses courses électo-
rales. Il s'abattit chez moi à six heures du

matin, et manqua d'enfoncer la porte. « Nous voilà représentants du peuple tous les deux, me dit-il. Nous allons faire de fameuse besogne ! Donne-moi du papier, que j'écrive à Marie, et, pendant que j'écris, trouve-moi quelque chose à manger, car je meurs de faim. »

Nous pensions l'un et l'autre, ce jour-là, que nous allions travailler ensemble à la politique, comme nous avions travaillé ensemble à la métaphysique six ou sept ans auparavant. Il ne nous fallut pas plus de vingt-quatre heures pour comprendre que la politique nous diviserait encore plus que les *Ennéades*. Il passa ses premières journées à se faire affilier à la Montagne, et à faire connaissance avec Ledru-Rollin, Louis Blanc, Pierre Leroux, Proudhon, Considérant. Proudhon le reçut froidement ; Louis Blanc dédaigneusement ; Pierre Leroux, qui ne l'avait jamais vu, l'accueillit comme un vieil ami, à cause du *Péché originel*. Nous n'étions pas depuis une heure entrés dans la salle de carton, que je savais qu'il allait être l'ami de tous les grands hommes de la Montagne, tandis que je ne serais qu'un obscur centrier. « Mais je suis bien sûr, me dis-je en même temps, que notre amitié n'en souffrira pas. »

On put croire, dans les premiers jours de

l'Assemblée constituante, que chaque député avait un grand sac de propositions toutes prêtes à être versées sur la tribune. Émile de Girardin écrivait en tête de son journal : *Une idée par jour ! Une idée par jour !* Si les nouveaux députés ne nous donnaient qu'une

idée par jour, c'était pour ménager notre faiblesse ; car, pour eux, la mine où ils puisaient était intarissable. Louis Harmel entrait chaque matin tout guilleret, montait les six marches de la tribune, et déposait sa petite contribution pour ce jour-là. La plupart du temps on ne l'entendait pas. Le président disait : « Le projet sera imprimé et distribué. »

C'était Audry de Puyraveau, le président d'âge. Ce fut ensuite Buchez. Il en avait pour

deux heures à subir la procession et à répéter
la formule. Quand le hasard faisait qu'Harmel
était entendu, la Montagne applaudissait et la
droite éclatait de rire. Nous autres centriers,
au fond de la salle, nous n'entendions jamais
rien. Ce défilé nous semblait un peu monotone.

C'est à l'Assemblée de 1848 qu'on vit bien
la puissance de la popularité. Lamartine,
François Arago, Ledru-Rollin, Louis Blanc
n'avaient qu'à se montrer pour faire taire toutes
les conversations, Lamartine surtout, qui était
en même temps l'idole des tribunes. Deux ou
trois nouveaux partageaient ce privilége. Ils
étaient inconnus comme nous ; mais leurs voix
étaient magnifiques. Une belle voix, mes amis,
est plus de la moitié de l'éloquence. Je citerai
surtout Saint-Gaudens, Ducoux, Babaud-Lari-
bière. Saint-Gaudens avait une voix si formidable que, quand il parlait bas à son voisin,
on l'entendait d'un bout de la salle à l'autre.
Nous nous trouvâmes ensemble quelques mois
après, lui, parce qu'il n'avait pas été réélu,
et moi, parce que j'étais conseiller d'État,
dans la tribune des anciens députés. M. de
Montalembert parlait sur l'Université, et il
l'accusait de n'enseigner que le latin, et de
l'enseigner si mal que personne ne le savait.
« Satané jésuite ! me dit Saint-Gaudens en se

penchant à mon oreille. Qu'on apporte ici un Tacite, nom... d'un petit bonhomme ! Et on verra qui, de toi ou de moi, sait le mieux le latin. » Vous comprenez que j'adoucis sa phrase pour la rendre à peu près présentable. La salle entière l'entendit et partit d'un formidable éclat de rire auquel prit part Montalembert. Le pauvre Saint-Gaudens ne savait où se fourrer.

Je souffrais de voir Louis Harmel se galvauder parmi les assaillants quotidiens de la tribune. Il se rendait ridicule. Je lui dis qu'il aurait bien plus d'action et d'autorité s'il concentrait son effort sur une ou deux propositions importantes. « Mais, me dit-il, ce sont des questions que je mets à l'ordre du jour. Est-ce que tu en contestes l'urgence ? »

Elles me semblaient d'une exagération extrême. C'était la Montagne, c'était le socialisme. Je le lui disais avec des airs de désolation qui le faisaient rire. « Tu n'es plus qu'un réactionnaire, me disait-il. C'est Proudhon qui te fait trembler ! » Je n'étais pas ce qui s'appelle un réactionnaire, puisque je rédigeais le *National* avec Alexandre Rey, le colonel Charras et Littré, auxquels s'adjoignit, au bout de quelques mois, Émile Deschanel. Mais Harmel, qui voyait vite et juste, avait découvert que les

excès de quelques utopistes nous avaient
rendus timorés jusqu'à la faiblesse. On n'a
jamais été ni si près ni si loin du socialisme
qu'à cette époque-là; si près parce qu'il allait
jusqu'au bout, si loin, parce que nous ne rom-
pions pas d'une semelle. Les socialistes atta-
quaient rudement la famille et la propriété; la
propriété en revanche nous était devenue si
chère que nous regardions toutes les lois qui
la protégeaient comme sacro-saintes. J'ai eu
la curiosité de parcourir le dossier d'Harmel.
Presque tous ses projets qui furent taxés
d'extravagants et firent pousser les hauts
cris aux républicains eux-mêmes ont été
depuis convertis en lois, ou sont sur le point
de l'être.

Vous pensez bien que je ne vous en ferai
pas l'énumération : il y en aurait pour jusqu'à
demain. En voici quelques-uns pris au hasard :

Abolition des prestations en nature.

Projet de loi pour favoriser les sociétés coo-
pératives de production.

Projets de loi sur les accidents du travail,
sur la réforme des conseils de prud'hommes
(égalité absolue entre patrons et ouvriers), sur
l'arbitrage entre patrons et ouvriers. On ferait
bien de retirer son projet des limbes où il est
tombé; on n'a jusqu'ici rien proposé de plus

sage et de plus pratique pour remédier aux
grèves.

Il va sans dire qu'il proposait aussi d'auto-
riser les grèves, qui ne furent autorisées que
sous l'Empire. Il avait conçu un projet sur les
associations, d'après les principes adoptés
plus tard par M. Dufaure, c'est-à-dire beaucoup de liberté compensée par beaucoup de
publicité.

Il avait toute une législation du travail des
femmes et des enfants. Les lois aujourd'hui
promulguées et appliquées sur ces matières
ne contiennent pas une prescription qu'il n'ait
proposée en 1848. Non seulement il réglait
l'âge d'admission des enfants, la durée de leur
journée, le repos dominical; mais il avait
dressé tout un code d'instruction obligatoire,
qui différait surtout de celui que nous avons
fait depuis en ce qu'il était plus impératif dans
ses commandements, et moins étendu dans ses
programmes. Il distinguait avec soin, comme
du reste l'avaient fait les grandes assemblées,
l'enseignement indispensable, qui devait être
donné obligatoirement à tous les Français, et
l'enseignement supérieur qui n'était dû qu'aux
capacités.

Un de ses plus beaux plans était la création
complète de l'Assistance médicale dans les

campagnes. Il commençait par les asiles avec
secret pour les femmes enceintes, afin d'éviter
les infanticides; il créait des maternités; des
secours d'allaitement; des dispensaires, un
système très complet de pouponnières et de
crèches. L'analogie de ce projet avec celui
qui a été élaboré cet hiver par le Conseil supérieur d'assistance publique, est frappante.
Encore une fois, toutes ces lois, qui semblaient
si chimériques il y a quarante ans, existent
aujourd'hui, ou vont exister demain. Je dois
avouer qu'il prenait parti pour des mesures
qui sont encore redoutées aujourd'hui, telles
que le monopole des chemins de fer et des
mines. Il supposait une grève des mineurs en
pleine guerre : tous les mouvements des troupes
et des approvisionnements étaient arrêtés;
quelques centaines d'ouvriers décidaient du
sort de la France. Le projet qu'il avait fait
sous le nom des *invalides du travail*, et qui
lui attira les injures et les railleries des républicains de l'école du *National*, était à peine
aussi révolutionnaire que le projet de M. Cons-
tans, ministre de l'intérieur, sur les caisses de
retraite.

Vous pensez bien qu'il ne réglementait pas
uniquement le travail des enfants et des
femmes. Wolowski voulait s'en tenir là; et

quand on parlait de réglementer aussi le travail des adultes, il montait sur ses grands chevaux, et disait qu'il ne voulait pas attenter à la liberté des adultes. « Les femmes ne sont donc jamais adultes, disait Harmel. Et votre projet de loi sur le repos dominical, pourquoi l'avez-vous étendu à tous les ouvriers? » Il croyait, comme Pierre Leroux, que le décret du 7 mars 1848, qui avait réduit les journées de travail à dix heures pour Paris et à onze heures pour les départements, était le chef-d'œuvre de l'esprit humain; mais, à la différence de Pierre Leroux, qui avait fini par proposer une durée provisoire de onze heures, même pour Paris, il allait, selon sa coutume, jusqu'au bout de ses principes. Il avait deviné la théorie des trois-huit, quarante-quatre ans avant Bebel et Liebknecht! Je lui dis un jour, oubliant à qui je parlais : « Tu ne vois donc pas où cela te conduit? — Mais si fait, me répondit-il avec le sang-froid le plus parfait, cela nous mène au communisme. » C'est lui qui dit le fameux mot, répété depuis par Proudhon : « Donnez-moi le droit au travail, et je cesserai de guerroyer contre la propriété. »

Qu'on repousse ou qu'on accepte les projets de Louis Harmel, il est impossible de ne pas être frappé de leur cohésion. Il était, sur

presque tous les points, de quarante ans en
avance sur la marche de la démocratie. Nous
avons positivement lieu de rougir aujourd'hui
des critiques que nous lui adressions. Il allait
jusqu'au communisme ; mais, chemin faisant,
il renversait de véritables forêts d'abus. Son
principal tort était de ne pas savoir s'arrêter.
En politique, comme en métaphysique, il allait
toujours jusqu'aux conséquences extrêmes. Il
ne fut considéré sur nos bancs que comme un
agité, tandis qu'il était un clairvoyant. Sur la
fin il s'était adonné à la réforme de l'impôt.
M. Thiers lui fit l'honneur de discuter un impôt
qu'il proposait ; mais il ne lui opposa que des
raisons générales : « Le meilleur impôt est
celui auquel on est accoutumé. » C'est fort
bien ; mais autant vaudrait décréter tout d'un
coup l'éternité de toutes les routines. Si la
famille de Louis Harmel voulait m'en charger,
je ferais une histoire de l'œuvre législative de
Louis Harmel, œuvre profondément oubliée
aujourd'hui, non moins profondément méconnue
pendant qu'il la développait, en 1848 et 1849.
Il n'a pas même laissé, comme député, un nom
décrié ; il n'a laissé aucun nom. Un philosophe,
avec qui je parlais du *Péché originel*, et qui le
plaçait presque aussi haut que l'*Essai sur
l'indifférence*, ignorait absolument que l'auteur

eût jamais fait de la politique. Un discours retentissant eût plus fait pour la renommée politique de Louis Harmel que vingt projets sérieux ou profonds. C'est la règle. Je n'y connais pas d'autre exception que Sieyès.

Je cherche les causes de l'insuccès de Louis Harmel. J'en trouve trois.

La première, celle qui se présente d'abord à la pensée, c'est qu'il n'était pas orateur. Il ne l'était pas, et je dirais que c'est fort étrange si je ne connaissais beaucoup de cas analogues. Il avait, comme écrivain, un très grand style. Il avait de la facilité. Il avait de l'audace. Que lui manquait-il? Je ne sais. Il lui manquait peut-être cette audace-là. Peut-être même ne lui manquait-il que d'avoir commencé. Lamennais n'a jamais pu dire deux mots à la tribune, ni ailleurs; Lacordaire, le grand, le merveilleux, le sublime orateur que l'on sait, a abordé deux fois la tribune, et il a compris, quand il en descendait pour la seconde fois, qu'il n'y remonterait plus. Quinet, grand professeur au Collège de France, a lu un ou deux discours qui ont passé par-dessus la tête de l'Assemblée. Soit dédain, soit timidité, Jean Raynaud, qui avait toutes les parties de l'orateur, n'a jamais essayé d'ouvrir la bouche. Nous avons tous connu nombre d'avocats célèbres, très brillants

au barreau, et qui étaient pitoyables à la
tribune.

Une seconde tare de Louis Harmel était une
certaine dose de bizarrerie qui permettait aux
prud'hommes de le juger sévèrement. Il avait
donné une grande preuve d'excentricité dans le
Finistère en se faisant inscrire dans l'équipage
d'une barque. Cette barque le mena tout droit
au Palais-Bourbon; mais on ne sait pas, en
vérité, où elle aurait pu le conduire. Je tremblai,
au commencement, qu'il n'eût la fantaisie de
venir à la Chambre en cotte et en vareuse. Cela
l'eût perdu irrémédiablement. Nous avons eu
un portefaix de Marseille, qui arrivait aux
séances en veston de drap noir ou bien très
fin, costume adopté par tout le monde aujour-
d'hui, et qui dans ce temps-là ne paraissait
pas trop extraordinaire. M. Soubigou avait une
veste à la mode du Finistère; mais en drap de
couleur sombre. Jamais l'idée ne lui est venue
de se faire broder dans le dos un soleil de soie
jaune. Il ne paraît réellement costumé en bas-
breton que quand il met son chapeau, et on ne
met son chapeau que dans la rue. Nous avions
deux ou trois ouvriers parmi nous; mais ils
étaient comme nous tous, en redingote. Corbon,
Peupin se seraient bien gardés de venir en blouse
à l'assemblée. Un ouvrier ne porte la blouse

qu'à l'atelier ou les jours de travail. Le dimanche, ou la semaine, s'il fait une visite, il tient
à être vêtu comme tout le monde.

Si j'insiste sur un point si peu important,
c'est qu'Harmel fut un jour sur le point de se
compromettre. C'était le 15 mai. Au moment
où la salle était envahie, et où il ne se trouvait
plus que les vingt députés qui restèrent assis à leurs bancs pendant toute
cette saturnale comme les
sénateurs romains sur leur
chaise curule, je vis
tout à coup

au milieu de la foule, dans l'hémicycle, Louis
Harmel en blouse. Il détourna d'abord les
yeux, comme honteux d'être vu par moi
sous ce déguisement. Puis il prit son parti,
et, s'avançant jusqu'à me toucher : « Tu
vois, me dit-il, j'ai pris le costume de mes
opinions. — Non pas, lui répondis-je, d'un
air de dédain que je ne cherchai pas à

cacher. Il te manque un bonnet rouge. Mais,
ajoutai-je, comme il faisait mine de s'en aller,
j'ai deux choses à te dire : la première, c'est
que les gens bien vêtus courent peut-être
aujourd'hui quelques risques, et la seconde,
c'est que j'écrirai à Marie aussitôt que je serai
rentré chez moi, si j'y rentre. » Je vis mon
homme tout décontenancé. Il disparut pour un
quart d'heure.

Il revint au bout de ce temps en tenue dé-
cente. La cohue était un peu moins forte; on
entendait au dehors les tambours de la garde
nationale qui venait nous dégager. Louis s'assit
à côté de moi à la place de François Arago, qui
était mon voisin. « Tu as été un peu loin avec
moi tout à l'heure, dit-il avec une certaine
émotion dans la voix. Est-ce que tu crois vraiment que j'avais peur? — Non, lui dis-je, je
t'ai injurié de propos délibéré pour employer un
grand remède. Est-ce que tu viens me proposer
de nous couper la gorge? — Non, dit-il en riant,
je viens te remercier. Je crois que je faisais
une bêtise. » Nous nous serrâmes la main.
« As-tu écrit à Marie? » me dit-il avec une
inquiétude très visible. Pauvre Marie! je ne lui
ai jamais conté cette frasque. Je gagnai à cette
aventure d'apprendre que je disposais d'un
moyen d'action irrésistible sur mon camarade.

Cave a consequentiariis ! Comme Leibnitz
avait eu raison! Harmel ne savait pas plus
s'arrêter en politique qu'en métaphysique. En
métaphysique, il était éléate; en politique, il
était jacobin et communiste. S'il avait été dans
le camp monarchiste, il aurait été pour le pouvoir
absolu. Au fond, il n'appartenait à aucun parti,
parce que les partis, même les plus avancés,
s'arrêtaient à un certain moment. Il les suivait
jusque-là, et se tournait aussitôt contre eux.
« Vous n'avez pas la foi, disait-il alors aux
amis qu'il abandonnait. » Proudhon lui donnait
quelque soulagement. « Il voit loin, » disait-il.
Mais Proudhon était-il sincère? Quand Baroche,
à la tribune, l'accusa de supprimer la propriété,
il répondit : « Qu'en savez-vous? » Comment
accorder ce mot avec le mot fameux : « La
propriété c'est le vol! » Pierre Leroux se déclarait partisan de la propriété; mais de la
vraie. Il en avait inventé une autre, qu'il appelait la fausse propriété, et contre laquelle il
n'avait pas assez de sarcasme : c'était le capital.
Harmel, qui restait plein de gaîté au milieu
de tous ces problèmes, me déclara qu'il était
aussi difficile d'accorder chez Proud'hon cet
axiome et cette réponse, et de comprendre chez
Pierre Leroux cette distinction entre le capital
et la propriété, que de concilier le péché ori-

ginel avec la perfection divine. Je lui poussais l'épée dans les reins. Je lui disais : « Tu es propriétaire. » Il lui échappa de dire une fois : « Si j'étais seul ! »

L'Assemblée, après le 15 mai, était dans l'anxiété. Les séances étaient, si j'ose le dire, d'un calme accablant. On avait la paix, mais on sentait qu'elle résultait, entre ces quatre murailles, de la force des baïonnettes, et qu'au dehors une insurrection formidable se préparait. Nous étions agités des plus sombres pressentiments. Entre autres chagrins, je me demandais jusqu'où Louis pourrait aller. Cette blouse du 15 mai ne me sortait pas de l'esprit. Quand je vis, en Juin, les premières barricades, je me dis : « Il doit être derrière. »

L'Assemblée eut grand'peine à se remettre pendant les semaines qui suivirent le 15 mai. C'était l'éternelle guerre entre les républicains libéraux et les terroristes qui venait de renaître. Je savais qu'Harmel était au nombre des vaincus, et que les vaincus préparaient une revanche. Jusqu'où iraient-ils ? Et lui, jusqu'où se laisserait-il entraîner ? Il était constamment en conciliabules avec les autres montagnards de l'Assemblée, ou au dehors avec les gens des clubs. Je ne le vis qu'un seul jour dans la salle, courant de l'un à l'autre, évidemment très affairé. Il s'assit un instant auprès de moi quand il eut fini ses convocations, et me dit, après un silence, en faisant allusion au décret de proscription qui avait frappé Louis Blanc et Caussidière : « Ce qui m'étonne le plus ici, c'est de m'y voir. »

La question des ateliers nationaux mit le feu aux poudres. Je la connais à fond, car j'étais membre de la Commission. Je pris une part active à la discussion, et quand il fallut choisir le rapporteur, les voix se partagèrent entre M. de Falloux et moi. Je fus battu à une très faible majorité. M. de Falloux, qui regardait avec raison la création et surtout le maintien des ateliers nationaux comme une faute, tenait à les détruire immédiatement, sans faiblesse, disait-il, c'est-à-dire sans pitié. Nous voulions les détruire aussi, mais, par humanité et par prudence, nous nous efforcions de fournir aux ouvriers congédiés les moyens de travailler dans des conditions plus fructueuses pour eux, et moins dangereuses pour le pays. M. de Falloux ne perdit pas un moment pour déposer son rapport. La majorité de l'Assemblée pensait comme lui sur cette question, et elle nous le fit bien voir. Cette majorité comprenait tous les réactionnaires et bon nombre de républicains. La gauche modérée subissait,

dans ses opinions et ses sentiments, le contre-
coup de la journée du 15 mai ; elle était poussée
par l'extrême gauche vers l'extrême droite.

Le décret provoqué par M. de Falloux fut
accueilli par des cris de colère dans les ateliers
et dans les clubs. Le travail cessa partout.
Les murs furent couverts d'affiches en un clin
d'œil, et les hommes en blouse descendant de
toutes les hauteurs qui entourent Paris, affluèrent vers l'Hôtel de Ville. On crut d'abord à
une simple surexcitation de l'opinion, puis à
une émeute. Il fallut bien vite comprendre
que c'était pour le moins une journée ; peut-être
une guerre. A la tombée de la nuit, le quartier Latin et le quartier Saint-Antoine étaient
hérissés de barricades. La troupe se montrait
pleine d'ardeur, mais elle était prise entre
deux feux, fusillée à la fois par les insurgés
placés derrière les amas de pavés, et par ceux
qui tiraient du haut des fenêtres. La Commission exécutive n'avait rien prévu. Des renforts
affluaient d'heure en heure, dans les rangs de
l'insurrection, et le général Cavaignac, qui
commandait la défense comme ministre de la
guerre, manquait d'hommes à leur opposer. Il
avait envoyé des ordres dans les départements
limitrophes. Les régiments éloignés se hâtaient
d'accourir, mais ils pouvaient arriver trop tard.

On constatait avec stupeur que les assaillants
étaient dirigés par des chefs expérimentés. Je
fis une longue course le soir dans les rues
étroites, bor-
dées de vieilles
et hautes mai-
sons, qui entou-
raient alors
l'Hôtel de Ville;
elles étaient dé-
sertes. On n'en-
tendait d'autre
bruit que celui
de nos pas.
Les boutiques
étaient fer-
mées. On eut
dit une ville
morte. Tout à
coup, on se
heurtait à des
barricades énor-
mes derrière

lesquelles on devinait l'ennemi. De loin en loin
étaient des postes de soldats qui cherchaient
à se dissimuler aux angles des rues et sous les
portes cochères. Aucun son ne venait de l'autre
côté des barricades. Le silence et la mort

partout. Les fenêtres étaient soigneusement
fermées. Celles qui n'avaient ni persiennes ni
rideaux étaient masquées par une couverture.
Cette couverture se levait quand il y avait un
engagement, pour laisser passer le fusil. Le
coup partait, la couverture retombait : on
entendait des cris dans la rue autour du blessé.
Je vis un moment le général Duvivier, mon
collègue, avec lequel j'étais lié, et qui fut
blessé mortellement le lendemain d'une balle
au talon. Il se plaignait de tout le monde, du
gouvernement impuissant, de la Chambre pro-
vocatrice, du ministre qui n'avait rien sous la
main dans un pareil moment, et qui, disait-il,
donnait des ordres au hasard. On était réduit
à la défensive, et tout le monde disait que si
les insurgés se portaient sur le Palais-Bourbon,
ils culbuteraient le gouvernement et l'Assemblée. Cette même situation se prolongea toute
la journée du lendemain et toute la nuit. Une
guerre de sauvages de part et d'autre. Nous
avions de l'artillerie, ce qui compensait notre
faiblesse numérique. Je crois que nous fûmes
surtout sauvés par l'ignorance où était l'ennemi
de l'insuffisance de nos troupes.

Pendant ce temps-là l'Assemblée était en
permanence au Palais-Bourbon. A chaque instant, un représentant qui avait une proposition

à faire, et ne voulait la communiquer qu'à ses affidés, s'en allait avec vingt ou trente personnes dans l'ancienne salle des séances pour y tenir un conciliabule. Vers deux heures, un grand mouvement se produisit autour du bureau. On disait : « Dans l'ancienne salle ! Dans l'ancienne salle ! » Sénart, qui présidait, abandonna le fauteuil à Lacrosse pour aller lui-même à cette séance extra-parlementaire. Il entra tant de monde que tous les bancs furent garnis. Plusieurs députés se disputèrent la tribune pour faire leur motion. Ils étaient tous d'accord pour s'en aller. L'un disait : « Bordeaux ! » L'autre voulait Rouen. — Rouen est trop près ! Bordeaux n'est pas assez central ! — On proposa Bourges. Ce nom trouva faveur. On répéta de tous côtés : « Oui, Bourges. Allons à Bourges ! » Sénart, qui avait conféré avec M. Thiers debout auprès de lui, demanda le silence. « Gardons-nous de dire où nous allons. On pourrait couper les chemins de fer. Les insurgés ont des correspondants dans toutes les grandes villes. Il ne faut pas que la France apprenne que nous partons ; elle apprendra sans préparation que nous sommes arrivés. » Pascal Duprat s'écria : « Donnons un blanc-seing au président ! — Oui (de toutes parts), un blanc-seing ! un blanc-seing ! —

J'accepte, dit Sénart. Aussitôt que je mettrai pied à terre, vous apprendrez que je suis là, et vous vous grouperez autour de moi. Nous sommes la représentation légale du pays. Nous sommes la France. — Mais, dit quelqu'un, le palais où nous sommes peut être cerné ? » M. Thiers prit la parole : « La cavalerie sera massée dans les Champs-Élysées pour protéger notre retraite sur Versailles. Le général a pris ses mesures. Une fois là, les chemins nous sont ouverts. — Rentrons en séance, » dit-on alors. On rentra. Cela signifiait pour toutes les personnes présentes que la partie était perdue à Paris et que nous allions siéger à Bourges.

Quelques heures après, les premières troupes commençaient à arriver ; Cavaignac avait la dictature ; l'armée, qui s'était jusque-là défendue à grand'peine, prenait l'initiative. La lutte demeurait meurtrière, horrible ; mais dans la nuit funèbre que la fumée du canon et des fusillades nous faisait en plein jour, nous commencions à comprendre que nous avancions, que nous gagnions du terrain. Trois jours ! Cette agonie dura trois jours ! Quand tout fut fini, quand la victoire fut complète, on se sentit délivrés, rassurés. Personne n'éprouva un sentiment de joie. La victoire même fut lugubre.

Nous nous retrouvions dans cette salle, d'où nous avions cru être chassés, où nous avions craint d'être massacrés. Nous comptions nos morts, les blessés illustres. On commençait chaque séance par donner des nouvelles de Bixio. Dornes était mort. On citait ceux qui avaient essayé de mourir, comme Arago qui ne voulait pas survivre à la République ; ceux qui avaient bravé cent fois la mort, comme Lamoricière, Cavaignac, Bedeau, Lamoricière, Duvivier (celui-là mort), étaient membres de l'Assemblée. On commençait, comme toujours, les poursuites, car toute guerre civile a trois actes qui se suivent sans intervalle : la bataille, les grands coups de filet, les supplices. J'avais cherché Harmel parmi les blessés et les morts. Nulle trace. Je ne le trouvais pas non plus sur nos bancs !

J'allai chez lui. Marie y était. Elle était accourue au 15 mai, depuis qu'il y avait péril matériel. Elle m'interrogea avec angoisse : « Est-il accusé ? Est-il soupçonné ? » Il était soupçonné. Elle souffrait d'autant plus qu'elle avait condamné l'insurrection. « Mais lui ? — Oh ! lui, vous savez, avec son terrible : Allez jusqu'au bout ! » Je me rappelais la prévision de Cerise. Nul doute, il sera allé jusqu'au bout ; du suffrage universel à la souveraineté

immédiate du peuple. « Et avec cela vous ne
me dites pas où il est ? — Chez un ami. —
Vous vous défiez de moi ? — Le ciel m'en
préserve ! Vous pouvez être interrogé. Il vaut
mieux pour vous, pour lui, que vous n'ayez
pas de secret à garder. — Que puis-je faire ? —
Beaucoup. D'abord, dit-elle, en essayant de
sourire, partagez votre bourse avec moi.
Ensuite, aidez-moi à remplir cette malle. »

C'était une malle de voyage. J'y remarquai
quelques livres. On prévoyait une longue
absence. Des brochures de Proudhon, des
journaux montagnards, deux ou trois volumes
de Lamennais, où je reconnus, dans des notes
à la marge, la belle écriture de l'auteur ; les
Soirées de Saint-Pétersbourg. « Oui, me dit-elle.
Il va de l'un à l'autre. Du roi absolu au peuple
absolu. Il y a des heures où De Maistre l'em-
porte. — Mais voyez ceci : *l'Homme de désir,
Des erreurs et de la vérité*, la traduction des
Ennéades par Bouillet. Ce n'est pas lui qui a
demandé cela ! — Il a demandé les *Ennéades*.
Je n'ai trouvé que cette traduction. » Je ne
pus m'empêcher de rire. « Il sait le grec.
Je vais vous envoyer l'édition d'Oxford par
Wyttenbach, Moser et Frédéric Creuzer. »
Envoyer Plotin à un insurgé de Juin pour le
distraire ! J'espérais encore qu'il ne s'était

qu'à moitié compromis, que sa renommée philosophique le protégerait. Je le disais à Marie, dont les transes me désolaient. « Enfin, lui dis-je, on ne poursuivrait pas un Lamennais, un Quinet, à moins qu'il n'y eût flagrant délit ; et il n'y a pas, grâce à Dieu, flagrant délit. — Allez-vous-en, dit-elle, en me serrant fortement la main. J'ai besoin de mon temps. — Je m'en vais. Je reviendrai tous les jours. — Adieu. »

En la quittant, je courus chez Landrin, procureur de la République, membre de l'Assemblée, mon ami très intime. « Tu viens pour Harmel, dit-il en me voyant entrer. — Est-il compromis ? — Il l'est. — Et tu vas le faire arrêter ? — Voici le mandat. »

Landrin était le meilleur des hommes. « Écoute-moi bien, dit-il, je sais aussi bien que toi ce qu'il est, et je ne tiens pas le moins du monde à l'avoir sous ma garde. Il nous ferait du mal dans un procès, il nous en ferait à Cayenne, il ne nous en fera pas du tout en Bretagne, surtout si nous lui fournissons de fortes raisons de ne pas se montrer. Il y a une chose que tu ne sais pas, et qui te fera plaisir ; c'est qu'il a protégé de toutes ses forces l'archevêque dans sa tentative héroïque. Peu s'en est fallu qu'il ne fût lui-même massacre

par ses confédérés de la veille. Il a poussé au
mouvement dans le principe, cela est incontestable ; il a assisté aux premiers conciliabules
de l'émeute ; mais dès qu'il a vu que la lutte
devenait sanglante, il n'a plus songé qu'à
opérer la réconciliation. Il était pour moitié
dans le projet de proclamation de Lagrange,
que l'Assemblée a peut-être rejeté avec trop
de précipitation. Bref, sauve-le, tu nous rendras
service, et tu feras plaisir à tout le monde.
Je ne donnerai son nom aux agents que dans
vingt-quatre heures. Mais prends garde à la
police. S'il est une fois pris dans une razzia et
fourré dans les caveaux de la terrasse des
Tuileries, ni toi ni moi ne pourrons l'en faire
sortir. »

Je l'écoutais avec ravissement ; mais une
chose me désespérait. « Il n'est pas chez
lui, dis-je à Landrin, et Mme Harmel ne doit
plus y être en ce moment. Je ne sais où les
retrouver. — Vous êtes tous des enfants, me
dit Landrin. Il n'a de liaisons à la Chambre
qu'avec toi et Leblanc. Il n'est pas chez toi ;
donc il est chez Leblanc. Vous êtes bien heureux que la police soit divisée ; sans cela elle
y serait déjà. »

Chez Leblanc ! un légitimiste renforcé ! Il
se sera dit qu'on ne le chercherait jamais là.

Leblanc l'a reçu, je n'en doute pas ; mais il doit être au désespoir de son acte de charité.

J'y courus. Landrin ne s'était pas trompé. Je sonnai d'abord faiblement, puis à tour de bras. Leblanc vint m'ouvrir lui-même. Il était pâle comme un mort. Ses lèvres tremblaient. Il ne pouvait pourtant pas me prendre pour un agent de la sûreté. Je le mis au courant en deux mots, et il me conduisit aussitôt auprès des fugitifs. Louis n'avait que tout juste le degré de préoccupation et de tristesse qu'il fallait pour répondre aux angoisses de sa femme. Pour elle, qui ne vivait pas depuis quatre jours, elle vit tout à coup le ciel ouvert. On se mit à raisonner, ou plutôt à déraisonner sur les moyens de partir, sur les amis chez qui Louis se retirerait là-bas. Je leur répétai cent fois qu'une fois là-bas, je garantissais sa sécurité. Je fus obligé de prendre sur moi la direction de toute l'affaire, car les avis se croisaient plus absurdes les uns que les autres et on n'aboutissait à rien. « Tu ne seras jamais un grand conspirateur, disais-je à Louis. — Vante-toi tant que tu voudras aujourd'hui, répondit-il, parce que tu es le bienfaiteur ; mais demain, quand le jour d'être ingrat sera venu, je te dirai ton fait. » Nos plaisanteries exaspéraient

Marie, qui assurait qu'elle ne vivrait pas tant qu'elle ne le saurait pas en Bretagne.

Je vous fais grâce du voyage. J'avais loué mon fiacre pour vingt-quatre heures. J'y mon-

tai seul avec lui, et, grâce à un itinéraire bien composé, je le conduisis sans encombre jusqu'à Versailles. Quelques jours après, il était en sécurité dans une bourgade du Finistère. J'avais vu Cavaignac, j'avais vu Sénart, j'avais

vu Portalis ; on m'avait fait partout la même
réponse : « Qu'il ne se montre pas, qu'il
n'écrive pas, et qu'il vive en paix. »

Il m'écrivit une longue lettre apologétique,
qui est un de mes plus précieux autographes.
Il commençait par condamner tous les actes
de violence commis par son parti, et surtout
l'assassinat de l'archevêque et celui du général
Bréa ; mais passant ensuite aux griefs des
ouvriers, il les exposait avec conviction et
une éloquence terrible. Cette épître m'irrita
tellement que je restai vingt-quatre heures
sans lui répondre. Elle est loin de me produire
le même effet quand je la relis à présent.
Toutes les demandes qu'il fait au nom des
insurgés, demandes qui nous semblaient alors
aussi odieuses qu'extravagantes, sont maintenant admises dans la pratique, consacrées
par des lois, et par des lois que j'ai votées
moi-même pour la plupart. Si, en juin 1848,
on avait discuté au lieu de se massacrer, on se
serait peut-être mis d'accord ; en tout cas, on
aurait commencé des réformes, et de celles-là
on aurait, avec le temps, passé à d'autres. La
besogne aurait été mieux faite, et il n'y aurait
pas eu de cadavres. Mais nous étions de part
et d'autre comme des lions rugissants. D'un
côté, on disait : Nous nous sommes battus pour

abolir des priviléges que les bourgeois maintiennent et restaurent à leur profit. De l'autre, on parlait de révolte contre la souveraineté nationale, d'attentat contre la famille et la propriété. La proposition de Lagrange, qui demandait à l'Assemblée une exposition de principes, pour dissiper un malentendu, avait suscité une sorte d'émeute parlementaire : « On ne discute pas avec des rebelles ! avec des assassins ! » Ce serait une curieuse leçon infligée aux violents de tous les partis que de publier la lettre de mon pauvre Louis, en mettant au bas, comme annotation, les lois conformes qui ont été faites depuis. L'unique tort de ce philosophe était d'être en avance de cinquante ans sur la philosophie de son pays.

Mais plus il était convaincu, et croyait avoir pour lui la raison et le droit, plus il était affligé des compagnons qu'il avait eus dans la lutte, des crimes commis par son parti, et des crimes aussi, car il ne nous épargnait pas ce mot, commis par la répression, soit pendant le combat, soit après la victoire. Je constatai dans sa lettre un ton de découragement, je devrais plutôt dire de désespoir, qui m'attrista ; et me rappelant la situation mentale où il était avant son mariage, j'en vins à craindre ou un nouvel accès de la maladie, ou même un suicide.

Je ne fus qu'à demi rassuré par les lettres suivantes, dans lesquelles je constatai ce fait curieux que l'esprit de mon ami se reportait sur les questions philosophiques. Marie, qui l'avait rejoint, m'écrivait de son côté qu'il écartait de la conversation toutes les idées politiques, qu'il s'était jeté sur le *Plotin* que je lui avais envoyé, et qu'elle le croyait occupé de préparer une seconde édition, refondue et annotée, du *Péché originel*. Je lui envoyai, sur sa demande, la thèse de Berger sur *Proclus*. Il me dit qu'il venait de finir la lecture de l'*Histoire critique de l'école d'Alexandrie*, par Vacherot. Il en faisait un grand éloge. « C'est un livre, me disait-il. Tu n'as fait qu'une ébauche. » Je n'étais que trop de son avis. Il me donnait pourtant raison contre Vacherot et contre Saisset dans la comparaison de la trinité chrétienne et des triades alexandrines : « Ce passage-là, disait-il, et deux pages de la préface, me font doublement regretter la précipitation avec laquelle tu as publié ton livre. » J'entre dans ces détails insignifiants pour montrer quelle était la pente de son esprit à ce moment-là, si peu de temps après une insurrection où il avait couru de si grands dangers personnels.

J'extrais le passage suivant d'une lettre

qu'il m'écrivait au mois de décembre. Il n'avait
plus rien à craindre à ce moment-là. La justice
avait fini son œuvre. Son nom n'avait pas été
prononcé. Il avait donné sa démission de
représentant pour raison de santé, et il était
rentré à Audierne, où il était l'objet des soins
de tout le monde, et d'un culte de la part des
marins.

« C'est une erreur de considérer la personne
du Père comme supérieure aux deux autres
personnes de la trinité chrétienne, puisque
l'égalité des personnes divines est de dogme.
Ceux qui commettent cette faute appliquent à
la théologie chrétienne les principes de la
métaphysique alexandrine. D'autre part, l'unité
de Dieu a, dans l'Église, un caractère tout
autre que dans Plotin et son école. C'est une
grande sagesse de l'Église de placer le mystère
au sommet de toutes les spéculations métaphysiques… »

Je conclus, de ce passage et des développe-
ments qui l'accompagnaient, deux choses :
c'est qu'Harmel se rapprochait de l'orthodoxie,
et qu'il abandonnait, en philosophie, sa prétention, hautaine et insoutenable, de tout
expliquer. Malgré ce retour à la vie intellectuelle, je voyais, dans cette âme désolée bien
des plaies incurables. Il me pressait d'aller le

voir; mais je n'avais pas comme lui la liberté
d'échapper à la politique. Enfin, je profitai des
fêtes du Jour de l'an pour aller passer vingt-quatre
heures avec lui. Je voulais le voir à l'œuvre
dans ses fonctions de père de tous les malheureux, et tâter un peu son esprit pour savoir
si la métaphysique n'était pas un remède trop
violent.

Je devais quitter le courrier à Quimper, et
j'avais écrit à Harmel d'être là pour me recevoir
ou, tout au moins, d'envoyer son cabriolet
avec son domestique. Je ne trouvai personne,
et je fus obligé d'aller louer une voiture à
l'*Écu*. « Ne partez pas par ce temps-là monsieur Jules, me dit Mme Tausin; je n'oserais
pas même mettre un cheval dehors. — Il le
faut absolument, lui dis-je, et je repars après-
demain. » Je fus obligé de batailler longtemps,
le cocher lui-même fit des difficultés. Le fait
est que le temps était affreux, et que la bour-
rasque augmentait à mesure que nous avancions vers la mer. Arrivés à Douarnenez, Jean
déclara qu'il n'irait pas plus loin. Je fus obligé
de doubler le prix dont nous étions convenus
pour qu'il consentît de me mener à Audierne.
Nous n'arrivâmes que sur le soir. La mer était
entièrement démontée et les lames se prolon-
geaient le long des rues, en jetant des paquets

de mer jusqu'au premier étage. Impossible
d'approcher de la maison de Batifolier pour
remiser la voiture. Nous la mîmes derrière un
mur pour qu'elle fût à l'abri du vent. Je voyais
de très loin la maison d'Harmel, et plusieurs
personnes que je ne distinguais pas regardant
par les fenêtres du côté de la pleine mer.

« Est-il possible, me disais-je, qu'il y ait quelqu'un en mer par un temps pareil? » Je ne
voyais rien, à cause des averses. Ce n'est
qu'au bout de quelques minutes que, ma vue
s'étant aguerrie, je reconnus qu'il y avait au
large un navire désemparé, et qu'on lui avait
porté un câble, à l'aide duquel on le tirait vers
l'avant-port. Je sentis, au milieu de mon effroi,

un certain orgueil, et une grande reconnaissance pour le hardi marin qui avait porté le
câble à bord, et qui était parvenu jusqu'au
navire en souffrance en bravant mille fois la
mort. S'il a pu accoster, il est maintenant avec
les naufragés, et nous l'aurons ici avec eux
dans quelques instants; mais s'il n'a pu que
jeter la corde, il est perdu. Il n'y a pas une
coque de noix qui puisse surnager sur ces
vagues énormes. Un cri s'entendit tout à coup
par-dessus les vents, et le navire remorqué
disparut instantanément, entraîné au loin avec
une telle vitesse qu'en quelques secondes on
cessa de l'apercevoir. Je compris que la corde
s'était rompue. Ce n'était qu'un chasse-marée
portant quelques hommes d'équipage. Peut-être
avait-il des passagers. Et le sauveteur? Celui-là
était un héros dont il fallait deux fois pleurer
la mort. Je fus obligé de rester là une grande
heure, sans pouvoir avancer et sans savoir les
nouvelles.

Je ne les sus que trop tôt dès que je trouvai
à qui parler. Les premiers qui s'avancèrent sur
le quai après que les vagues l'eurent découvert, passèrent en causant entre eux sans me
répondre. Puis j'entendis que deux corps
avaient été rejetés. « Et qui est-ce? m'écriai-je,
animé d'un funeste pressentiment. — Harmel ! »

C'était lui; et quel autre aurait couru au-
devant de la mort, quand le salut était aussi
impossible? Un marin de profession a beau
être courageux et généreux; il n'affronte pas
la mort quand il sait qu'il n'y a aucune chance
de lui échapper. Il ne le peut pas, il ne le doit
pas. Harmel lui-même avait dû savoir ce qu'il
faisait. Cette pensée me faisait frémir. Je ne
vous parle pas de la scène que je vis cette
nuit-là, en gardant le corps, à côté de sa
femme, de son père, de ses sœurs. Presque
tous les habitants de la ville restaient à genoux
sur la place sans penser à rentrer chez eux. Tout
le clergé était là, et les sœurs hospitalières,
comme faisant partie de la famille. Il était sur
une table avec deux cierges allumés et un
bénitier. Marie avait défendu de lui couvrir la
figure. On le reconnaissait à peine; la mer
l'avait traîné comme une épave; tourné et
retourné comme un jouet. On avait lavé ses
traits. Ses cheveux étaient pleins de sang et
de sable. On ne retrouvait plus l'âme humaine
dans cette chair souillée et meurtrie, que
relevait seule la majesté de la mort.

L'année 1848, où j'ai assisté à tant de révolutions et d'agitations, est restée pour moi
l'année de la mort d'Harmel.

Sa veuve a été admirable pendant le choléra

de 1878 qui a presque dépeuplé la ville d'Audierne. Le ciel s'est montré inclément pour
elle, car elle vit encore.

24.

LE

MARCHAND D'HOMMES

On choisit ordinairement ses amis ou tout
au moins ses compagnons dans la classe à
laquelle on appartient. Ce n'est pas par vanité,
c'est que, pour vivre ensemble, et pour y trouver
son plaisir, il faut avoir des habitudes com-
munes et une éducation analogue.

J'ai eu pourtant quelques amis qui appartenaient à un monde tout différent du mien. C'est
peut-être à cause des circonstances que j'ai
traversées, qui m'ont mis en contact tantôt
avec les plus pauvres, et tantôt avec les plus
puissants; peut-être à cause de mes nombreuses
candidatures; peut-être enfin est-ce la consé-

quence de la curiosité que m'inspire la nature
humaine et du goût qui me porte à l'étudier
sous ses divers aspects. Le Flô, que j'ai aimé
comme un frère quoiqu'il eût vingt ans de plus
que moi, était maître d'école et sacristain à
Saint-Jean-Brévelay, non pas de vos maîtres
d'école d'à présent qui ont 1.800 francs ou
2.000 francs d'appointements; mais un maître
d'école souffreteux de M. Guizot, recevant
200 francs de la commune et 30 sous par mois
des élèves riches, quand ils étaient assez riches
pour payer cette grosse somme. J'ai souvent
parlé de Le Flô, et j'ai même fait tout un petit
livre sur l'instruction obligatoire, dont il est
le héros. Mais je n'ai jamais parlé au public
de Lanco, mon camarade d'enfance, que je lui
présente aujourd'hui. Ma liaison avec Lanco
s'était faite tout naturellement, puisque nous
avions été ensemble écoliers au collège de
Vannes; mais excepté ce point de départ, qui
nous était commun, vous allez voir que tout
nous séparait.

D'abord je suis certain que, dans votre
pensée, camarade d'école, cela veut dire compagnon d'âge. On a souvent occasion de dire :
Nous sommes du même âge, car nous étions
de la même classe au collège.

Nous autres, qui avons reçu à l'ancien

collège de Vannes ce que nous avons d'éducation (et je vous assure que ce n'est pas grand'-
chose), nous ne pouvons pas parler ainsi. Nous
avions des écoliers et des cloarec. L'écolier
était un écolier, qui entrait au collège à dix ou
douze ans, comme partout, et en sortait à
dix-huit ou vingt. Le cloarec était un grand
dadais qui commençait à apprendre le latin à
quinze ou seize ans, d'abord destiné à la
charrue, puis agréé par son curé pour enfant
de chœur, décrassé tant bien que mal au presbytère, un peu, très peu dégrossi, et qui, ayant
pris l'air de la sacristie pendant deux ou trois
ans, s'était senti tout à coup une vocation irrésistible pour devenir prêtre. Je vous parle d'un
temps antédiluvien, de la Restauration. La
race des cloarec a disparu. On ne voit plus des
hommes de vingt à vingt-cinq ans vivre con-
fondus avec des enfants de douze ans, partager
leurs études, et jouer avec eux dans les récréa-
tions, épousant leurs goûts, ayant leurs idées,
et ne se distinguant de leurs compagnons que
par leur extrême gaucherie. Nos cloarec étaient
d'une grande pauvreté, vêtus de quelque habit
taillé dans une vieille soutane, chaussés de
gros sabots, coiffés du chapeau en calotte à
bords immenses qu'on ne voyait guère qu'en
Bretagne quoiqu'il rappelât par sa forme géné-

rale le chapeau des élégants sous Louis XIV.
Leur nourriture allait de pair avec leur vête-
ment. C'était presque toujours un grand pain
de seigle, boulangé par la mère, cuit le samedi
au four banal de la paroisse, et qu'il fallait
fendre à coups de hache à la fin de la semaine.
Ils coupaient ce pain en lèches dans une écuelle,
et la logeuse, pour deux sous, l'arrosait d'un
bouillon qui n'était guère que de l'eau chaude.
Le cloarec ne rougissait pas, quand il trouvait
une bonne occasion, de s'engager comme domestique pour une ou deux heures par jour. Chaque
bon bourgeois avait son cloarec, qui nettoyait
la maison au point du jour, montait de l'eau,
fendait du bois, faisait des courses, portait des
fardeaux, pour trente sous par mois.

Il était presque sans exemple qu'un cloarec
arrivât même à être un élève médiocre. Ils
étaient là-bas, au fond de la classe, très at-
tentifs à des leçons dont ils ne comprenaient
pas un traître mot, écrivant leurs devoirs sur
nos vieux cahiers, en croisant les écritures,
ce qui aurait fait un fameux casse-tête s'ils
avaient essayé de se relire, et apprenant indéfiniment toutes sortes de leçons dont il ne
restait jamais rien dans leur mémoire. Après
dix ans passés dans ce rude métier, ils avaient
fini leurs études. Sainte-Anne, représentée

dans cette occasion par les régents du collège qui portait son nom, leur donnait une redingote bleue et un chapeau à haute forme. Ils faisaient alors leur philosophie soit à Vannes, soit à Sainte-Anne même, auprès d'Auray. A partir de ce moment nous ne les connaissions plus. Ils étaient transfigurés ; bourgeois de la tête aux pieds. Ils portaient une soutane le dimanche, et même une chape quand ils avaient une belle voix. Leurs frères et leurs sœurs, quand ils venaient les voir, les appelaient Monsieur. Un an après, ils étaient au séminaire.

Lanco était cloarec.

Il était de Landivisiau, et avait une bonne trotte à faire pour aller voir sa famille le dimanche. Il partait le samedi après la classe, et marchait toute la nuit, en portant ses souliers sur son dos au bout de son penbach, pour ne pas les user. Il fallait être à la grand'messe, où il avait la joie suprême de chanter au lutrin avec le curé, son curé. Il reprenait sa course la nuit suivante, et était un des premiers à se précipiter dans la cour du collége, dès que le père Ionannic en avait ouvert les portes. Ni la pluie ni la grêle ne l'arrêtaient; et il faut savoir, pour apprécier son héroïsme, ce qu'étaient nos chemins bretons en temps de pluie, en 1829!

Ce n'était pas un âne. C'est-à-dire il ne l'était qu'à peu près. Comme écolier, c'était un âne incontestablement. Jamais Ovide ni Virgile ne voulurent entrer dans sa tête. Ce qu'il apprit au collége se borna à l'orthographe, qu'il n'estropiait pas trop, aux deux premières règles de l'arithmétique. Il savait aussi décliner *rosa*, conjuguer *amo*, et lire le latin à livre ouvert, sans le comprendre. Avec cela, et un certain bon sens en tout ce qui ne touchait pas aux études abstraites, il pouvait devenir, avec le temps, vicaire de Landivisiau.

Je ne ferai que rendre hommage à la vérité en vous disant que c'était un cœur d'or. Je puis jurer qu'il ne lui arriva jamais volontairement de faire de la peine à personne. Il rendait à ses camarades grands et petits tous les services qu'il pouvait. Il avait une sorte de passion pour moi, qui ne le méritais guère, car, quoique je lui rendisse son amitié, je me comportais envers lui comme un véritable tyran. Je me croyais de bonne foi comme étant d'une

race supérieure à la sienne. Il le croyait ainsi
que moi, ce qui faisait entre nous une commu-
nauté de religion assez comique. Je sortis du
collège en 1831 pour aller à Rennes, où mes
rêves de grandeur aboutirent momentanément
à une place de maître d'études surnuméraire
(c'est-à-dire sans appointements) au collège
royal. Lanco, quoique plus âgé que moi, n'était
alors qu'en quatrième. Nous nous promîmes
de nous écrire ; nous fûmes fidèles à notre pro-
messe pendant la première année. Mais que
voulez-vous ? J'entrai à l'École normale l'année
suivante. C'était avant la réforme postale. Une
lettre de Paris à Vannes coûtait 14 sous de
port. Quand elle n'aurait coûté que trois sous,
nous n'aurions été assez riches ni l'un ni l'autre
pour nous accorder cette douceur. Nos relations
se trouvèrent forcément interrompues ; et il se
trouva qu'en 1863, j'étais une manière de per-
sonnage à Paris et parfaitement ignorant de ce
que mon ami Lanco était devenu.

Je pensais à lui quelquefois et je me figurais
le plaisir qu'il éprouverait à me voir entrer tout
à coup dans son presbytère. Je sentais que
j'aurais été très heureux moi-même de lui faire
cette surprise. C'est à Landivisiau qu'il devait
être ; mais c'est à Saint-Jean que je le voyais,
parce que je n'ai jamais pensé aux premières

scènes de ma vie sans les placer à Saint-Jean,
qui est pour moi comme leur cadre naturel. Le
Saint-Jean que je vois dans ma pensée n'existe
plus que là. On en a fait une grande ville; je
crois même qu'on y a mis une brigade de gendarmerie. Peut-être a-t-on abattu la chère
maison de Kerjau, pour élever à sa place une
mairie ou une école communale, objets de luxe
inconnus dans mon jeune temps. Depuis trente
ans, je médite d'aller y passer une journée;
décidément, j'ai bien fait de m'abstenir. Il vaut
mieux rêver.

Mais Lanco n'était ni curé de Landivisiau,
ni curé de Saint-Jean. Il n'était même pas curé
du tout. Je le retrouvai inopinément à Belle-
ville en 1869, dans une réunion électorale. Un
grand nombre d'électeurs vinrent après mon
discours me serrer la main; les amis qui m'entouraient me désignaient les hommes importants, ceux qui avaient de l'influence dans le
quartier. J'entendis tout à coup bourdonner
autour de moi : « Lanco! voilà Lanco! » Ce
nom, peu commun, me frappa. Braleret me
dit : « Un compatriote! » Si pourtant c'était
Lanco? me dis-je; mais quelle folie! un prêtre
dans cette assemblée! C'est un parent tout au
plus. J'étais pressé de le voir de près. On
avançait très lentement dans cette cohue. Enfin

je sentis ma main pressée par un ouvrier d'aspect respectable, dont la figure ne me semblait pas inconnue. « Tu ne me reconnais pas? » me dit-il. Mais je le reconnus à la voix, qui était douce et musicale. C'était mon ami Lanco! Non pas l'abbé Lanco, comme je l'appelais depuis trente ans dans mes rêvasseries, mais un ouvrier, un bourgeois de Paris, un républicain probablement, comme semblait le prouver la compagnie où je le trouvais. « Reste le dernier, lui dis-je. Nous causerons! — Compris. » Je ne pensai plus à autre chose tout le reste du défilé. Il se tenait auprès de moi, la figure rayonnante, avec les autres fidèles. Enfin, nous pûmes monter dans un fiacre. « Je te mènerai chez toi, lui dis-je. Où demeures-tu? » Il demeurait au bout du monde. Nous eûmes le temps de causer.

La nuit était avancée, les rues que nous traversions, désertes. J'étais brisé de fatigue. Mais je ne pensais ni à ma fatigue, ni même à ma candidature. J'étais tout à l'ami qui venait tout à coup de me rapporter les deux choses que j'aimais le plus : la jeunesse et la Bretagne.

Il me raconta son histoire.

J'avais pensé en le voyant, qu'ayant renoncé à la prêtrise, il avait aussi renoncé à la religion. Mais pas du tout. Il était catholique fervent, comme autrefois à Vannes. La vérité est qu'il s'était marié à une femme plus âgée que lui, dont il me fit l'éloge le plus chaleureux: « Elle m'a donné deux fils dignes d'elle, me dit-il. Je puis dire que, pendant plusieurs années, j'ai vu le ciel sur la terre. Mais j'ai perdu mon fils aîné, il y a deux ans; et depuis, nous avons eu de grands chagrins. Mais je ne veux penser aujourd'hui qu'au plaisir de t'avoir revu, et à l'accueil que tu me fais. » Je le questionnai sur son mariage, sur la conduite de sa famille à cette occasion, sur ce qu'il avait fait pour gagner sa vie et celle de sa famille.

Il était savetier. Il avait un parent savetier à Paris, auquel il avait écrit après son mariage, dont il était devenu l'apprenti, puis l'ouvrier, et enfin le successeur. « Je ne fus pas tenté un seul instant de faire le monsieur, me dit-il. Je

me dis que j'avais de bons bras, que j'étais
adroit et laborieux, et que nous serions heureux
dans notre condition. J'étais un paysan, et ma
femme une paysanne. Je n'avais rien appris
au collège. Je serais misérable et déplacé parmi
les bourgeois; je choisis d'être un ouvrier honorable. » Je le félicitai cordialement. Et voyez
comme les hommes sont bêtes! Je me disais
intérieurement que j'aurais mieux aimé être
ébéniste. Ce vieux cuir me déplaisait, et ces
ressemelages, et jusqu'à ce nom de savetier.
Je le félicitais cependant (toujours intérieurement), de ne pas s'intituler cordonnier en vieux.
Mme Lanco, disais-je, doit avoir bien de la peine
à se tenir propre.

Je vous dirai que quand je connus sa situation
dans tous les détails, je ne trouvai que des sujets
de consolation. Il habitait une maison délabrée
dans un quartier pauvre; mais la chambre où
il travaillait, avec sa femme et son fils, était
vaste, bien éclairée, bien aérée. La marchan-
dise n'était pas élégante, mais était reléguée
dans un coin, et tout, en dehors de ce coin-là,
était propre et bien tenu. Il y avait deux lits
pour le père et le fils. Mme Lanco avait une
petite chambrette à côté de l'atelier. Sur la
cheminée, où il y avait un peu de feu, et où
la ménagère faisait sa petite popote, Lanco

avait cloué une image coloriée qui représentait
une plantation de croix. On voyait aussi un
un petit crucifix, un bénitier, une branche de
buis, et trois livres, qui étaient évidemment
trois eucologes ou trois journées du chrétien.
Mᵐᵉ Lanco me dit, comme une grande et heureuse
nouvelle, qu'ils avaient pour confesseur un Breton, l'abbé Nouvelle, de Locminé. C'est le même
qui a été depuis curé-doyen de Mordelle-sur-
Ille.

Je ne voyais que des éléments de bonheur,
et pourtant je sentais une tristesse profonde,
dont on évitait de me dire les causes. J'inter-
rogeai Lanco, qui me dit que tout allait bien,
que le travail était suffisant, l'amitié intime
entre tous les membres de la famille. Il n'y
avait pas de dettes ; le fils était un modèle sous
tous les rapports. Tout le monde se portait bien,
même lui, malgré un affaiblissement de la vue
qui n'avait pas, pour le moment, beaucoup de
gravité. La mère me fit les mêmes réponses,
mais avec un peu de contrainte. J'aurais rougi
d'interroger le fils sur les affaires de ses
parents puisqu'ils ne voulaient pas me mettre
dans leur confidence.

Je voyais de loin en loin dans la maison
une belle fille, propre et active, d'une figure
agréable et dont les manières étaient à la fois

aisées et avenantes. Elle demeurait dans la maison, et s'était liée à la longue avec Mme Lanco, en lui rendant de petits services. Elle était fleuriste de son état, et, autant que j'en pouvais juger, n'avait personne qui s'occupât d'elle, ou s'intéressât à elle. Devenue amie de la mère, elle fit la connaissance du père, puis du fils. Ils étaient du même âge, aimables l'un et l'autre, et il n'était pas difficile de voir qu'ils s'en étaient l'un et l'autre aperçus. Je fis doucement quelques allusions, qui provoquèrent de tristes sourires. Le mal viendrait-il de là ?

Fou que j'étais ! J'oubliais une chose à laquelle on ne cesse de penser, aujourd'hui, dans toutes les familles, et à laquelle on pensait toujours, en 1869, dans les familles pauvres où il y avait un garçon de vingt ans. René était sur le point de tirer au sort.

Je vis sur-le-champ les conséquences. Il ne s'agissait pas alors de deux ou trois ans, abrégé par un congé de six mois, mais de cinq ans de service. Il est vrai qu'on avait la chance de tirer un bon numéro, mais c'était une terrible loterie. Les amours de René et de Louise étaient menacées de subir une interruption de cinq ans ! Ils n'avaient pour se consoler que le mot de la romance : « Il m'attendra ! » ou :

« Elle m'attendra ! » Ils avaient beau être pleins de confiance; cette longue attente était à elle seule un martyre. Je me mis à les plaindre de tout mon cœur. En philosophant sur cet événement terrible, je pensai à cet affaissement de la vue, dont m'avait parlé le père. S'il allait devenir incapable de travailler ! C'était la misère noire pour la pauvre famille. Il n'est pas commode de se faire déclarer soutien de famille. La loi garde le fils, quels que soient les besoins du père. On pourrait faire quelque chose pour un aveugle; mais si Lanco, comme je l'espérais bien, ne l'était jamais qu'à peu près, la pauvre famille était perdue.

Une fois bien renseigné, j'eus une conversation à fond avec mon camarade. Quand il me vit au courant, il ne me cacha aucune de ses préoccupations. « Je n'aime pas à parler de cela, me dit-il; car pourquoi affliger ses amis quand ils ne peuvent rien pour le secourir ? » Je parlai timidement d'acheter un homme. « Perds-tu la tête, me dit-il? Un homme, *dans les bonnes années*, ne coûte pas moins de 1.500 francs. Il coûte à présent jusqu'à 1.800 francs (on commençait à parler de guerre). Tu ne me demandes pas, ajouta-t-il en riant de bon cœur, à quoi montent mes

économies ? Ma femme a toujours 60 francs
d'avance dans son boursicaut ; avec cela, nous
sommes riches. Je sais que nous pourrions aussi
compter sur tes ressources ; mais elles varient
entre 80 francs et zéro, suivant le quantième
du mois. Non, non, mon garçon, me dit-il en
reprenant son sérieux, il faut se résigner et
attendre le coup s'il doit venir. »

Je devins député de Paris sur ces entrefaites.
Je n'eus garde d'oublier mes amis de Ménil-
montant qui avaient travaillé pour moi avec
un zèle sans égal. Ma position matérielle était
moins changée qu'on ne pourrait croire. J'avais
très peu de frais d'élection ; j'en avais cependant, et pour les acquitter je serais obligé de
vivre encore quelques mois avec les 80 francs
qui faisaient le fond de ma bourse mensuelle.

Je parlai à quelques collègues, mais ils me
firent la réponse attendue. Ils n'étaient pas
plus riches que moi, et le malheur dont je
parlais était un malheur commun à toutes les
familles. Les mieux disposés me proposaient
20 francs. Jules Favre, quand je lui eus
raconté le courage, les services et la situation
de Lanco, me donna 500 francs ; mais il n'y
avait qu'un Jules Favre dans notre petit monde.
Je résolus coûte que coûte de doubler la somme.
Je ne pouvais aller plus loin sans folie. Je

résolus de parler au comte d'Hanssonville, le père de celui qui est aujourd'hui mon confrère à l'Académie. Je le voyais souvent dans ce temps-là chez lui et chez moi, surtout chez moi. Il était le chef, ou l'un des chefs de l'union entre les anciens partis. C'était un homme riche et généreux. Il m'arrêta au premier mot pour me dire qu'il serait en tiers avec Jules Favre et moi. 1.500 francs! Je pensai avec raison que mes amis étaient sauvés et que nous ne péririons pas en si bon chemin.

On ne savait rien rue des Trois-Marronniers. Je n'avais pas voulu donner des espérances qui avaient tant de chances d'être déçues. J'eus quelque mérite à me taire quand je me vis à la tête de 1.500 francs; mais il en fallait 1.800, au moins, et je résolus de retarder encore ma confidence.

Mes collègues, plus expérimentés que moi en ces matières, me parlèrent des maisons d'assurance. En sacrifiant la somme que j'avais, et en consentant à la perdre, même en cas de bon numéro, j'avais mon affaire faite, et je savais que les donateurs ne s'attendaient pas à revoir leur argent. Je résolus pourtant d'examiner la question sous toutes les faces en bon père de famille.

J'avais eu cette même année à m'occuper

d'un remplaçant pour mon fils aîné. (L'année suivante, pendant la guerre, j'avais sous les drapeaux le remplaçant de mon fils, mon fils lui-même, et mon second fils, qui avait devancé l'appel de sa classe et qui servait dans un régiment de marche.) Mais un de mes amis, oncle du général Tricoche, qui avait été préfet du Morbihan, m'avait procuré *une occasion*, ce qui ne m'avait pas fait faire des économies, mais m'avait évité les ennuis de la recherche, et sauvé des incertitudes du contrat avec les compagnies.

Il y avait beaucoup de marchands d'hommes à Paris et dans les départements. C'était une industrie fort répandue. On y faisait de beaux bénéfices. Cette catégorie de citoyens ne jouissait pas de la considération publique. L'armée, qui la méprisait, la traitait avec hauteur. L'autorité civile la tolérait sans la protéger. Elle aurait dû rappeler la traite des nègres, avec laquelle elle avait plus d'une analogie; mais je ne sais pourquoi elle rappelait à tout le monde la profession matrimoniale. Après tout, la profession matrimoniale, avec laquelle je ne veux pas me brouiller, est une espèce de traite des blanches, avec cette différence à son avantage, que les négociants ne sont pas des pirates comme les négriers.

J'eus bien vite fait connaissance avec les assurances. Il s'agissait d'un contrat défini, sans aléas, avec des conditions précises et formelles. Le marchand d'hommes m'attirait tout particulièrement. Beaucoup de compagnies d'assurances tenaient à la fois l'assurance et la fourniture, comme les restaurants où l'on dîne indifféremment à prix fixe ou à la carte.

Quand on sut que j'allais très probablement devenir un client, on m'accabla de prospectus. En quelques jours ma table en fut couverte. Il y avait des maisons *de gros* fondées en 1802, et avantageusement connues des pères de famille pour la sécurité des relations et l'excellence des produits, et il y avait aussi des propriétaires qui ne faisaient ni affichage ni étalage, qui demeuraient modestement dans la maison paternelle, et faisaient profiter leurs clients des économies qu'ils réalisaient sur les frais de publicité. Je me défiais de ces négociants qui parlaient de me traiter en ami avant de me connaître, et je m'en fus tout droit au plus gros bonnet de la corporation. Il s'appelait, si je ne me trompe, M. Coyne, Nicolas Coyne, et demeurait rue du Cardinal-Lemoine. Quand je dis qu'il y demeurait, je ne parle pas exactement; il y avait ses bureaux; son hôtel particulier était situé dans un quartier plus aristocratique. Si M. Coyne avait vécu de nos jours, et s'il y avait encore des marchands d'hommes, M. Coyne aurait été le Syndic de la Corporation.

Je me rendis à ses magasins le 8 novembre 1869; je trouve cette date précise sur mon agenda. C'était une belle et froide journée d'automne. Je me demandais en cheminant dans le quartier Mouffetard si j'allais trouver une agence, ou une caverne. Dans les bureaux de nourrices, on vous montre les nourrices; mais il n'y a pas à faire les mêmes constatations pour un soldat.

L'extérieur était des plus modestes. Une petite porte à claire-voie donnant sur un couloir obscur, à côté d'une boutique de marchand des quatre saisons. Une enseigne pas plus grande que celle d'une sage-femme de troisième classe : *Agence militaire, au fond de la cour, à gauche.* Si ce sont là les dehors de la grande maison fondée en 1802, quels peuvent être ceux de la maison de confiance et de famille!

La cour où je me trouvais était entourée de bâtiments qui paraissaient occupés par des familles aisées de la classe bourgeoise. Sur une petite porte à gauche était répétée l'indication d'« Agence militaire », qu'on lisait déjà dans la rue. Je tirai un cordon de sonnette, la porte s'ouvrit mécaniquement, et je me trouvai dans une petite pièce, moitié antichambre, moitié bureau, qui était séparée en deux par une cloison, au milieu de laquelle était une porte percée par un judas grand comme la main. Il n'y avait que trois chaises dans la partie de la pièce où je me trouvais. J'en pris une, et je m'assis auprès de cette ouverture, à travers laquelle j'aperçus bientôt deux yeux perçants, armés de lunettes, qui me dévisageaient. « Qui demandez-vous ? — M. Coyne. — M. Honoré ou M. André ? — Le gérant. — Vous avez un rendez-vous ? — Non, je viens pour affaire. — Pour une assurance, ou pour l'achat d'un remplaçant ? — Je me déciderai d'après les renseignements que l'on me donnera. » J'étais agacé, et en même temps amusé de cette comédie où on me faisait jouer un rôle. Pour y mettre fin, je passai une carte à travers le trou. La tête disparut aussitôt comme par enchantement. La porte s'ouvrit, et le commis qui m'avait parlé, s'adressant à un

serviteur invisible, lui dit de conduire « M. le
député » dans le cabinet du directeur. « M. le
député » ne tarda pas à se retrouver en présence du directeur, qui ressemblait à s'y mé-
prendre à quelque chef de division dans un
ministère. Il en était de même de son cabinet,
qui avait toutes les apparences d'un cabinet
officiel de haute volée. Il m'offrit poliment un
siège auprès de la cheminée, en prit un, et
déclara qu'il était entièrement à mes ordres.

Je lui dis brièvement que je m'étais chargé,
par bienveillance, de trouver un remplaçant
pour le fils d'un de mes amis, et que je voulais
d'abord prendre ses conseils, s'il était assez
bon pour me les donner. Il était assez bon ;
même il était flatté, parce que, « un député »
et surtout un député de Paris, « un des cinq
apparemment ? »...

Je lui dis que j'hésitais entre une assurance
et un achat direct. Il me conseilla fortement
de prendre une assurance. « Vous pouvez, dit-
il, supprimer cette affaire en dix minutes, et
sortir d'ici allégé de toute préoccupation à cet
égard. — Allégé aussi de 1.500 francs ! » lui
dis-je. Cette belle plaisanterie eut le don de
l'amuser. Il en rit aux éclats. « Je suis surpris,
lui dis-je, en tirant son prospectus de ma
poche et en le tournant entre mes doigts, du

peu de différence entre le taux de l'assurance et le prix d'un homme. 1.500 francs l'assurance ; 2.000 francs l'homme. Il résulte de ce rapprochement que vous nous faites payer 500 francs seulement la chance de ne rien payer du tout. Vous devez avoir entre les mains les moyens de justifier ces chiffres et d'estimer la valeur des chances que vous nous vendez. — Oh ! me dit-il, le calcul est très long, très difficile. Je vais vous le donner tout imprimé, vous l'étudierez à loisir. Il y a beaucoup d'éléments différentiels. D'abord la loi est votée annuellement ; l'effectif varie d'une année à l'autre. Il y a aussi des différences d'une année à l'autre dans les contingents. Vingt ans après les grandes guerres de l'Empire, les hommes étaient introuvables. Il faut compter avec les épidémies. Avant de former l'effectif, il faut défalquer les exemptés, les dispensés et les ajournés. Vous avez encore les rengagements, dont le chiffre ne peut être connu d'avance. On ne peut même faire des prévisions, comme vous pourriez le croire, parce qu'un vote des Chambres, un bruit de guerre, renversent tous les calculs. « Permettez-moi de dire en passant, me dit-il avec un aimable sourire, qu'un des nombreux services que nous rendons au pays consiste à procurer le rengagement d'un grand

nombre de sous-officiers. La prime que nous
leur donnons quand ils consentent à rester est
une de nos charges les plus lourdes; mais
nous faisons ce sacrifice de bon cœur dans l'intérêt de l'armée, à laquelle il faut de bons
cadres. » Je manifestai, comme il convenait,
mon admiration pour de si nobles sentiments
et lui dis que j'allais réfléchir, examiner,
comme il me le conseillait lui-même. « Ne
tardez pas trop, me dit-il d'un air rêveur, car
il court à présent des bruits de guerre, et il
pourrait se faire que je fusse dans l'obligation
d'augmenter nos tarifs. »

Je m'avisai, avant de le quitter, de lui demander si je ne pourrais pas voir ses assor-
timents. C'est là que je pus me convaincre
que j'avais affaire à forte partie. Il le prit sur
un ton de raillerie, sans pourtant s'écarter en
rien de la plus fine politesse. Il m'expliqua fort
clairement, quoique à mots couverts, que, s'il
avait des secrets, il n'était pas obligé de les
dire au premier venu; que je pouvais être un
ennemi ou un concurrent; que dans tous les
cas j'étais un journaliste, et qu'il ne se souciait
pas de lire sa caricature, quelque amusante
qu'elle pût être pour mes autres lecteurs. Il
m'avait reçu avec les plus grands égards à
cause de mon mérite transcendant; mais il

n'aurait pas levé le petit doigt pour s'assurer ma clientèle. « Nous faisons toutes nos affaires par correspondance, et nous n'avons pas même ici un salon. A plus forte raison, nous n'y avons pas de magasin. » Je me laissai conduire jusqu'à la porte avec la plus grande politesse, et quand j'y fus, je me trouvai fort penaud.

Je n'espérais pas être plus heureux en faisant d'autres visites, car j'avais commencé par la fleur du panier. Je résolus cependant de voir tout au moins M. Le Ménestrel, qui était le concurrent le plus redoutable de la maison Coyne.

Celui-là demeurait hors barrières, sur les berges de la Seine, du côté de Billancourt. Billancourt n'était alors qu'un village de quelques maisons, connu surtout par le restaurant de l'*Adroit Pêcheur*, dont les fritures étaient célèbres. On y dînait pour trente-deux sous, ce qui ne dépassait pas mes moyens. Je pris un camarade avec moi, et nous nous trouvâmes, un samedi soir, attablés avec une trentaine de joyeux compagnons sous un berceau qui devait en été être couvert de feuillage et de fleurs, et que nous préférâmes à la salle empestée où grouillait la foule. Quand on vit que nous demandions deux barbillons et une gibelotte, on avertit le maître de la maison, et il vint lui-même déboucher notre bouteille d'argenteuil première. Deux ans de bouteille, rien que cela ! Aussi ne coûtait-il pas moins de dix-huit sous. Mais quand on est député !

Je profitai de la bonne fortune qui m'amenait le maître de la maison pour prendre des renseignements. Après quelques propos destinés à capter sa confiance : « Monsieur, lui dis-je, vous devez connaître ici M. Le Ménestrel ? » Cette question le fit éclater de rire. « Oh ! oui, dit-il quand il put parler : pour celui-là, je le connais, et depuis cinquante ans encore. Est-ce que vous avez affaire à lui ? » ajonta-t-il en baissant la voix. Je fus assez surpris de cet air de mystère. « Oui, répondis-je sur le même ton, en baissant la tête. — Est-ce pour.. Allons, aidez-moi donc : vous savez bien ce que je veux dire. Est-ce pour cela ? » Au diable ! pensais-je, est-ce que nous allons jouer aux charades. « Monsieur, lui dis-je fermement, je désire voir M. Le Ménestrel pour acheter un homme, si c'est possible. » Il changea aussitôt d'allures. Il posa sur la table la serviette qu'il avait sur le bras et le tire-bouchon qu'il tenait à la main. Il s'assit familièrement à côté de moi, commanda à un de ses garçons d'apporter une bouteille de 54 avec trois verres. « C'est moi Le Ménestrel, dit-il en versant à

boire. Vous voulez un conscrit. Pour qui c'est-
il? » Je lui contai mon histoire. « Je parie
que vous avez vu Coyne? — À quoi voyez-
vous cela? — Vous êtes calé, me répondit-il
en regardant mes bottes pour s'assurer que
j'avais des dessous de pied. Vous aurez été
au grand négociant avant de descendre au
bon vivant qui traite les affaires sans cérémo-
nie. Il vous a demandé 1.800 francs ; eh bien !
moi, le cabaretier, comme il m'appelle, je vous
en livre un, et soigné, pour 1.750 ; et je fais
plus, je vous le montre, tandis que ce monsieur
ne daigne pas regarder lui-même sa marchan-
dise. « Eh ! François, ajouta-t-il, en parlant à
l'homme qui nous servait, arrive ici. Le voilà !
vous pouvez l'avoir quand vous voudrez ; c'est
un solide gaillard qui connaît le métier et qui
ne demande qu'à rentrer au régiment. » Le
garçon me tendit la main, et me la secoua
rudement. Le patron lui servit du trois-six qui
était sur une table à sa portée : « Avale-moi
ça, » lui dit-il. François avala, cligna de l'œil,
claqua de la langue et courut vers les nombreux
clients qui l'appelaient. « Voilà M'sieur ! Voilà,
Mam'selle ! Un peu d'anisette ? du mêle-cass ?
du vapeur ? un calvados ? On trouve de tout à
l'*Adroit Pêcheur*. — Et il est solide ? dis-je
pour continuer la conversation. — Comme un

roc. Le docteur ne le regardera même pas.
D'ailleurs, que vous importe celui-ci ou un
autre ? Je vous dois un homme, vous l'aurez.
— Bon ! Et le cas de désertion ? A ma charge.
Il n'y a pas de danger. Sa femme est servante
chez moi, et vous en-
tendez son père qui
fait de la musique sur
le pont de Grenelle.
C'est un homme de
choix que je vous
donne... »

Je ne fus pas fâché
de me retrouver sur
le chemin de Paris. Je
résolus d'en finir. Je
ne pouvais laisser
Lanco se lamenter,
tandis que j'avais dans
la main le remède à
ses douleurs ; et d'au-
tre part, que m'étais-je
promis à moi-même ? De le tirer du désespoir
en lui procurant la rançon de son fils. Je l'avais,
je n'avais qu'à la lui donner sans plus tarder.
Ce n'était pas un sot ; il en userait à sa guise.
Ni Jules Favre, ni M. d'Haussonville, ni moi,
n'étions gens à reprendre un centime de l'ar-

gent que nous avions donné. Je ne regrettais qu'une chose, c'était de ne pas poursuivre mon enquête. Vous saurez que j'ai toujours été un grand ennemi du remplacement, un partisan déclaré du service personnel obligatoire. Je renonçais avec regret à l'occasion que j'avais sous la main d'étudier les agences militaires. Mais j'avais d'autres devoirs à remplir, d'autres questions à étudier. Je me dis ce soir-là en me couchant que, dans la journée du lendemain, je ferais le bonheur des Lanco, et que je ne reverrais ni les Coyne, ni les Ménestrel. On m'aurait bien étonné alors si l'on m'avait dit ce que deviendraient, l'année suivante, les Coyne, les Ménestrel et Lanco. Mais il faut s'attendre à tout en ce monde. Il y a longtemps que je ne m'étonne de rien.

La pensée du bonheur que j'allais porter à mes amis me tint éveillé une partie de la nuit. Le matin, je réfléchis que je ne pouvais pas prendre toute la joie pour moi seul, et que d'Haussonville et Jules Favre voudraient prendre part à la fête. Je courus chez Jules Favre, qui poussa les hauts cris à l'idée de faire cette excursion, et de là chez d'Haussonville, qui avait des loisirs et de la curiosité, et qui accepta sur-le-champ. Nous entrâmes dans l'atelier comme Mme Lanco, aidée de Louise, commençait à le mettre en ordre avant de servir le déjeuner. Je commençai par quelques lieux communs. Mais aux premiers mots que je prononçai, Louise se retourna, et je la vis trembler en me perçant des yeux. Je pensai qu'elle me devinait, et son émotion augmenta la mienne. Ce fut elle qui éclata la première. Elle prit Mme Lanco par les épaules, et la jeta plutôt qu'elle ne la poussa dans mes bras, en criant, la figure baignée de pleurs : « Ne voyez-vous pas qu'il a la vie de votre fils et la nôtre à tous dans la main ? » L'heure qui suivit est une des heures les plus chères de ma vie.

Nous fîmes des folies pour la noce, comme ne manquent jamais d'en faire les familles les plus économes. Le nouveau ménage n'entraînait pas de nouvelles dépenses, jusqu'à survenance d'enfant. Louise devenait interne, comme disait Lanco, c'est-à-dire qu'elle mangeait avec sa nouvelle famille. Elle garda sa chambre, qui devint la chambre nuptiale. Le produit de son travail faisait plus que compenser ses dépenses. Elle était fleuriste, ce qui est un joli métier, et ouvrière distinguée, presque une artiste. Mme Lanco, se voyant riche, sacrifia toutes ses économies. Il y eut un dîner splendide, à 30 sous par tête, chez le père Lathuille : la famille et les quatre témoins, en tout huit personnes.

Nous nous amusâmes comme des rois; après
quoi, nous rentrâmes chacun chez nous, de
bonne heure, en gens raisonnables. Le lendemain, nous étions tous à notre ouvrage, les
Lanco à leurs souliers, Louise à ses fleurs, et
moi à mon discours contre le remplacement
militaire.

Nous avions alors, dans l'opposition, la
conviction que l'Empereur voulait faire la
guerre, et nous faisions tout au monde pour
l'en empêcher. On a dit que nous avions, dans
ce but, diminué l'effectif de l'armée, et que
nous étions à cause de cela responsables des
malheurs de la France. Nous étions douze, et
nous n'avions aucune influence sur le vote.
Quand une Chambre est divisée en deux parties
à peu près égales, un petit groupe bien uni
peut exercer une grande influence, parce qu'il
donne la majorité au côté où il se porte. Mais
au Corps législatif, où la majorité était com-
pacte, et ressemblait de bien près à l'unanimité,
nous étions tout à fait impuissants. Nous
n'avions d'action que sur l'opinion. L'effectif
fut réduit de dix mille hommes, parce que le
gouvernement proposa cette réduction. Ces
dix mille hommes entrèrent en réalité dans
l'armée, par l'effet des lois votées aussitôt que
la guerre fut déclarée. Nous désirions la dimi-

nution de l'effectif, mais nous demandions le
service personnel obligatoire pour tous les
citoyens. Nous voulions supprimer l'armée
agressive, et rendre l'armée défensive invincible. L'intention était droite, et je persiste à
croire que le plan est réalisable, et que toute
l'Europe en viendra là. Mais vous ne voulez
pas que je vous fasse de la politique. En voilà
déjà beaucoup trop, et vous vous demandez
avec effroi si je ne vais pas transcrire ici mes
discours de 1870. Il y en a un que j'avais
envie de citer pour profiter de l'occasion, et
décidément je n'y résiste pas. Je le copie mot
pour mot dans le *Moniteur :* « Nous avons fait
tout au monde pour empêcher la guerre, et
maintenant qu'elle est déclarée, à notre profond désespoir, nous ferons tout au monde pour
qu'elle soit courte et glorieuse. » Il ne vous
sera pas facile de retrouver ce beau discours,
dans lequel il n'y a pas un mot de trop, et qui
dit tout ce qu'il veut dire. Il est trop court
pour être remarqué, et même pour être trouvé.
Il exprime bien les sentiments qui nous ani-
maient dans cette période douloureuse.

Au commencement de 1870, j'en étais encore
à préparer mon arsenal contre le remplacement
militaire. J'avais visité quelques agences pari-
siennes, mais je n'avais vu là le marchand

d'hommes que dans ses rapports avec les clients ; je désirais le voir dans ses rapports avec les soldats et les remplaçants. Nous avions un congé de quinze jours. J'en profitai pour aller dans mon pays, à Lorient, où je pensais que je pourrais voir les compagnies à l'ouvrage. Je voulus faire à mon tour le grand seigneur, et, ma foi, j'emmenai les nouveaux mariés : ce fut leur voyage de noce. Il ne me coûta pas bien cher, parce que la famille Frébaut nous donna l'hospitalité à Larmor.

Si je n'avais pas été tenté par le désir de respirer l'air natal, je serais allé en Lorraine. C'est un pays militaire, où les rengagements étaient plus nombreux que partout ailleurs. Mais, après tout, il y avait pour le moins trois régiments à Lorient, un dans la ville et deux dans le port ; et mes relations d'amitié et de famille pouvaient me fournir le moyen de voir les choses de près. Le jeune homme lui-même pouvait m'être utile dans mes recherches.

Il y avait dans la ville un agent de la compagnie Coyne. On l'appelait « le Commandant », et il ressemblait assez à un vieux débris de l'armée impériale. Je sus plus tard qu'il avait été maître tailleur dans un régiment. Le Commandant s'était fait quelques amis parmi les vieux officiers besogneux en dépensant de l'argent à propos.

Il avait réussi à se faufiler dans le cercle militaire et à s'y faire peu à peu une position à force d'affabilité et de complaisance. Il faisait ses coups à la sourdine, le plus souvent par des intermédiaires. On soupçonnait sa profession, sans avoir de certitude, et personne ne pouvait dire qu'il l'avait vu embaucher un homme. Il avait deux fins limiers, qu'il rencontrait comme par hasard sur la Bôve et au cours Chazelle, et qu'il dirigeait très habilement en leur jetant quelques mots à la dérobée.

C'est un notaire, mon camarade d'enfance, qui me mit sur leur piste. « Il y a, me dit-il, à Larmor où tu es logé, un cultivateur criblé de dettes dont le fils est au service. Ces deux hommes l'entourent depuis quelque temps, et tu verras que le fils se rengagera. » Cela ne me semblait pas très difficile à prévoir, et je ne voyais pas non plus de grands obstacles à l'exécution. Je m'en fus flâner plus au bord de la mer, comme les bateaux pêcheurs levaient l'ancre. Les pêcheurs m'appelèrent de tous côtés, pour ajouter au bénéfice de la pêche la pièce de monnaie que le bourgeois leur donnerait. Je choisis le bateau de mon homme, et j'eus le temps de causer avec lui en nous ren-

dant à la station de pêche. Puis il me parla le
premier de son fils, et il me dit combien il
serait heureux de le revoir et de passer sa vie
avec lui. « Il en a donc assez de l'état militaire ? demandai-je. — Il en a par-dessus la
tête. Figurez-vous, un marin ! et on l'a mis en
garnison à Laval. Il y serait mort d'ennui sans
la pensée du retour. Il est là-bas, mais il rêve
qu'il est ici. — On dit que les compagnies paient
de fortes primes aux rengagés. Cela doit tenter
ceux dont la famille est dans l'embarras. » Il
garda quelque temps le silence. « Le fils m'a
bien dit quelque chose comme ce que vous dites
là. J'ai été obligé d'engager ma maison après
la mort et la longue maladie de ma femme, et
M. Querrien pourrait me mettre à la porte de
chez moi. — Vous devez une grosse somme ?
— Mille francs. — Juste le prix du rengagement. — Oh ! dit-il, ils promettent mille francs,
mais il est rare qu'on touche plus de huit cents
francs. — Et M. Querrien ne s'en contenterait
pas ? — C'est le plus brave homme de la terre.
Un chrétien, quoi ! Jamais il ne m'arrivera de
mal à cause de lui. Je vais le voir de temps à
autre : « Monsieur Querrien, je ne peux pas
« encore vous payer. — Tant pis, mon garçon.
« Tu me donneras bien un acompte par-dessus
« les intérêts. — Non, Monsieur Querrien. Les

« intérêts, c'est tout ce que je puis. Je ferai
« mieux quand le gars sera revenu. — Allons,
« mon Jean-François, à la volonté de Dieu !
« Bois toujours un verre de cidre. » — Alors
vous n'avez pas d'inquiétudes ? — Des inquiétudes ? Je ne connais pas ça. Attendez seulement que le fils soit revenu. » Allons, me dis-je,
la maison Coyne ne fera pas de recrue de ce
côté-là. Je le dis à mon ami le notaire, qui
me dit seulement : « Je me serai trompé. » A
huit jours de là, une grande affiche s'étalait
sur la porte du pauvre Jean-François annonçant
la mise en vente de sa maison par autorité de
justice. Je pris encore son bateau pour aller
donner un coup de filet. Ce n'était plus le même
homme. « Eh bien ! lui dis-je, M. Querrien a
donc fait le méchant ? — Non, dit-il, ce n'est
pas lui. » Ce n'était pas lui, en effet. Il avait
vendu sa créance, et le pauvre vieux était
poursuivi par le Commandant, qui s'en était
rendu acquéreur. Le fils, en arrivant, libéra le
père. Cette aventure m'ayant mis sur la voie,
je constatai en peu de temps que la maison
d'assurance Coyne et Cⁱᵉ était doublée, au
moins à Lorient, d'un usurier fort actif qui
prêtait de préférence son argent aux familles
qui avaient un fils engagé dans l'armée et sur
le point d'être libéré.

Un de ces pauvres diables parvint un jour à s'introduire au café militaire, pendant que le Commandant y était, sous prétexte de remettre une lettre pressée à un capitaine. Le Commandant avait défendu de recevoir des paquets pour lui, ou de laisser entrer les gens qui le demandaient. Il fut pris au trébuchet cette fois-là, et tous ceux qui étaient dans le café entendirent qu'un débiteur l'implorait et qu'il refusait de se laisser fléchir. C'étaient ses affaires après tout, et personne n'avait le droit d'y trouver à redire. Il crut devoir quelques explications à ceux qui avaient entendu le colloque : « Ces gens-là, dit-il, vous poursuivent de leurs supplications pour avoir votre argent, et une fois que vous leur avez prêté, contre vos habitudes et vos intérêts, uniquement pour leur rendre service, ils vous regardent comme un scélérat si vous tenez à être payé à l'échéance. En voilà un que j'aurais pu exproprier il y a trois mois. Je suis obligé de l'exécuter. Il me dit pour toute raison : « Il faut que je vive ! » C'est aussi ce que je dis. Si je pouvais me passer de mon argent, je lui donnerais du temps de bon cœur. » Il lui prit son fils. L'aventure démasqua un peu le Commandant ; mais la compagnie en fut quitte pour le faire permuter avec son collègue de Brest.

Ces messieurs recouraient aussi à des moyens plus simples, aux anciens procédés des racoleurs. L'un des acolytes du Commandant tenait un café et une auberge dans la rue du Port, qui est le plus beau quartier de la ville. Cette auberge de bas étage y faisait tache. Je ne puis deviner pourquoi il avait choisi cet emplacement. C'était chez lui, jour et nuit, un tapage épouvantable. Des cris, des coups, des blessures, des orgies prolongées comme on n'en voit que dans les ports de mer, quand un grand vaisseau vient d'arriver, après une longue traversée. Il s'y passait des scènes qu'on ne voyait autrefois que dans la rue des Vases, un coin de la ville où ne se hasardaient pas les gens qui avaient quelque souci de la propreté et de la décence.

Je voulus y aller voir. La maison s'annonçait de loin par les chapeaux cirés et les collets bleus qui tourbillonnaient à la porte. On entendait aussi des cris et quelquefois un instrument de musique : biniou, bombarde, orgue de Barbarie, tout leur était bon. Quand on se plaignait aux officiers, ils ne faisaient que rire et hausser les épaules. « Les pauvres gens ! » disaient-ils. Dans la marine, où l'on est d'une sévérité outrée dans le service, on est d'une bonhomie sans égale pour les escapades de ces grands enfants, dont la vie à bord est si rude.

Quand j'arrivai vis-à-vis de la maison, la rue était encombrée plus que jamais, et un éclat de rire formidable faisait trembler les vitres des maisons environnantes. C'était un grand gaillard de premier-maître, saoûl comme trente-six mille hommes, ainsi qu'il le déclarait lui même : « Je suis saoûl comme trente-six mille hommes » qui avait entrepris de donner à boire à tous les passants. Il était auprès de la fenêtre du rez-de-chaussée, ayant à côté de lui un panier rempli de bouteilles de vin, et sur la fenêtre une planche couverte de verres et d'écuelles. Il remplissait les verres d'une main tremblotante, et les tendait aux passants, qu'il arrosait bel et bien, et avec lesquels il échangeait des quolibets. Dans la rue on se battait pour passer et repasser devant la bien heureuse fenêtre. Deux ou trois fois pendant que j'étais là l'ivrogne ne se possédant plus lança le verre au milieu de la foule. Il eut aussi la fantaisie d'y lancer une bouteille; mais cette fois-ci, tout à coup il y eut une figure endommagée. Le blessé se fâcha, quelques-uns prirent son parti, on échangea des coups de poing, et les plus rapprochés de la fenêtre entreprirent de l'escalader. A ce moment périlleux, une apparition se produisit qui apaisa le tumulte comme par enchantement.

Ce n'était rien moins que le propriétaire de la maison. A sa vue, tous les cris cessèrent, toute la foule qui remplissait les salles devint immobile, et les assaillants reculèrent saisis d'épouvante. Il ne dit pas un mot, plaça une chaise contre la fenêtre, s'y assit, tira de sa poche une pipe et une blague à tabac, bourra sa pipe méthodiquement, l'alluma, et fut bientôt entouré d'un épais nuage. On recommença alors à parler, mais presque à voix basse. Même en frappant son verre pour appeler les garçons, on ne faisait pas trop de bruit, on se contenait. Je dis à mon voisin, qui portait le double galon de laine, et paraissait un homme sage et réservé : « Est-ce qu'il les tient toujours ainsi ? — Quand il le veut, me répondit-il, en ôtant poliment de sa bouche la courte pipe ou brûle-gueule qu'il était en train de fumer. Il n'y a pas un d'entre eux qui ne lui doive plus d'argent qu'il n'en peut payer. » Ce fut pour moi un trait de lumière. Ils se vendront pour s'acquitter. Ces deux camarades pressent ces pauvres gens de tous les côtés : celui-là leur prête de l'argent ; celui-ci les pousse à la dépense.

On n'a pas l'idée, « dans les terres », de la prodigalité d'un marin en goguette. J'en ai vu un tirer la montre de son gousset, la faire tournoyer plusieurs fois au bout du ruban qui la soutenait, et la jeter ensuite dans un groupe, qui se mit aussitôt à se battre pour la disputer. L'ivrogne, pendant ce temps-là, riait à se tenir les côtes, et leur criait : Kiss ! Kiss ! comme on dit aux chiens quand ils se battent. Nos Shylock bretons ne demandaient pas plus de huit jours pour vider un homme et l'avoir à leur merci.

On me montra aussi des embaucheurs forains, qui, ma foi, avaient une éloquence à rendre jaloux Mangin, le fameux marchand de crayons.

Leur thème ordinaire était la Grande Armée et la nécessité de déclarer la guerre à l'Angleterre pour se venger des Russes qui avaient incendié Moscou. Ils parlaient aussi, mais avec moins de succès, des héros de la Bidassoa et de la Bérésina. Lorient est en Bretagne, et il a tous les goûts de la Bretagne, excepté en politique.

Mais le congé que nous nous étions donné était expiré. Nous montâmes dans la rotonde de la diligence Laffitte et Caillard, mes deux jeunes amis avec leurs souvenirs, et moi avec mon calepin bourré de notes. Je fus saisi, à mon arrivée à Paris, par les soucis de la situation générale. Le Corps législatif siégeait matin et soir. Je faisais partie de la commission de l'armée, qui siégeait en permanence. A chaque instant nous arrivaient des nouvelles contradictoires. La guerre fut déclarée. On cherchait avec anxiété dans les journaux la trace des alliances qui nous avaient été promises... On fit une première loi pour augmenter l'effectif, une autre pour devancer l'appel, une autre pour retenir les classes qui allaient être libérées. Les réquisitions de vivres et d'effets d'habillements commancèrent, puis la fabrication hâtive de la poudre et des matières explosibles. Au milieu de tout ce bruit, on colportait les propos les plus étranges sur les intrigues de la Cour.

L'Empereur d'un côté, l'Impératrice de l'autre.
On disait que l'Empereur n'avait pas la permission de quitter l'armée, mais on disait
aussi qu'il n'y exerçait pas de commandement.
Il était là comme un officier à la suite. Aucun
des généraux n'inspirait confiance aux soldats,
aucun n'était connu du peuple par des victoires.
En fait de généraux, la Cour s'adressait à
M. Thiers, et regardait comme un bienfait qu'il
voulût bien présider le conseil de défense.

Puis vint l'effondrement, et je me vis, après
une longue résistance, membre du gouvernement et ministre. J'avais eu de loin en loin des
nouvelles de mes amis. Les deux Lanco étaient
enrôlés dans les *Cuirs et Peaux*, association
puissante qui comptait dans ses rangs plusieurs orateurs populaires. Lanco, le père, était
un des plus renommés. Son fils se distinguait
par son activité courageuse. Louise faisait
des linges pour le pansement et de la charpie.
Je faisais dire que je me portais bien. Nous
arrivâmes ainsi jusqu'au siège.

Quand je pus un peu respirer, je résolus d'aller
les voir. Comme je m'y attendais un peu, je
trouvai porte close. Les deux hommes étaient
dans des régiments de marche, et les deux
femmes infirmières à la Pitié.

On ne tarda pas à remarquer le père et le

fils, qui donnaient en toute occasion l'exemple
du sang-froid et de l'intrépidité. Lanco, qui
avait reçu une éducation complète, fut employé
à l'état-major avec le grade d'adjudant ; son
fils fut élu sous-lieutenant. Ils étaient l'un et
l'autre à la bataille de Buzenval. J'y avais tout
mon monde, mes deux fils, mes deux amis, mon
neveu Duplessis, qui fut blessé et fait prison-
nier, et qui mourut de misère au fond de la
Prusse. Lanco, le père, fut grièvement blessé
dans une ambulance. On lui fit l'amputation,
sans parvenir à vaincre le mal. Il gagna la
fièvre d'hôpital, et sa vie ne fut plus à partir de
ce moment qu'une longue agonie. Mme Lanco,
épuisée par la fatigue et le chagrin, mourut la
première.

Nous étions réunis, six mois après le siège,
autour du lit de mort de mon vieux camarade.
Il n'avait qu'un mot à la bouche : « Ne pleurez
pas ! Ne pleurez pas ! » Il les prononçait encore
au dernier moment, d'une voix étouffée. Son
fils avait pris goût à l'état militaire : il était
alors sous-lieutenant dans la ligne. Lanco
voulut être seul avec lui quelques instants.
Quand nous rentrâmes, il eut encore la force
de me prendre la main. « Souviens-toi de moi,
me dit-il, si bas que je pouvais à peine l'entendre en me penchant sur lui. Je te dois tout

le bonheur de ma vieillesse. » Au bout de
quelques instants, le prêtre qui l'assistait,
déposa le crucifix sur sa poitrine, ce qui nous
avertit qu'il était mort.

LE

DISCOURS DE LA MÉTHODE

Le collège de Vannes s'enrichit en 1827 de deux chaires nouvelles. On y créa une chaire de physique et une chaire de mathématiques. Pareil luxe ne s'était pas vu depuis la fermeture du collège en 1793.

Le professeur de physique fut le respectable M. Jean-Marie Tampon. Il était juge de paix à Concarneau, lorsqu'il lui arriva un malheur. Il découvrit une formule ingénieuse qui permettait de pousser beaucoup plus loin la table des logarithmes. Il donna à son invention le nom de table nomarithmique, et se mit aussitôt à faire les calculs nécessaires, avec le concours de ses deux filles, qui passèrent dix heures par jour pendant dix ans à faire des

additions et des multiplications. Quand l'ouvrage fut terminé, il vendit tout ce qu'il possédait et le fit imprimer à ses frais, comptant
sa fortune faite.

Tout le monde fut d'accord pour louer son
courage et sa découverte ; mais il fallait tant
de calculs pour se servir de ses arithmonomes
qu'on aima mieux s'en tenir aux logarithmes.
Il se trouva qu'il était dépouillé de tous ses
biens, et propriétaire de dix mille tables arithmonomiques dont pas une seule ne se vendit.
Pour comble de disgrâce, il avait négligé ses
audiences, et l'administration fut contrainte
de le révoquer.

Il alla conter sa peine à son condisciple,
M. Legrand, recteur de l'Académie de Rennes,
et lui demander une place. « Sais-tu la physique? lui demanda M. Legrand. — Je l'ai toujours particulièrement aimée, répondit Tampon,
et j'ai lu autrefois la moitié du premier volume
de l'abbé Nollet. »

On n'avait pas le moyen, dans ce temps-là,
de se montrer difficile. L'Empire n'avait fait
que des officiers, la Restauration n'avait fait
que des prêtres. Personne n'avait pensé aux
professeurs de physique. M. Tampon fut nommé. C'était une prébende de 1.200 francs.
Il accourut à Vannes rempli de zèle, portant

dans sa valise l'unique volume de l'abbé Nollet qu'il avait en sa possession, et dans une charrette les dix mille exemplaires dont il s'obstinait à espérer le placement.

Le collège de Vannes était un beau bâtiment construit par les Jésuites. Il devait avoir trois ailes. Celle du fond seulement était achevée. Elle se composait d'un rez-de-chaussée et d'un premier étage, où il n'y avait que deux files de classes toutes pareilles, vastes, bien éclairées, pavées de longues dalles de pierre, sans tables ni cheminées. Les élèves étaient adossés des trois côtés à la muraille, écrivant sur leurs genoux, et le professeur était en face, juché dans une espèce de tonneau où l'on accédait par quatre ou cinq marches. Les classes de latin, les seules qu'il y eût sous la Restauration, étaient toutes au rez-de-chaussée. Le premier étage était resté désert. Personne depuis vingt ans n'y était entré, pas même pour remettre un carreau ou donner un coup de balai. On y installa les deux nouveaux professeurs. Il y avait là un cabinet de physique qui remontait au siècle précédent. Les bocaux étaient encore en partie remplis de diverses substances ; mais on ne pouvait plus lire les étiquettes que l'humidité avait effacées. M. Tampon nous occupa à les mélanger au hasard, au

risque de ce qui pourrait arriver. « Nous arriverons peut-être ainsi à quelque grande
découverte, disait-il. On assure que le verre
n'a pas été découvert autrement. »

Le professeur de mathématiques était un
homme tout différent. Il n'avait que vingt et un
ans, quand il devint tout à coup d'élève au
collège de Coutances professeur au collège de
Vannes. C'était le fils d'honnêtes ouvriers, qui
avait montré de bonne heure des dispositions
si heureuses que la ville de Coutances avait
fait les frais de son éducation. Il venait de se
présenter pour l'École polytechnique. Il avait
été classé très haut pour les mathématiques,
mais il avait eu dans les autres parties des
numéros tellement faibles, qu'il avait été impossible de le recevoir : il n'y avait à Coutances ni professeur de physique ni professeur
de dessin. L'Université crut, avec raison, qu'elle
ferait un coup de fortune en l'accaparant, et
elle le nomma professeur de mathématiques
au collège de Vannes.

Il s'appelait M. Mathelin. C'était tout le
contraire de M. Tampon. Il savait parfaitement
la science qu'il était chargé d'enseigner, et il
l'enseignait avec une clarté et une méthode
admirables ; mais ce qu'il ne possédait à aucun
degré, c'était l'art de tenir une classe de

soixante élèves, dont cinquante au moins étaient résolus à ne rien faire. La besogne aurait été difficile pour un vétéran ; la défaite du débutant fut complète et immédiate. On n'eut pas besoin de le tâter. Le tapage fut abominable dès le premier jour.

De son côté, il prit son parti sans hésiter. Les pensums, les retenues se mirent à pleuvoir. Il appela le principal à son aide, et fit tant qu'il parvint rapidement à être obéi et détesté. En revanche, il expliqua à son auditoire qu'il exigeait le silence, mais qu'il renonçait à exiger l'attention. Il ferait la classe pour les huit ou dix premiers, et ne serait pour les autres qu'un maître d'études.

Il serait difficile de dire jusqu'où allait la haine des enfants pour ce maître impérieux et dur. Plus il se montrait indifférent envers eux, plus ils étaient possédés du désir de lui nuire. Tous ses gestes, toutes ses paroles étaient tournés en ridicule. Les habiles avaient trouvé le secret de l'imiter à ravir. Il avait une manière de parler et de gesticuler qui prêtait à la caricature. Un long corps décharné, de longs bras mal attachés, une tête faite à coups de hache, avec de longs favoris rouges, et des yeux à demi fermés, surtout quand il faisait ses démonstrations. Les charges sur M. Ma-

thelin ne tardèrent pas à courir la ville. Le
collège n'était pas à Vannes comme ailleurs
un petit monde fermé, n'intéressant que les
enfants et leurs parents. Toute la ville s'occupait de ce qui s'y passait, connaissait les

manies des professeurs, répétait les saillies
des écoliers. Les élèves de premier ordre,
comme mon ami Allanic, qui vit encore à l'âge
de quatre-vingt-six ans, étaient connus des
avocats, des médecins, de tout ce qui compose le monde savant d'une petite ville. Les

singularités de Mathelin furent la légende du
port et de la *levée* au bout de quelques semaines. Il ne pouvait parler à personne sans
voir sur la figure de son interlocuteur un sourire à moitié contenu. Il s'y joignait une certaine horreur pour ses cruautés. Il avait mis
un élève au Barbin (la prison du collège), ce
qui ne s'était pas vu depuis des années.

Il ne se déconcerta pas. La ville désarma la
première ; le collège à son tour vint à résipis-
cence. On sut qu'il habitait une chambrette,
où il vivait plus que sobrement ; qu'il trouvait
moyen, sur ses maigres appointements, de faire
du bien à sa famille, et qu'il était occupé avec
ses livres et ses papiers quand il n'était pas en
classe. Les forts en mathématiques se mirent
à faire son éloge. Quelques-uns, parmi les
récalcitrants, ayant par hasard écouté une
leçon, furent frappés de la clarté et de l'élégance de cette méthode. Ceux qui s'adressèrent
à lui poliment ne trouvèrent pas le maître dur,
indifférent, impérieux auquel ils s'attendaient.
En un mot, la paix succéda à la crise ; mais
la crise avait été longue, et la paix n'était
qu'une paix armée.

Je fus en 1831 un de ses élèves les plus inca-
pables et les plus respectueux. Je fus surpris
et touché des preuves de bienveillance qu'il

me donna. Il me dit que j'aurais pu réussir en mathématiques si j'avais été attentif dès le commencement. Il me donna de bons conseils sur la vie que je mènerais au collège de Rennes, où j'entrais comme maître d'études. Il m'écrivit un an après pour me féliciter de mon admission à l'École normale. Je sus qu'il avait passé avec éclat l'examen de licence, et qu'on l'avait appelé à une belle position dans un collège royal. Puis les années passèrent, ma vie fut occupée et agitée de diverses façons, et je ne pensai plus qu'à de longs intervalles au maître qui avait été si bon pour moi, et qui faisait de si bonnes leçons dont j'avais si mal profité.

Je le vis tout à coup entrer chez moi à la fin de 1839. Le premier moment fut tout à la surprise et à la joie. Il me sembla que nous avions été toujours amis intimes, ce qui n'était rien moins que la vérité. Je le fis asseoir, non sans peine. J'étais alors suppléant de M. Cousin, qui me donnait pour cela quatre-vingts francs par mois. Je pouvais dire comme le Juif errant, dans la complainte :

> J'ai cinq sous dans ma bourse,
> Voilà tout mon moyen.

Et puisque j'ai occasion de parler de M. Cousin et de ses quatre-vingts francs, je m'arrête

ici pour dire que je ne les lui reproche pas.
Il était capable de générosité, je l'ai vu quelquefois en donner des preuves ; mais il avait
été dans son enfance accoutumé à la pauvreté
et à l'épargne dure. C'était un temps où les
titulaires ne couvraient pas d'or leurs sup-
pléants. M. Tissot, au Collège de France, se
faisait donner douze cents francs par Labitte,
qui avait l'honneur de le suppléer. M. Cousin
m'avait donné une position brillante, où je
pouvais, comme il le disait, gagner mes épe-
rons. Je lui avais une grande reconnaissance
pour cela. Il n'y joignait que mille francs par
an, ce qui m'obligeait à vivre plus pauvrement
que le plus pauvre des étudiants qui suivaient
mon cours. Mais il n'y pensait pas seulement.
Il me disait : « Vous avez le nécessaire : *victum
et vestitum.* » Ce n'était pas tout à fait vrai.
Il disait aux solliciteurs qui le reconduisaient
le soir à la Sorbonne où il demeurait : « Voyez,
au cinquième, cette petite lumière. Simon est
là à travailler toute la nuit. Il ne sait pas s'il
dînera demain. » Je dînai avec lui l'année suivante presque tous les soirs, c'est-à-dire toutes
les fois qu'il ne dînait pas chez ses grands
amis. Nous dînions place de l'Odéon, chez Ris-
becq. Cela nous coûtait dix-sept sous à lui et
vingt sous à moi, qui donnais trois sous pour

le garçon. N'est-il pas étrange qu'on se souvienne de pareilles choses au bout de cinquante-cinq ans? Mais la fidélité de ma mémoire n'étonnerait personne, si j'accompagnais ces détails d'un commentaire psychologique.

Je retourne à M. Mathelin, qui venait d'entrer

dans mon « appartement »; et que j'eus quelque peine à faire asseoir. Je n'avais que deux chaises, en paille l'une et l'autre. J'en occupais une, mon Plotin, de l'édition d'Oxford, que j'avais acheté cent cinquante francs et payé argent comptant, occupait l'autre, de sorte que j'expliquai à mon visiteur que je le recevrais

assis sur mon lit. Mon lit était un matelas sur
un lit de sangle. Je lui expliquai tout cela en
riant, il l'écouta en riant aussi, et me dit, en
riant toujours, que ma misère l'encourageait
à m'avouer qu'il voulait m'inviter à un dîner
somptueux, chez Richard au Palais-Royal,
dîner à quarante sous par tête, et dont je serais
l'unique convive. Il était, me dit-il, depuis
vingt-quatre heures titulaire d'un emploi de
quatre mille francs, mais il ne jouirait de sa
nouvelle richesse qu'à la fin du mois, et sa
magnificence n'était encore pour le moment
qu'une magnificence modérée.

Les dîners à quarante sous au Palais-Royal
étaient alors le rêve des estomacs affamés.
J'acceptai avec empressement, et nous partîmes, bras dessus, bras dessous, pour cet
eldorado.

Il me fit passer de surprise en surprise. Non
seulement il était aimable, mais il était enjoué,
qui l'eût cru? Ce mathématicien ne me parla
que de philosophie. Était-ce par courtoisie?

Je m'aperçus qu'il y avait sérieusement
réfléchi, et mon amitié pour lui s'en accrut.
Il me parla surtout de Descartes. Je voulus
le flatter à mon tour en insistant sur le côté
mathématique du grand écrivain; mais il me
ramena obstinément à la philosophie, comme

un homme qui n'avait pas autre chose en tête.

Je le lui dis, en ajoutant qu'il méditait quelque chef-d'œuvre philosophique et que je le voyais rougir comme un amant timide à qui on parlerait inopinément de sa maîtresse. Il me dit sur-le-champ, et comme de propos délibéré, qu'il était en effet amoureux, et sur le point de se marier; que c'était la seconde confidence qu'il avait à me faire. Il se mit alors à bavarder sur les perfections de sa bien-aimée, et sur les péripéties de sa passion, en homme qui s'épanche sur un sujet d'ailleurs très agréable, pour éviter de trop s'expliquer sur un autre. « Et quand viendra cet heureux jour? demandai-je après qu'il eut bien péroré. Est-il retardé jusqu'à la publication du chef-d'œuvre? » Il rit aux éclats, comme il le faisait toujours quand je prononçais ce mot. « Mon Dieu, oui, dit-il, j'ai eu de la peine à l'y faire consentir; mais comme le « chef-d'œuvre » est presque fini, et que je ne pourrais plus m'en occuper si je me mariais à présent, elle a compris… que l'intérêt du chef-d'œuvre et celui de l'amour exigeaient un ajournement. — Mais ce détail me met sur la voie, ajoutai-je; et j'ai à Lorient un certain camarade, M. Castagner, qui m'a fait pressentir le prochain mariage de sa sœur, sans me dire le nom de

son fiancé, et qui, pressé par moi dans ma
dernière lettre de me mettre au courant de
tout, vient de me répondre pas plus tard
qu'hier, sur un ton de désappointement et de
mauvaise humeur, que tout était ajourné. »
J'avoue que je fis cette déclaration en trem-
blant. Voici un homme, me disais-je, qui est
en train de sacrifier son amour à son amour-
propre. Il blesse sa fiancée, qui s'en souviendra
toujours, et qui peut-être même ira jusqu'à
une rupture, et cela pour achever un livre dont
la valeur est au moins problématique, et ne
pourra être appréciée que dans longtemps. Je
me sentais entraîné à partager les sentiments
de mon ami Castagner, qui n'était pas un de
mes amis, mais mon meilleur ami, s'il vous
plaît, et presque mon frère. J'aimais aussi sa
sœur, qui était bien la plus charmante fille
qu'on pût voir, belle comme le jour, gracieuse
dans tous ses mouvements, simple et douce
comme la fleur des champs, qu'on ne pouvait
voir sans l'aimer, ni connaître sans l'adorer.
Je commençais à jeter des regards farouches
sur mon ami Mathelin, qui sembla interdit
pendant quelque temps. Mais sa bonne humeur
ne tarda pas à lui revenir. « Nous sommes
d'accord elle et moi sur tous les points, me
dit-il, et nous avons fini par ramener Édouard,

qui avait commencé par me chanter pouilles.
Nous sommes en décembre, j'aurai complètement fini en février. Je vous arriverai en
carnaval... — Avec le chef-d'œuvre?... —
Avec le chef-d'œuvre. Vous me direz si je dois
le publier ou le jeter au feu... » Et comme je
l'interrompais, « Oh! me dit-il, j'aurai du courage. — Et une consolation, ajoutai-je. — Sans
doute, répondit-il, mais ce serait dur d'avoir
travaillé pour rien. Enfin, je dirai, s'il le faut,
adieu à ce manuscrit que j'ai tant aimé, où
j'ai mis toute ma vie pendant plus d'une année.
Oui, dit-il, j'ai du courage, beaucoup de courage et au besoin je le prouverai. » Je savais
qu'il disait la vérité. Je lui serrai la main.
« De toutes façons, me dit-il, vous viendrez à
Lorient aux vacances de Pâques pour être mon
garçon d'honneur. Pacte conclu? — Pacte
conclu. »

Il revint, comme il l'avait dit, en février. Je
fus le chercher à la diligence Laffite et Caillard.
Mon premier mot fut celui-ci : « Est-il fini? —
Fini, » répondit-il laconiquement. Nous arpen-
tâmes la route de la rue Saint-Honoré à la rue
Voltaire, près de l'Odéon, où je lui avais retenu un
logement. A peine eut-il déposé son sac sur la
commode, que je tirai mon couteau pour couper
la corde. « Que faites-vous? dit-il. — Je

cherche le manuscrit, » répondis-je. Car je n'eus pas le cœur, en voyant son anxiété, de répéter la plaisanterie du chef-d'œuvre. « Demain, dit-il, avec un sourire triste qu'il s'efforçait de rendre gai. J'ai besoin de me préparer. » Ce grand garçon, avec ses favoris rouges et sa tête fabriquée à l'emporte-pièce, était une sensitive. Je m'espaçai sur Clara, ce qui lui rendit son entrain et sa bonne humeur. Nous passâmes la soirée gaiement, et prîmes rendez-vous pour le lendemain à huit heures, « car si je suis malheureux, ajouta-t-il, je prendrai la diligence à onze heures. J'ai retenu ma place au risque de perdre mes arrhes. Vous me laisserez partir, et même sortir de chez vous sans m'accompagner. J'ai besoin d'être seul dans les grandes crises. » Il exigea ma parole d'honneur, que je lui donnai. Drôle de garçon ! Je suis sûr qu'il ne dormit pas de toute la nuit.

Je ne dormis pas davantage. Je n'avais aucune espérance. J'avais la tête pleine de jeunes auteurs qui avaient trouvé un nouveau système, et qui au fond n'avaient rien trouvé du tout. « Encore, s'il avait fait un poème, me disais-je, ou un roman ! Mais c'est de la philosophie à n'en pas douter. »

Il était chez moi à huit heures précises,

assis sur une de mes deux chaises, comme s'il avait été là pour être torturé, martelé, tiré à quatre chevaux, et tenant en main le chef-d'œuvre. J'avais toujours cru à un gros volume; ce n'était qu'un cahier de dimensions modestes, moins de cent pages d'impression. Il le tenait avec respect, le tournait et le retournait, en lui jetant des regards d'amour. « Qu'est-ce ? demandais-je. — Une traduction. » Je fus un peu ébahi. Une traduction ! On ne se passionne pas à ce point pour une traduction. Je ne pus articuler un seul mot. Il comprit mon silence. « Ce n'est qu'une traduction, me dit-il; mais c'est la traduction du chef-d'œuvre. » Je continuais à me taire, ne sachant que dire. Il se taisait aussi, ne sachant par où commencer. Enfin, après un intervalle qui fut assez long : « J'avais remarqué, dit-il, qu'on n'avait qu'une traduction inexacte et détestable, au point de vue du style, du *Discours de la Méthode*. — Bon, bon ! me dis-je avec un soupir de soulagement. Il a refait la traduction de De Luynes. Il sera facile de lui faire entendre raison sur la futilité de son travail. Je m'y prendrai à plusieurs fois pour ménager son amour-propre. » Mais pendant que je raisonnais ainsi, sa langue s'était déliée après le premier aveu, il parlait avec volubilité, et je

finis par comprendre qu'il n'avait pas traduit
l'œuvre de Descartes en latin, mais le latin de
De Luynes en français. La traduction déplorable, inexacte, mal écrite, dont il m'avait
parlé au début de la conversation, c'était le
texte immortel de Descartes, maintenant considéré comme un des chefs-d'œuvre de la
langue en même temps que comme un des
grands événements philosophiques du monde.
Le doute même n'était plus possible. Il avait
mis de force son manuscrit dans mes mains.
J'en avais vu le titre écrit de sa plus belle
bâtarde : *De la Méthode*. Mon cher ami, mon
cher maître, avait commis la plus énorme
bévue, et j'avais la cruelle mission de le lui
apprendre.

« Je ne vous demande pas votre opinion
immédiatement, dit-il, ni que vous lisiez mon
travail en ma présence. Je reviendrai dans une
heure. » Il se levait. Je le retins.

Quoique je n'eusse plus de doute, je commençai par un interrogatoire. « Ainsi, lui
dis-je, le manuscrit que je tiens là est une
traduction du *Discours de la Méthode ?* — Oui,
dit-il. — Une traduction en français ? — Sans
doute. — Faite sur le texte latin ? — Sur le
texte latin. — Mais, malheureux, m'écriai-je
avec une émotion dans laquelle il entrait

presque autant d'indignation que de pitié, c'est
le texte immortel de Descartes que vous avez
refait et sans doute défiguré ! »

Il m'arracha le cahier des mains avec violence. « Je ne vous comprends pas, » me dit-il.
Je m'expliquai, et je le fis cette fois avec toute
la douceur que je pus y mettre. J'essayais de
lui raconter le cas d'un professeur célèbre qui
avait cru longtemps que le *Discours de la
Méthode* avait été écrit en latin par Descartes
et qui le croyait encore le jour où il fit sa première leçon à l'École normale. Je ne sais si le
pauvre Mathélin me comprit ou même s'il m'entendit, car il se leva pendant que je parlais et
descendit l'escalier d'un air navré.

Je n'essayai pas de le suivre, fidèle à la
parole que j'avais donnée ; je me demandais ce
que j'aurais pu dire ou faire pour le consoler ;
il valait mieux de toutes façons le livrer à
lui-même. Il partit, comme il l'avait dit, par la
voiture de onze heures, et, huit jours après,
je reçus de lui une lettre impatiemment
attendue.

Elle commençait ainsi : « Grâce à Dieu, je
lui ai tout raconté. Elle a été plus parfaite
que je n'aurais pu l'imaginer. Je suis délivré
de mon plus grand fardeau. Pendant toute la
route, je m'étais demandé ce qu'elle allait

croire de moi, je m'étais livré aux pensées les
plus folles. J'ai trouvé une amie éclairée, qui
excuse mon erreur, qui comprend la cause et
l'étendue de mon chagrin, mais dont la con-

fiance en ce qu'elle veut bien appeler mon
talent n'est pas seulement entamée. Je l'ai
bien regardée pendant qu'elle me parlait, et
je suis sûr qu'elle ne déguisait pas sa pensée
dans la charitable espérance de soutenir ma

faiblesse. Elle est, comme auparavant, remplie de courage, et je sens qu'elle réussira à m'en donner. Elle a été d'avis de garder un silence absolu sur mon aventure. J'avais rendu la tâche facile par mon extrême réserve. Nous disons seulement que mes projets sont ajournés, et que nous allons commencer par nous marier. » Il m'écrivit encore deux jours après : « Je la vois deux fois par jour et, pour dire la vérité, je ne la quitte plus. Nous faisons toutes sortes de projets où il n'y a pas la plus petite place pour la philosophie. Le mariage est fixé au 7 avril. Vous arriverez le 5. M. Castagner a tenu à vous loger, etc., etc. »

De mon côté, je m'attachais à rendre mes réponses réconfortantes. Pour moi, toute l'historiette se réduisait à une bévue littéraire et à une année perdue; c'était bien plus grave pour lui, qui prenait au grand sérieux tous les événements de la vie. Mais je pensais qu'avec le temps, il en viendrait à considérer les choses sous leur véritable point de vue. Et, après tout, qui n'a pas au moins une bévue littéraire à se reprocher? Il ne faudrait jamais écrire. Je ne connais pas d'autre moyen d'être irréprochable. Il n'avait pas même perdu son année. Son travail ne semblait improductif que quand il comparait la réalité à ses espérances déçues;

mais cette année passée en tête-à-tête avec Descartes avait fortifié sa raison, et fourni de nouveaux sujets à ses recherches. Il ne s'agissait plus que de trouver un dérivatif. Je consultai mes amis savants : Joseph Bertrand, qui commençait alors sa belle carrière, Liouville, Ampère que je connaissais par l'École normale, François Arago, que je connaissais par la politique. Je lui envoyai les sujets des concours pour l'Académie des sciences. Je leur disais que j'avais un ami atteint d'une maladie morale et qu'en qualité de médecin de l'âme, j'avais besoin de le lancer sur un problème important et difficile. Je crois bien que son meilleur médecin fut Clara Castagner.

La noce fut charmante; c'est une des heureuses réunions de ma vie. Je fus garçon d'honneur comme Mathelin me l'avait dit, et je reçus, en cette qualité, un cadeau. Devinez lequel ? Ils me donnèrent un exemplaire de la traduction latine du *Discours de la Méthode*, sur lequel Mathelin avait pâli pendant plus d'une année. Il le respectait trop pour y inscrire des notes marginales, mais on voyait que le livre avait été lu, relu, et relu encore ; on eût dit qu'il avait passé entre les mains de toute une génération. Je le garde précieusement comme une relique.

Quant à mon ami, il a été heureux de toutes façons. Sa femme n'a presque pas changé de figure, et elle a gardé son caractère angélique; ses enfants sont charmants; il s'est fait un nom dans la science; Descartes a son casier dans sa bibliothèque. Mathelin s'est procuré toutes les éditions originales, les grandes éditions successivement publiées, les ouvrages sur Descartes, à commencer par le beau travail de notre ami Francisque Bouiller. Il n'y a point dans cette collection de tirage à part de la traduction de De Luynes. J'ai parlé d'y mettre mon précieux volume pour combler cette lacune, mais j'ai été repoussé avec perte, et on m'a appris que j'étais désigné d'avance pour être l'héritier de la collection. Cette dignité d'héritier présomptif à laquelle je me trouve ainsi élevé me ravit. C'est un bel ornement pour mes quatre-vingts printemps.

ADIEUX

Les pages que vous allez lire ne renferment
ni un portrait, ni une histoire; ce n'est qu'une
simple leçon de morale. Je ne vous dirai donc
pas le nom de mon héros, et quoique je sois
plein d'amitié et de respect pour lui, j'entrerai
dans des détails tellement intimes, qu'une trop
grande publicité me gênerait. Les romanciers,
qui deviennent de plus en plus des psychologues
et des moralistes (ils nous font souvent de la
morale à rebours), ne parlent guère, dans leurs
fictions, que des jeunes amoureux et des jeunes
ambitieux. Vous ne trouverez ici ni la jeunesse,
ni l'amour, ni l'ambition; je veux vous parler
des tristes jours qui terminent une longue vie,
et vous en montrer l'amertume. Le monde
pourrait quelque chose pour adoucir ce malheur;
il s'en trouverait bien pour lui-même. C'est ce

que je voudrais démontrer. Je ne demande pas à notre société affairée et batailleuse de se mettre sous la tutelle des vieillards. Comment le pourrais-je, moi, fidèle disciple du progrès, qui ai toujours prétendu que l'âge d'or est devant nous? Mais on peut les écouter sans leur obéir, profiter de leurs leçons sans s'y asservir, puiser dans leur histoire des exemples et de la force, respecter en eux la gloire de notre pays, et les conduire jusqu'à la porte de la maison en les entourant d'hommages comme des hôtes honorés et regrettés. Ce n'est pas ce que fait la *bataille pour la vie*. Dès que la décadence apparaît, elle l'étale, elle l'agrandit, elle en triomphe. Elle montre sans scrupule qu'elle aspire à occuper des situations qui lui ont été trop longtemps fermées. Elle avoue cyniquement qu'elle est sans pitié ; je voudrais lui montrer doucement qu'elle est sans pudeur et sans clairvoyance.

De mon temps, nous étions fidèles à nos admirations. J'ai vu Chateaubriand, je n'ai fait que le voir ; mais j'ai connu dans l'intimité Lamartine, Victor Hugo, Guizot, Berryer, Cousin, Thiers. Quand je suis arrivé à Paris du fond de ma province, ils étaient dans toute leur gloire. Cette gloire les a accompagnés jusqu'au tombeau, et pour nous qui sommes des vieillards à notre tour, elle subsiste encore

dans tout son rayonnement comme il y a un
demi-siècle. Si le génie de Lamartine était con-
testé devant moi, j'en éprouverais une douleur
profonde. Cette longue, cette éternelle persé-
vérance n'est plus dans les habitudes de nos
jeunes contemporains. Je leur en fais un reproche. Ce n'est pas ma cause que je défends, je
ne parle que des vieillesses glorieuses, et je
demande qu'elle ne soient pas découronnées.

Maintenant, je vais vous conduire dans une
vieille maison de la rue Saint-Honoré. C'est
un hôtel du XVIIe siècle, avec un corps de
logis sur la rue, et un autre au fond d'une cour
d'étendue médiocre. C'est à cet arrière-corps
de logis que nous avons affaire. Des degrés en
pierre de taille conduisent à une porte vitrée
qui s'ouvre sur un vestibule vaste et bien
éclairé. A droite un bel escalier, orné d'une
rampe en fer forgé; à gauche une large et haute
porte sur laquelle est inscrit, dans un cartouche
de cuivre, l'illustre nom que vous êtes libre de
deviner, et que je n'ai pas l'intention de vous
dire. Nous sommes au mois de janvier 1838;
j'arrive de Caen pour être professeur de philosophie à Versailles; M. Demolombe m'a donné
une lettre que je viens porter dans cette
maison, et comme il s'agit d'un homme que je

regarde comme un très grand homme, je suis
fort ému en tirant la sonnette.

Sonnette, si vous voulez. Elle rend un bruit
formidable, c'est une cloche. Je m'attends à
voir un suisse, un chasseur, tout au moins un
valet galonné. C'est une vieille bonne qui ouvre
la porte. « Entrez ! » Je fais un pas. C'est un
salon ; il n'y a pas d'antichambre. Le salon est
grand et beau, avec trois immenses fenêtres,
une hauteur d'étage de plus de cinq mètres ; des
murs boisés peints en blanc, quelques grandes
glaces, incrustées dans les murailles, un vieux
lustre pendu au plafond, et, circonstance
étrange, pas de meubles. Quatre chaises seulement, qui semblent perdues dans cette immen-
sité, et un banc couvert d'une housse. Je
donne mon nom, et la servante, après m'avoir
annoncé, m'introduit dans le cabinet ; un cabinet
encombré de livres, avec un immense bureau
tout couvert de papiers. Ici, il y a quelques
meubles ; ils sont usés, fatigués, plus que
modestes ; c'est le mobilier d'un vieil avocat
étranger au luxe et au confortable. On ne se
dirait pas chez un ancien ministre de la justice.

Mais si l'aspect des lieux et toutes les apparences me déroutent, je suis ravi de l'homme
qui me reçoit. Je crois lire dans ses traits le
génie et la bonté. Son accueil, que je dois à la

lettre de M. Demolombe, est affable et bienveillant. Ce n'est pas une visite qu'il reçoit,
c'est une liaison qui commence. J'en suis glo-
rieux et attendri à la fois. Je ne sais pas si
c'est mon émotion qui lui plaît; mais il me
presse de revenir souvent. Je me promets de
ne pas abuser de sa bonté, et je le quitte dès
ce premier jour avec les sentiments de dévouement et de vénération que je lui garde encore
aujourd'hui.

Pendant toute une semaine, je ne parlai que
de cette visite à mes collègues de Versailles.
Je ne trouvai pas en eux l'admiration que
j'attendais. Quelques-uns ne savaient même
pas son histoire. C'est bien la peine d'avoir fait
de si profondes réformes dans l'administration
de la justice, d'avoir écrit tant de beaux livres,
et d'avoir été, pendant plusieurs années, le
grand orateur à côté de Berryer, le grand
penseur à côté de Royer-Collard, le grand
patriote à côté du général Foy! Je revins à
Paris le samedi soir et je passai la journée du
dimanche avec Cousin; là, je trouvai une
ample sympathie. Cousin le connaissait, l'aimait, l'admirait, lui rendait pleinement justice.
« C'est un homme, me dit-il. Il n'a d'autre
défaut que de s'abandonner un peu. Il ne sait
pas, me dit-il en riant, se mettre en valeur. »

De mon côté, je lui reprochais, sans oser le dire à Cousin, d'avoir accepté la pairie. Pourquoi avait-il quitté le véritable champ de bataille de l'opposition libérale! Son talent devenait inutile dans cette chambre haute. Il le sentait tout le premier, puisqu'il ne parlait plus. Était-ce une abdication?

Je ne manquai pas d'aller le voir et d'y retourner assez souvent, puisqu'il me souffrait. Il s'intéressait à mes travaux, dont je lui dis la nature, et même à mes affaires, ce qui me rendait confus. Je devins très rapidement un habitué de la maison, et je pus me convaincre que l'extrême modestie de son intérieur tenait à l'extrême modicité de ses ressources. Il était pauvre! Je ne l'en estimai que plus; mais il me sembla que cette pauvreté dépassait les limites du vraisemblable. Dans ce temps-là, sous le règne de Louis-Philippe, on s'occupait de la situation d'un ancien ministre, surtout quand il avait autant d'éclat que celui-ci. Lorsque Cousin sortit du ministère, où il n'était resté que huit mois, le roi lui-même prit la peine de le recommander à M. de Rothschild. Le célèbre banquier se rendit chez le grand philosophe, et lui proposa une place d'administrateur, qui n'aurait été sans doute qu'une sinécure. Cousin refusa. Je donne en passant ce détail, qui est peu connu. Mon ami, s'il m'est permis d'employer ce mot, n'était pas un philosophe aussi grand que Cousin, mais il était un plus grand homme d'État, et un écrivain de même valeur. Il n'eut pas la peine de refuser, car on ne lui proposa rien. Tous ses collègues dans le ministère, qui pendant son règne, se regardaient plutôt comme ses disciples que comme ses égaux, avaient reçus de gros emplois, ce qui ne scandalisait personne ; pour lui, on le laissa à l'écart, malgré son évidente pauvreté. Ce titre même de pair de France ne servit qu'à augmenter la difficulté de sa situation.

Je ne saurais dire combien m'affligea la connaissance que j'acquis à la longue de la gêne où on vivait dans cette maison, et des privations qu'on s'imposait. Ils n'étaient que trois dans ces immenses pièces toutes démeublées : le maître, sa femme, un modèle de dévouement et de tendresse, un esprit élevé et délicat, qui avait tenu autrefois un des salons les plus recherchés de Paris, et qui maintenant supportait la pauvreté avec une dignité suprême ; et enfin, la vieille petite bonne, qui avait acquis par ses longs et fidèles services le droit d'être cité comme un membre de la famille. La maison malgré cela était loin d'être déserte. Le soir, on recevait quelques membres de la Chambre des pairs et des membres de l'Institut ; le matin, affluaient les solliciteurs.

Oui, les solliciteurs, quoiqu'il n'eût à leur donner ni son argent ni son crédit. Il leur donnait des conseils qui étaient d'un grand prix, et son temps. Je l'ai vu entreprendre campagne pour des gens qu'il ne connaissait que par leur malheur. Rien ne le rebutait, rien ne le fatiguait. Je dis qu'il n'avait pas de crédit ; mais il avait l'autorité de sa parole, l'insistance de ses démarches, la grande renommée d'honneur et de probité qui le suivait partout. On ne se souvenait plus des détails de sa vie, des grands services, des actes de courage, des succès éclatants qui l'avaient remplie. Mais il restait de tout cela comme une trace à demi effacée et cependant puissante.

J'avais souvent l'occasion de parler de lui avec des membres de la Chambre des pairs. Comment j'avais de si hautes accointances, cela vaut peut-être la peine d'être dit, car je n'étais qu'un fort petit prestolet. J'avais quitté Versailles pour Paris, depuis plus de deux ans, et j'étais suppléant de M. Cousin à la Sorbonne. Je cumulais avec cette place celle de maître de conférences à l'École normale. J'étais un garçon fort occupé, et n'ayant pas toujours le temps de

flâner à pied, il m'arrivait souvent de prendre
l'omnibus de l'Odéon pour aller dîner rue de
Valois, dans un petit restaurant où j'avais mes
habitudes. Je prenais l'omnibus à six heures;
la Chambre des pairs finissait ses séances à ce
moment-là, et les nobles pairs formaient presque
seuls toute la carrossée. A force de se voir, on
finit par s'adresser la parole. Comment dirai-je?
Je passais au conducteur les six sous de M. le
marquis, il lui passait les miens. Cette pairie-là
ne ressemblait pas à celle qui a rempli l'âme de
Saint-Simon. On faisait la conversation, dans
ces voitures où tout le monde se connaissait par
son nom; on me laissa d'abord à l'écart, comme
un intrus; puis on s'accoutuma à ma présence;
deux ou trois mots firent penser que j'étais tout
au moins un professeur; et puis on finit par
savoir mon nom, qui commençait à percer, de
sorte que je devins, au bout de quelques
semaines, une manière de favori. On parlait
devant moi, et à moi, des choses et des personnes; on parlait de mon grand ami très
souvent. Les pairs étaient moins oublieux que
le gros public; ils l'étaient cependant; ils se
rappelaient en quelque sorte la matérialité des
faits sans se rappeler l'émotion qu'ils en avaient
autrefois ressentie. L'admiration avait disparu,
depuis qu'il ne prenait plus la peine de la pro-

voquer et de la renouveler. L'estime et la
considération surnageaient. Ils croyaient que
le silence qu'il gardait était regrettable ; ils se
l'expliquaient difficilement. Il était vieux, mais
la tribune du Luxembourg connaissait les vieux
orateurs. Il aurait même pu rendre d'utiles services dans un cabinet. Pourquoi se tenait-il
volontairement à l'écart ? Je conclus de tout
cela qu'il avait une grande réputation de capa-
cité et de générosité chevaleresque. On ne lui
rendait pas pleine justice, on le jugeait sur ce
qu'il était, en oubliant tout ce qu'il avait été,
et malgré cela, il ne tenait qu'à lui, par un
léger effort, de se remettre en pleine lumière.
Je sentais cela, je le voyais ; et quand j'en eus
la certitude, je compris qu'il était de mon devoir
de le lui dire.

J'en avais le droit. Ce vieillard, qui survivait
à tous les amis qu'il s'était faits parmi ses
contemporains, qui trouvait autour de lui du
respect et de la bienveillance, mais qui avait
besoin d'intimité et de cordialité, éprouvait pour
moi un sentiment paternel. Je crois que la
grande disproportion de nos âges lui était une
raison particulière de m'aimer. Nous n'étions
ni du même siècle, ni du même monde. Si
j'ajoute que nous étions du même ciel, le mot
paraîtra prétentieux ; il exprime pourtant très

clairement ma pensée. Dans ce monde au-dessus
du monde, il était aussi jeune que moi. Je
pensais que je pourrais lui redonner du courage
et le déterminer à faire quelque grande œuvre,
qui serait comme son testament. Je lui citais
Anquetil, qui commença sa volumineuse histoire à quatre-vingts ans, et mourut trois ans
après l'avoir commencée et huit jours après
l'avoir finie. Les exemples ne me manquaient
pas d'hommes célèbres qui ont écrit leurs
mémoires, quand leur main ne pouvait plus
tenir la plume. Ce n'étaient que des escar-
mouches, en attendant la grande campagne
que je voulais entreprendre pour vaincre son
découragement ou sa paresse. Il ne faisait
qu'en rire. « Est-ce que vous me trouvez dé-
sœuvré? » me disait-il dans ces occasions en
souriant. Il ne l'était pas. Il était toujours en
course pour ses protégés. Il écrivait des articles
pour les journaux qui daignent encore écrire et
penser, et ne sont pas entièrement envahis par
« l'information ». Je lui disais qu'il se dépensait
en menue monnaie; qu'il faisait des causeries et
des articles; que ses amis lui demandaient des
discours et un livre.

Quand je voulus pousser la chose à fond avec
lui, je m'aperçus que son ennemi était en
lui-même. C'est alors, seulement alors, que je

compris combien la vieillesse est une triste
chose. Il n'avait pas perdu un seul de ses
articles de foi ; il était fervent, comme un jeune
homme, pour toutes les idées qui l'avaient fait
vivre ; il comprenait plus que jamais le bonheur
d'agir, la nécessité de l'action. Il était tout
vibrant d'enthousiasme quand nous lisions
ensemble le douzième livre de la *Métaphysique*
d'Aristote : « Veiller, sentir, penser ; nous ne
possédons cette joie que par éclairs ; celui qui
est le souverain bien et la fin dernière la possède sans limite, et en permanence. Et c'est là
Dieu ! » Plein de foi dans les idées générales,
et même dans les hommes, qu'il aurait eu le
droit de juger sévèrement, il était sceptique,
hésitant, découragé dès qu'il agissait de lui-
même. Ce souvenir ne me donne pas envie de
plaisanter ; et pourtant je ne puis m'empêcher
de dire qu'il jouait sans cesse la scène de l'archevêque de Grenade, avec cette différence
que c'était lui qui se jouait à lui-même le rôle
de Gil Blas : « Monseigneur, vous n'avez plus
ni vivacité, ni force. Votre jugement commence
à baisser. Votre mémoire est éteinte. » Et
quand il m'avait répété ces belles maximes,
avec une tristesse qu'il ne parvenait pas à
cacher malgré ses efforts, il appuyait son bras
sous mon bras, parvenait à sourire, et me

disait le mot des trappistes : « Frère, il faut mourir. »

Quelle différence avec Cousin ! Cousin était plus jeune que lui ; il entrait pourtant, à cette date, dans la vieillesse. Il était plein de projets et d'enthousiasme. Il avait passé sa vie à faire des leçons et des *Fragments* plutôt que des livres ; mais avec la lucidité ordinaire de son esprit, il comprenait en avançant qu'il fallait laisser des livres. « Le livre dure, disait-il. Le reste pénètre, agit, laisse son aiguillon, et disparaît. » Il avait longtemps tremblé pendant qu'il faisait la traduction de Platon ; il avait alors une santé débile ; il s'était transformé depuis, il comptait sur l'avenir, et les longues tâches ne l'effrayaient plus. Il se sentait tellement maître de lui qu'il entrait dans la vieillesse sans en avoir conscience ; et si l'idée d'une grande et longue conception philosophique lui était venue, il l'aurait entreprise sans penser seulement à son âge. Mais il en était tout autrement rue Saint-Honoré. « Moi ? un livre ! J'ai été couronné à la Sorbonne en 1789, à l'une des dernières distributions du concours général, par le dernier recteur de l'université, celui qui fut quelque temps après évêque constitutionnel du Gard et qui mourut chef de bureau au ministère de l'Intérieur. »

Il cherchait des digressions pour éviter de s'expliquer à fond. « Mais, lui disais-je, la meilleure cuirasse contre la mort, c'est une grande œuvre dans laquelle on est engagé. » Il riait encore. « Vous me répétez les leçons de votre Michelet. » C'était un propos habituel de Michelet, qu'on ne meurt que si on le veut bien.

Un jour que j'insistais de nouveau, il me dit, en baissant la voix : « J'ai essayé. » Je sentis tout de suite au ton dont il parlait qu'il allait faire une confidence douloureuse, et qu'il avait longtemps hésité à parler. Il me sembla à partir de ce moment que j'assistais à une agonie, et je fus forcé de m'essuyer les yeux à plusieurs reprises pendant qu'il me parlait.

Il avait essayé ! Il s'était d'abord rappelé tous les beaux lieux communs que nous répétons en philosophie depuis Socrate et, je pense, depuis Pythagore et son institut, sur la toute-puissance de la volonté. Il sentait en lui une force qui lui semblait invincible. Il voulait faire une œuvre analogue à celle de Descartes dans un but différent ; non pas pour asseoir le principe de la connaissance, sur la solidité duquel il n'éprouvait aucun scrupule ; mais pour se débarrasser de la foule de préjugés et de chimères que l'éducation, l'étude, le com-

merce du monde accumulent dans notre esprit.
« Je voulais avoir le courage de leur dire la
vérité en face, et de me la dire à moi-même.
Je me sentais capable de braver tous les anathèmes, et, ce qui me semblait plus dur, de
rompre avec des traditions qui m'étaient chères.
Je m'occupai d'abord de tracer un plan, qui me
parut, quand j'y eus mis la dernière main,
complet et bien ordonné. Il avait pour moi le
grand avantage de pouvoir être développé ou
resserré, suivant ce que le temps ordonnerait.
Je le resserrerais si je voyais la mort approcher,
et je me donnerais la joie de le développer si
elle m'accordait un répit.

« Mais quand je voulus écrire, je m'aperçus
bien vite de ce qui me manquait. Je marchais
bien tant qu'il ne fallait que réfuter et détruire.
Cela m'amusait dans les commencements parce
que j'avais affaire à de vieux ennemis; mais
quand je commençai à regarder les vieux
amis, et à me demander si j'avais eu, comme
je le pensais jusque-là, raison de les aimer, je
m'aperçus qu'ils ne subsistaient en moi que par
droit d'ancienneté, comme ces vieux meubles
qui ont l'air de tenir debout, et qui tombent
dès qu'on les déplace. La besogne était à la
fois trop facile et trop pénible; pénible, surtout
parce qu'elle était facile. Tout s'effondrait,

tout disparaissait, je ne voyais plus que le scepticisme, c'est-à-dire la mort intellectuelle. Je me hâtai de me dire pour me rassurer que cette décrépitude était en moi et non dans les idées; que les idées étaient solides, et qu'il me manquait désormais la force nécessaire pour les concevoir, les enchaîner, les étayer l'une sur l'autre. Mais si cela me rassurait pour la philosophie, cela me décourageait pour moi-même. J'entrevis que je faisais à tous les points de vue la plus sotte des entreprises; qu'il valait mieux, à mon âge, garder l'abri sous lequel j'avais vécu, et je me condamnai à douter de moi-même, pour ne plus douter de tout le reste.

« Vous me reprochez de m'être tiré de la mêlée des partis, et vous me dites qu'un esprit comme le mien, qui voit de haut, et qui n'est pas troublé par des visées personnelles, pourrait amener dans les batailles quotidiennes un peu de lucidité et de calme. Il n'y a de vrai dans tout cela que mon parfait désintéressement. J'ai cru longtemps, comme vous, que j'avais l'esprit élevé et clairvoyant qu'il faut apporter dans la politique. Je sais maintenant que ce sont mes sentiments qui ont de l'élévation, plutôt que mon esprit; et je me suis trompé si souvent dans mes prévisions, que

31.

mon expérience n'a servi qu'à me désillusionner sur moi-même.

« Vous dites qu'on est injuste envers moi parce qu'on a oublié mes services. Oui, j'ai eu l'occasion dans ma vie de déployer quelque courage. J'ai couru risque plus d'une fois de perdre la vie; j'ai fait le sacrifice de ma popularité; j'ai brisé ma carrière de mes propres mains. Ce ne sont pas d'aussi grands services que vous le croyez; ce sont simplement des actes d'honnête homme. Ceux qui ne partagent pas mes idées ont le droit de ne voir en tout cela que les démarches d'un ennemi, qu'ils ne sont pas obligés de glorifier. Je suis assez de l'avis de ceux que vous appelez mes détracteurs et mes calomniateurs. Parlez-moi des découvertes de Pasteur ! Mais nous autres, en politique, nous n'avons jamais raison que pour un côté de la galerie... Vous parlez avec emphase de mes succès de tribune. Ce genre de mérite était plus facile dans ce temps-là qu'aujourd'hui. Je lis assez souvent des discours qui dénotent une connaissance très approfondie des affaires. L'éloquence d'aujourd'hui est la vraie éloquence, celle des faits et de la logique. Nous nous laissions aller trop souvent à l'imagination et au sentiment. Lorsqu'une vie a été si longue, qu'elle embrasse presque la durée d'un siècle, on se survit pendant les vingt ou trente dernières années; on assiste à la marche décroissante de sa réputation. On a été célèbre, on n'est plus que connu, puis assez connu. On passe de l'élite dans la classe des gens distingués, et de là dans la classe des gens recommandables. Le moment vient où on n'est plus d'aucune classe. On est oublié; et les services dont vous parlez le sont aussi. Vous trouvez cela injuste. Vous avez peut-être raison. L'oubli est injuste, mais il est nécessaire. Il faut savoir oublier pour garder le courage de vivre. Pour nous, qui sommes les victimes de cette loi nécessaire, il n'y a de dignité et de sécurité que dans la résignation. Ce qui est un peu dur, c'est quand on entend attribuer ses services à d'autres. Encore faut-il se demander si une idée appartient à celui qui en a conçu la première lueur, ou à celui qui a eu l'habileté, ou simplement la chance de la faire passer dans la réalité. Le grand point est de se défaire des chimères de la vanité et de la personnalité. Je ne dis pas que cela ne soit pas douloureux, mais cela est sage. Et puis, cela se produit, qu'on le veuille ou qu'on ne le veuille pas.

« La galerie se charge de l'opération. Tantôt elle est brutale. Que nous veut encore ce vieil enfant, avec ses idées de l'autre monde? Tantôt elle est charitable et débonnaire. Vous avez été dans votre temps un serviteur dévoué et utile. Reposez-vous maintenant; vous avez acquis le droit de vous reposer. Si cependant vous tenez encore à parler ou à écrire, quoique vous n'ayez rien à dire qui n'ait été cent fois exposé, réfuté et remplacé, nous vous écouterons avec patience, et même avec bienveillance. Cela ne nous empêchera pas de répéter notre devise, vous êtes trop bon et trop juste pour nous en vouloir. C'est la devise même du progrès. C'est le cri de guerre de la *bataille pour la vie*. La voici : Place aux jeunes !

« Vous direz que c'est à peu près comme si nous disions aux vieillards : Malheur aux vaincus ! Vous avez raison. Mais c'est une défaite qui n'a rien d'humiliant, puisque tous les hommes doivent la subir chacun à leur tour. »

Ainsi parla mon ami, à qui je n'ai jamais reproché qu'un seul défaut : celui d'ignorer qu'il était plus jeune et plus fort que ceux qui étaient si pressés de prendre sa place.

Pour moi, qui veux hasarder mon opinion à la fin de ce fidèle récit, je dis aussi : Place aux jeunes ! Et j'ose dire que je prêche d'exemple à l'occasion. Mais j'ajoute aussitôt qu'il y a place pour tout le monde dans les rangs; et que s'il est beau, pour les vieillards, de s'effacer et de se résigner, il serait beau, pour les jeunes, de respecter et d'aimer.

TABLE DES MATIÈRES

IMPRIMERIE E. FLAMMARION, 26, RUE RACINE, PARIS.